21 世纪高职高专能力本位型系列规划教材·财政金融系列

商业银行综合柜台业务

主　编　曹俊勇　杨天平
副主编　韩　利　傅建源　周　铁

内 容 简 介

本书以培养银行综合柜台业务高技能实践人才为宗旨，以商业银行综合柜台业务为主线，设置内容包括银行柜台礼仪、综合业务、储蓄业务、贷款业务、对公存款业务、外汇业务、中间业务、结算业务和日终业务。

本书的特色在于引入深圳国泰安商业银行综合柜面业务 CS5.0，对各模块的实操业务进行"手把手"的实验操作指导，为学生展示银行综合柜台业务一线的宝贵经验。

本书可作为高职高专财政金融类相关专业的专业核心课程教材，也可作为商业银行系统针对综合柜台业务人员的培训用书。

图书在版编目(CIP)数据

商业银行综合柜台业务/曹俊勇，杨天平主编.—北京：北京大学出版社，2013.9
(21 世纪高职高专能力本位型系列规划教材·财政金融系列)
ISBN 978-7-301-23146-3

Ⅰ.①商… Ⅱ.①曹…②杨… Ⅲ.①商业银行—银行业务—高等职业教育—教材 Ⅳ.①F830.33

中国版本图书馆 CIP 数据核字(2013)第 210331 号

书　　　名：	商业银行综合柜台业务
著作责任者：	曹俊勇　杨天平　主编
策 划 编 辑：	陈颖颖
责 任 编 辑：	刘健军
标 准 书 号：	ISBN 978-7-301-23146-3/F・3734
出 版 发 行：	北京大学出版社
地　　　址：	北京市海淀区成府路 205 号　100871
网　　　址：	http://www.pup.cn　新浪官方微博：@北京大学出版社
电 子 信 箱：	pup_6@163.com
电　　　话：	邮购部 62752015　发行部 62750672　编辑部 62750667　出版部 62754962
印 　刷 　者：	北京虎彩文化传播有限公司
经 　销 　者：	新华书店
	787 毫米×1092 毫米　16 开本　14.75 印张　336 千字
	2013 年 9 月第 1 版　2018 年 6 月第 4 次印刷
定　　　价：	30.00 元

未经许可，不得以任何方式复制或抄袭本书之部分或全部内容。
版权所有，侵权必究
举报电话：010-62752024　电子信箱：fd@pup.pku.edu.cn

编 委 会

顾问：

陈工孟	上海交通大学安泰经济与管理学院	教授、博导
高　宁	国泰安信息技术有限公司	副董事长
	国泰安金融学院	常务副院长、博导
王春雷	国泰安信息技术有限公司	执行总裁
林健武	国泰安信息技术有限公司	高级副总裁

主编：

曹俊勇	江门职业技术学院	讲师
杨天平	国泰安信息技术有限公司	金融教育事业部总经理

副主编：

韩　利	江门职业技术学院
傅建源	广东邮电职业技术学院
周　铁	江门职业技术学院

参编：

裴志文　　吕蔓青　　谢惠彬　　曹阜兴　　程　军

前　言

在金融危机冲击下，美国银行倒闭、欧债危机持续蔓延，稳定发展的中国成为外资理想的避难和增值场所，外资银行纷纷抢滩中国。

作为我国金融体系的主体，商业银行在国民经济运行中发挥着不可替代的作用。外资银行的抢滩给国内商业银行带来了巨大的挑战和竞争。在此背景下，银行从业人员，尤其是具有综合能力素质的高技能应用型人才成为我国银行业在与外资银行竞争中能够发展壮大的重要条件。本书正是基于这样的背景编写的。

本书根据现代商业银行有关理论，围绕培养银行综合业务高技能实践人才的目标，详细系统地介绍商业银行综合柜台业务理论和实践知识，力求通过理论与全真模拟实训，让学生熟练掌握商业银行各种业务理论与实践技能。

本书共分为九个模块，各模块内容为：模块一为银行柜台礼仪，介绍银行综合柜台柜员应具有的仪态、仪容、微笑等职业形象，以及银行服务用语和电话礼仪用语等；模块二为综合柜台业务，介绍综合柜台业务内涵和银行综合业务办理日常流程；模块三为储蓄业务，介绍商业银行开展的活期、定期和其他储蓄业务相关知识及相应的实验操作；模块四为贷款业务，介绍商业银行开展的各种贷款内容及相应的实验操作；模块五为对公存款业务，介绍商业银行开展的对公活期和定期存款业务内容及相应的实验操作；模块六为外汇业务，介绍商业银行开展的外汇业务及相应的实验操作；模块七为中间业务，介绍商业银行开展的代收、代付和特殊业务内容及相应的实验操作；模块八为结算业务，介绍商业银行开展的联行、银行汇票、同城结算、银行支票等业务及相应的实验操作；模块九为日终业务，介绍商业银行每日轧账业务及相应的实验操作。

本书具有以下特点：①实时紧跟当代商业银行业务的最新发展；②理论和实践相结合，在注重商业银行综合业务理论知识的同时，结合商业银行综合业务软件进行全真模拟操作；③结构突破传统安排，采用项目与模块实验结合布局，使商业银行业务理论知识和实验操作框架结合得更加合理；④内容简洁，密切联系银行操作实务，注重联系实际。

本书由江门职业技术学院曹俊勇与国泰安信息技术有限公司杨天平联合主编。曹俊勇主要负责制定课程标准，设计教学项目方案、确定项目模块，设计教材案例和最后修改定稿，实验部分主要由杨天平完成，具体项目由编写团队共同完成。其中，韩利负责模块一至模块三中理论部分的编写，傅建源负责模块四至模块六中理论部分的编写，周铁负责模块七至模块九中理论部分的编写。另外，裴志文、吕蔓青、谢惠彬、曹阜兴、程军也参与了本书的编写工作。

本书在编写过程中参考了有关教材和网络资料，在此对相关作者和网站深表谢意！

由于编写时间仓促，编者水平有限，书中难免存在疏漏之处，敬请广大读者批评指正。

编　者

2013 年 4 月

目　　录

模块一　银行柜台礼仪 1
 1.1　职业形象 2
 1.2　语言 6
 1.3　营业场所与设施 7
 1.4　电话礼仪 8
 模块总结 9
 课后练习 9

模块二　综合柜台业务 10
 2.1　综合柜台业务概述 11
 2.2　综合柜台业务流程 13
 模块总结 16
 课后练习 16
 综合柜台业务实验及软件介绍 ... 17

模块三　储蓄业务 25
 3.1　活期存款业务 26
 3.2　定期存款业务 30
 3.3　其他储蓄存款业务
    ——教育储蓄 34
 模块总结 37
 课后练习 37
 实验一　储蓄一般业务实验 ... 38
 实验二　储蓄特殊业务实验 ... 50

模块四　贷款业务 58
 4.1　住房贷款业务 59
 4.2　汽车贷款业务 62
 4.3　单位贷款业务 64
 4.4　按揭贷款业务 67
 模块总结 69
 课后练习 69
 实验一　贷款一般业务实验 ... 70
 实验二　贷款特殊业务实验 ... 78

 实验三　其他贷款业务实验 84

模块五　对公存款业务 89
 5.1　对公活期存款业务 90
 5.2　对公定期存款业务 93
 模块总结 96
 课后练习 96
 实验一　对公活期存款实验 96
 实验二　对公定期存款实验 109

模块六　外汇业务 115
 6.1　外汇业务概述 116
 6.2　外汇业务类型 116
 模块总结 121
 课后练习 121
 实验　外汇业务操作 121

模块七　中间业务 130
 7.1　代收业务 131
 7.2　代付业务 132
 7.3　特殊业务 134
 模块总结 139
 课后练习 139
 实验一　代收业务实验 139
 实验二　代付业务实验 151
 实验三　代理国债业务实验 159

模块八　结算业务 167
 8.1　联行业务 168
 8.2　银行汇票业务 168
 8.3　同城结算业务 172
 8.4　银行支票业务 173
 8.5　银行卡业务 175
 8.6　汇兑业务 177

8.7 委托收款、托收承付业务 179
模块总结 182
课后练习 182
实验一 联行业务实验 182
实验二 银行承兑汇票实验 186
实验三 同城结算实验 190
实验四 城商行汇票实验 204
实验五 委托收款实验 208

模块九 日终业务 214
 9.1 柜员日终业务 215
 9.2 网点日终业务 216
 模块总结 216
 课后练习 216
 实验 日终业务实验 217

参考文献 223

模块一

银行柜台礼仪
YINHANG GUITAI LIYI

【知识目标】

（1）了解商业银行柜员职业形象的重要性。
（2）了解商业银行柜员语言的特殊性。
（3）了解商业银行营业场所与设施环境要求。
（4）了解柜台电话用语和电话礼仪注意事项。

【技能目标】

（1）掌握银行工作人员的个人形象要求，展示银行职员个人形象。
（2）掌握柜台业务人员文明用语，熟练运用银行用语。
（3）掌握银行柜台电话礼仪，熟练运用电话用语。

1.1 职业形象

银行是一个产品同质化很强的行业,各家银行都把打造服务品牌作为企业的核心竞争能力。现在走在大街上,看到最多的可能就是银行网点。随着外资银行的进入,银行网点更是遍布各地,如何赢得客户并使之忠诚,是现代商业银行直面竞争必须思考的问题。当产品同质化、网点邻居化,甚至广告宣传都趋同的时候,服务就成为现代银行赢得客户忠诚的重要手段。

面对银行服务业日益激烈的竞争,象征服务人员和服务企业良好形象的银行柜员服务礼仪就显得至关重要。银行窗口的环境服务、人员的衣着打扮、文明用语等成为展示银行服务能力的一个重要标志。

银行柜台服务投诉成重灾区

消费者对银行柜台服务一直不太满意,此类投诉在 3 月的银率网我评银行平台上占比接近 5 成。银率网数据显示,柜台服务、代理业务、储蓄/国债业务居投诉榜的前三位。

据统计,柜台服务、代理业务投诉继续成为投诉最集中的业务领域,两项之和占比 50%,投诉分布在服务员态度差、工作效率低下、欺骗储户买保险、强迫客户办理收费项业务等多个方面。按消费者投诉内容分类,银行代理业务主要集中在储蓄变保险;贷款业务主要集中在银行不放贷、放款慢、贷款乱收附加费;信用卡业务集中在透支利息收费、营销方式;网银业务集中在用户登录不上;银行收费业务集中在短信收费、银行卡年费;自助终端业务集中在 ATM 机取假钞、残钞无法获得理赔;客服服务集中在人工客服电话无法接通。

3 月份投诉主要集中在国有银行中:工、农、中、建、交五家国有银行的投诉占比为 52.7%,环比微跌 0.02%;股份制商业银行投诉占比 41.67%,环比上涨 1.21%;城市商业银行投诉占比 4.28%,环比降低 1.64%;外资银行投诉占比 1.35%,环比微涨 0.67%。

此外,本月 ATM 机取假钞投诉有 4 件,因银行强势否认引起消费者无奈和恐慌。理财产品的投诉有所减少,不过国债购买投诉有所增加,主要针对银行国债认购内外有别。

(资料来源:2012 年 3 月 26 日和讯网)

【知识准备】

职业形象是职场中在公众面前树立的印象,具体包括外在形象、品德修养、专业能力和知识结构这几大方面,它通过衣着打扮、言谈举止反映出专业态度、技术和技能等。职业形象对一个人的成功具有重要的影响,银行员工的职业形象对银行成功吸引客户至关重要。银行员工职业形象通过银行员工的仪容仪表、言谈举止等方面反映出银行的专业服务能力。

1.1.1 银行员工仪容仪表

仪容通常是指人的外观、外貌,主要指人的容貌。在人际交往中,每个人的仪容都会引起交往对象的特别关注,并将影响到对方对自己的整体评价。在个人的仪容仪表中,仪容是重点。

仪容仪表美的基本要素是貌美、发美、肌肤美。美好的仪容一定能让人感觉到其五官构成和谐、富于表情；发质发型使其英俊潇洒、容光焕发；肌肤健美使其充满生命的活力，给人以健康自然、鲜明和谐、富有个性的深刻印象。

现代企业都十分重视树立良好的形象，银行也不例外。银行形象取决于两个方面：一是提供的产品与服务的质量水平；二是员工的形象。在员工形象中，仪表仪容是最重要的表现，在一定程度上体现了银行的服务形象。银行员工的仪容仪表不同于社会一般职业，银行柜员是银行与客户直接沟通的窗口，其外在形象反映了企业的精神风貌。

1．貌美——脸部的妆饰

1）面部

容光焕发全靠脸，要注意脸部的清洁与适当的修饰(见图1.1)。为了使自己容光焕发，充满活力，男女在面部修饰方面有不同的要求：

（1）银行柜员男性员工应该每天修面剃须，不留小胡子、大鬓角，鼻毛应剪短，整体形象整洁大方。

（2）银行柜员女性员工脸颊部位的化妆应以浅妆、淡妆为宜，不能浓妆艳抹，并避免使用气味浓烈的化妆品，以使面部的两颊泛出微微的红晕，产生健康、艳丽、楚楚动人的效果。

2）眼睛

眼睛是心灵的窗口，只有与脸型和五官比例匀称、协调一致时，才能产生美感。银行女柜员眼睛的化妆以淡妆为宜，不能采用浓妆。

图1.1 面部

3）嘴唇

嘴唇是人五官中敏感而显眼的部位，是人身上最富有表情的器官。女性嘴唇的化妆主要是涂口红（唇膏），以表现嘴唇的艳丽。口红以红色为主，不准用深褐色、银色等异色。注意口腔卫生，消除口臭，口齿洁净，养成餐后漱口的习惯。

2．发美——头发的妆饰

头发是人的第二张脸。头发梳理得体、整洁、干净，不仅反映了良好的个人面貌，也是对人的一种礼貌。银行柜台服务人员的发式礼仪要求如下：

头发整洁、无异味，要经常理发、洗发和梳理，以保持头发整洁、没有头屑。理完发要将洒落在身上的碎头发等清除干净，并使用清香型发胶，以保持头发整洁、不蓬散，不用异味发油。

发型大方、得体，具体要求如下：

（1）银行柜员男性员工：头发长度要适宜，前不及眉、旁不遮耳、后不及领，不能留长发、大鬓角。

（2）银行柜员女性员工：应盘发，不梳披肩发，

图1.2 发型

头发亦不可遮挡眼睛，不留怪异的新潮发型，如图1.2所示。另外，刘海不要及眉，头发过肩最好扎起来，头饰以深色小型为好，不可夸张耀眼。

（3）不染发，不将头发染成黑色以外的任何一种颜色。

3. 肌肤美——整体的妆饰

（1）仪容应当干净。要勤洗澡、勤洗脸，脖颈、手都应干干净净，并经常注意去除眼角、口角及鼻孔的分泌物。要勤换衣服，消除身体异味。

（2）仪容应当整洁。整洁，即整齐洁净、清爽。要使仪容整洁，重在持之以恒，这与自我形象的优劣关系极大。

（3）仪容应当卫生。注意口腔卫生，早晚刷牙，饭后漱口，不能当着客人面嚼口香糖；头发按时理，不得蓬头垢面，体味熏人，这是每个人都应当自觉做好的。

（4）仪容应当简约。仪容既要修饰，又忌讳标新立异、"一鸣惊人"，简练、朴素最好。

（5）仪容应当端庄。仪容庄重大方，斯文雅气，不仅会给人以美感，而且易于使自己赢得他人的信任。相形之下，将仪容修饰得花里胡哨、轻浮怪诞，是得不偿失的。

4. 手部、脚部要求

手部要经常修剪和洗刷指甲，不能留长指甲，指甲的长度不应超过手指指尖。要保持指甲的清洁，指甲缝中不能留有污垢。绝对不要涂有色的指甲油。

脚部的整洁也是一个重要的方面。保持皮鞋的整洁光亮。勤洗脚、勤换袜，不穿不易透气的袜子，保持脚部无异味。注意腿脚的遮掩，不随意光脚露腿。银行员工在直接面对客户工作时，绝不允许赤脚穿鞋和穿露脚趾或脚跟的凉鞋或拖鞋。

1.1.2 银行员工仪态礼仪

1. 站姿要求

银行员工在服务过程中，女性的站姿要有女性的特点，要表现出女性温顺、娇巧、纤细、轻盈、娴静、典雅之姿，给人一种"静"的优美感，如图1.3所示。

图1.3 站姿

男性的站姿要有男性的气质，要表现出男性刚健、强壮、英武、威风之貌，给人一种"劲"的壮美感。

站立姿势要求站如松，体现服务员良好的个人形象和服务精神。站立和行走的具体要求如下：

（1）上身挺直、双肩平稳、目光平视、下颌微收、面带微笑。

（2）挺胸、收腹，使身体略微上提。

2. 坐姿要求

文雅的坐姿，不仅给人以沉着、稳重、冷静的感觉，而且也是展现自己气质、风度和银行企业形象的重要形式。

1）男性基本坐姿要求

（1）入座时要轻、稳、缓。走到座位前，转身后轻稳地坐下。如果椅子位置不合适，需要挪动椅子的位置，应当先把椅子移至欲就座处，然后入座。

（2）身体重心应该垂直向下，腰部挺直，两腿略分开，与肩膀同宽，看起来不至于太过拘束。

（3）头部要保持平稳，目光平视前方，神态从容自如，脸上保持轻松和缓的笑容。

（4）如果是侧坐，应该上半身与腿同时转向一侧，面部仍是正对正前方，双肩保持平衡。

（5）坐在椅子上，应至少坐满椅子的 2/3，落座后至少 10 分钟内不要靠椅背，时间久了，可轻靠椅背。

（6）谈话时应面向交谈者方位，上身仍保持挺直，不要出现自卑、恭维、讨好的姿态。

（7）离座时要自然稳当，右脚向后收半步，然后站起。

2）女性基本坐姿要求（见图 1.4）

（1）入座时要轻稳，走到座位前，转身后退，轻稳地坐下。如果是着裙装，应用手将裙子稍稍拢一下，不要坐下后再拉拽衣裙。

（2）上体自然坐直，双肩平正放松。

（3）双膝自然并拢，双脚平落在地上。

（4）坐在椅子上，至少应坐满椅子的 2/3，脊背轻靠椅背。

（5）起立时，右脚向后收半步，然后站起。

3．下蹲要求

图 1.4　坐姿

女性下蹲时，左脚在前，右脚稍后，两腿靠紧，向下蹲。因为女性多穿裙装，所以两腿要靠紧。

男性左脚全脚着地，小腿基本垂直于地面，右脚脚跟提起，脚掌着地。下蹲时右膝低于左膝，右膝内侧靠于左小腿内侧，形成左膝高右膝低的姿态，臀部向下，基本上以右腿支撑身体。

4．手势要求

手是传情达意的最有力工具，正确适当地运用手势，可以增强感情的表达。手势是银行服务工作中必不可少的一种体态语言，银行员工手势的运用应当规范适度，且符合礼仪。

需要特别注意的是，在任何情况下，不要用拇指指着自己或用食指指点他人。用食指指点他人是不礼貌的行为，食指只能指东西、物品。谈到自己时应用手掌轻按自己的左胸，这样会显得端庄、大方、可信。

1.1.3　银行员工微笑礼仪

微笑，是一个人内心真诚的外露，一个微笑就能感动客户，微笑服务能带来良好的第一印象。在银行行业竞争越来越激烈的情况下，体现良好、规范、人性化的"微笑服务"能彰显银行的管理服务水平。柜台服务人员的微笑可以从情感上拉近与客户的距离，消除彼此之间的陌生感，融洽双方的关系。微笑对客户的情绪有着主动诱导作用，增强顾客对银行柜员的信任，有助于银行柜员工作顺利进行，提高银行工作人员的效率，并可以在一定程度上减少双方之间的摩擦。

图 1.5　员工微笑礼仪

银行员工的微笑应当做到真诚、自然、甜美、有亲和力，如图 1.5 所示，在微笑时应该做到以下几点：

（1）微笑要面对顾客、目光友善，真诚、亲切、表情自然。

(2) 微笑时要放松面部肌肉，嘴角微微上翘，让嘴唇略呈弧形，露出6~8颗门牙，在不牵动鼻子、不发出笑声、不露出牙龈的前提下，微微一笑。

(3) 眼睛要礼貌正视顾客，不左顾右盼、心不在焉。

(4) 有目光的接触时要送上甜美真诚的微笑。

 1.2 语言

银行提供服务并通过服务赢得广大客户。银行日常服务行为中，银行用语尤为重要。俗话说"一句话笑、一句话跳"，正确恰当的银行用语可以让客户有如沐春风的感觉。

1.2.1 银行员工工作场所用语

(1) 在银行见面称呼时，应称姓名加同志或职务加同志，或者直接称呼同志。

(2) 银行员工在银行工作场所中必须使用的文明用语包括：请、您好、欢迎光临、请稍等、对不起、请提意见、谢谢、欢迎再来、再见。

(3) 柜台用语常用的有"请到……号柜台办理""请您用钢笔填写凭条""您的凭条填写有误，请重新填写一张""请您输入密码""请您慢慢回想密码""不要着急""请出示您的身份证（户口簿），谢谢您的合作""……同志，请收好您的现金（存折）""请稍等，我马上解决您的问题""读不起，现在机器有故障，请稍等"等。

银行柜台用语及禁止用语见表1-1。

表1-1 银行柜台用语及禁止用语

序号	银行文明用语	银行禁止用语
1	请您到……号柜台办理	储户询问利率时，禁止说："墙上贴着呢，你不会看吗""不是告诉你了吗，怎么还不明白""有完没完"
2	请您用碳素墨水笔填写凭条	办理储蓄业务时，禁止说："存不存，要存（取）快点、钱太乱，整好再存"、"哎，喊你没听见"、"没零钱，自己换去"
3	您的凭条……项填写有误，请重填一张	客户刚办理存取（存）款业务，又要求取（存）钱时，禁止说："刚存（取）怎么又取（存）钱""以后想好了再存（取）""净找麻烦"
4	您的现金有误，请重新点一下好吗	客户办理提前支取时，存单与身份证姓名不一致时，禁止说："你自己写错了怨谁"
5	请您输入密码	储户对利息提出疑问时，禁止说："利息是电脑计算出来的，还能错"、"银行还能坑你吗？不信，找人去算"
6	请您慢慢回想密码，不要着急	业务忙时，禁止说："急什么，看不见我正忙着"
7	请出示您的身份证、户口簿，谢谢您的合作	发现假币时，禁止说："我一眼就看出来了，还能坑你吗"
8	……同志，请收好您的现金或存折	客户提出批评时，禁止说："就你事多，我就是这样""你能把我怎么样""有意见找领导，上告去，不怕你"
9	请稍等，我马上解决您的问题	临近下班时，禁止说："结账了，不办了""怎么不早点来"
10	对不起，现在机器有故障，请稍等	机器（线路）出现故障时，禁止说："我有什么办法，又不是我让它坏的""我也不知道什么时间能修好""到别的所去取钱吧""明天再来吧"

1.2.2 银行柜员服务的基本技巧

在银行提供服务时，难免会出现一些错误，这些错误可能是客户引起的，也可能是个别柜员或者是银行系统引起的。对于这些服务中出现的问题，如何正确地处理，关系到银行的整体形象。

（1）在处理服务中出现的问题时，措辞要得当，语气平和，不要心急，即使客户发火吵闹，也要冷静，不要感情用事，要有受委屈的胸怀。

（2）对于出现错误的地方，首先要说"对不起"，对客户的问题表示理解（即使有些问题并不是银行的错误）。如果确实是银行的错误，要立即向客户致歉。如果不是银行错误，不要随便承认错误，也不要随便承诺，要用委婉的语气说明，如"请想想！""我看看是什么原因"等。

（3）要注意倾听客户的意见，让客户把话说完，对客户提出的不合理要求，应做好解说工作，不要随便许愿，以免被动。

（4）要尊重客户，即使客户错了，也不要当面批评、指责客户，更不要与客户争对错，主要目的是解决和化解矛盾，有理也要礼让三分。

（5）碰到问题，如员工业务忙或处理不好，应让基层网点负责人先处理，不要有问题就上交行领导，要有一个缓冲，以免造成被动。

（6）如客户向新闻媒体反映问题，应及时与新闻媒体沟通，主动做好工作，防止曝光，造成对银行声誉的损害。

1.3 营业场所与设施

银行营业场所是银行提供给柜员办公的场所，也是客户办理业务的地方（见图1.6）。干净整洁的环境，令人赏心悦目，让前来办理业务的客户感觉舒适，提高银行的服务品质，无形中赢得客户的忠诚。

（1）讲究环境卫生。银行环境包括地面、桌面、玻璃等要整洁、明亮，营业设施要美观庄重、整齐有序、洁净舒适、方便客户，并逐步达到规范化。

（2）营业场所之外，必须悬挂银行行名、行徽（储蓄所悬挂储蓄所徽）、营业单位名称和对外营业时间牌。

（3）办理业务的提示性标志要明显，文字要规范，易于辨认。

图1.6 营业场所

（4）营业场所内要设置日历牌、业务标志牌、安民告示牌、利率牌、业务品种牌，以及便于监督的意见簿。

（5）营业场所内配备必要的服务用品用具，如桌椅、沙发、笔墨、算盘、老花镜、茶具、台灯、鉴伪仪等。

（6）营业场所内外的宣传栏（牌）设置要规范，内容要准确，装潢要美观，要适时更换。

（7）营业场所要配有负责迎接客户的人员，回答客户的询问，引导客户到需要办理业务的窗口等待。

1.4 电话礼仪

在日常工作中，使用电话语言很关键，它直接影响着一个银行的声誉。掌握正确、礼貌的接、打电话方法是非常必要的。要正确有效地使用电话，应该做到亲切文明、简洁准确。接、打电话时，虽然相互看不见，但是闻其声可知其人，因此，通话是一定要客气礼貌，坚持用"您好"开头，"谢谢""不客气"结尾，嗓音要清晰，音量要适中，语速要恰当，通过声音在对方心里树立良好的形象。

1.4.1 及时接电话和确认

1．及时接电话

一般来说，在办公室里，电话铃响3遍之前就应接听，6遍后就应道歉："对不起，让您久等了"，尽快接听电话会给对方留下好印象，让对方觉得自己被看重。

2．确认对方

对方打来电话，一般会自己主动介绍，如果没有介绍或者没有听清楚，就应该主动问："请问您是哪位？""我能为您做什么？""您找哪位？"。接到对方打来的电话，拿起听筒应首先自我介绍："您好！我是……"。如果对方找的人在旁边，应说："请稍等。"，然后用手掩住话筒，轻声招呼别人接电话。如果对方找的人不在，应该告诉对方，并且说："需要留言吗？我一定转告！"

1.4.2 接听电话注意事项

拿起电话听筒时，一定要面带笑容。不要以为笑容只能表现在脸上，它也会藏在声音里。亲切、温情的声音会使对方马上产生良好的印象。如果绷着脸，声音会变得冷冰冰。

接听电话时，应注意使嘴和话筒保持4cm左右的距离；要把耳朵贴近话筒，仔细倾听对方的讲话。打、接电话的时候不能叼着香烟、嚼着口香糖；说话时，声音不宜过大或过小，吐词清晰，保证对方能听明白。最后，应让对方自己结束电话，然后轻轻把话筒放好。不可"啪"的一下扔回原处，这极不礼貌，最好是在对方之后挂电话。

1.4.3 电话用语

电话常用礼貌用语如下：

（1）您好！这里是……银行……支行（室）……柜员，请问有什么可以效劳的吗？

（2）我是……，请问您是哪一位？

（3）请问您有什么事？（有什么能帮您？）

（4）您放心，我会尽力办好这件事。
（5）不用谢，这是我们应该做的。
（6）对不起，这类业务请您向……咨询，他们的号码是……
（7）您打错号码了，我是……银行……支行（室），……没关系。
（8）再见！感谢您对我们的支持！

1.4.4　其他注意事项

（1）要选好时间。打电话时，如非重要事情，尽量避开休息、用餐的时间，而且最好不要在节假日打扰对方。

（2）要掌握通话时间。打电话前，最好先想好要讲的内容，以便节约通话时间，不要现想现说。

（3）要态度友好。通话时不要大喊大叫，震耳欲聋。

（4）要用语规范。通话之初，应先做自我介绍，不要让对方"猜一猜"。找人或代转时，应说"劳驾"或"麻烦您"，不要认为这是理所应当的。

模块总结

银行柜台是展示银行整体服务形象和素质的重要窗口，而银行柜员是展示银行形象的标杆。银行的服务水平取决于柜员整体形象和服务态度。面对竞争日益激烈的银行服务业，银行越来越重视柜员的形象培养，不仅注重员工个人职业形象，更注重员工语言、电话礼仪等方面的形象。

课后练习

简答题

（1）银行业对银行柜员自身形象有哪些要求？请结合当地的习惯和银行要求，谈谈银行柜员应如何注重自身形象培养。

（2）银行用语有特殊性吗？结合本地实际情况，谈谈银行用语应注意哪些情况。

（3）银行为什么要求工作网点注重环境卫生？

（4）接电话是每一个人都必须学会的交际方法，银行电话礼仪有其特殊性吗？谈谈你的观点。

情景题

（1）分组模拟银行柜员和办理业务的客户，其他同学当观众，评价柜员在接待客户的过程中职业形象和接待用语方面存在的问题。

（2）模拟柜员和客户之间的电话通话，尝试所有可能情况下如何接、转电话，评价柜员和客户之间的电话礼仪问题。

模块二

综合柜台业务

ZONGHE GUITAI YEWU

【知识目标】

（1）了解综合柜台业务内涵。
（2）了解商业银行综合业务种类。

【技能目标】

（1）熟悉商业银行综合柜员每日操作业务流程。
（2）掌握商业银行综合业务办理流程。

2.1 综合柜台业务概述

银行卡可以到银行柜台办理，如果已经拥有了银行卡，有些银行提供了自助银行服务，可以在 ATM（Automated Teller Machine，自动柜台机）上办理，如图 2.1 所示。"综合业务"柜台和 ATM 上都能办理哪些业务呢？这就是本模块要介绍的内容。

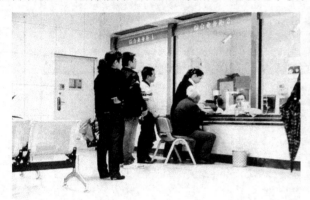
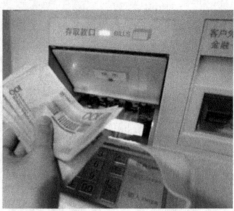

图 2.1　银行综合业务柜台及 ATM

【导入案例】

老少办理和使用银行卡

张大爷的子女都在外地工作，子女想让他去建设银行办理一张银行卡，通过银行卡转账就能给老人汇钱了。这可把张大爷给难住了，平时老两口花费也不大，一年也就 1 万多元，都是子女给的，也没想起存入银行，总是用的时候就拿一点。张大爷没有办理过也没有使用过银行卡。虽然知道在银行里能办理银行卡，但不知道如何办理和使用。

小明参加了高考，并幸运地被北京大学录取了。与录取通知书同时到达的还有一张银行卡，并附上北大学费收缴的通知。通知要求，小明同学需在 9 月 1 日入学前往卡里汇入学费、住宿费等 5 000 元。对从小生活在父母身边，从来衣来伸手、饭来张口的小明来说，还不知道银行卡的作用，更不知道如何对银行卡充值和取钱，他还在思考当把钱存入银行卡后，如何在北京就能用银行卡取出钱。

张大爷和小明碰到的问题，其实可以通过相应的银行卡业务办理来解决。那么，他们该到哪里去办理银行卡呢？

【知识准备】

银行综合柜台业务并不是银行开展的某一项业务名称，实际上，综合柜台业务是银行柜台业务的统称，是银行单个柜员临柜处理会计、储蓄、中间业务、代收业务等面向客户的全部业务及相关业务查询、咨询工作的总称。银行综合柜台处理的业务包括个人业务和对公业务。个人业务包括本外币储蓄业务、代收代付业务、银行卡业务、结算业务等；对公业务包括单位存贷款业务、支付结算业务等。

在商业银行网站上都会对本银行的各项业务进行详细的介绍，虽然各个商业银行网站上没有综合业务的名称，但通过银行网站，可以了解到商业银行开展的相应业务。图 2.2 所示为中国邮政储蓄银行个人业务界面，从图上可以看出，个人业务包括储蓄存款业务、个人结算业务和银行卡业务。

当然，从图上也可以看出，中国邮政储蓄银行也开展了公司业务、信贷业务、理财业务、托管业务、外汇业务等业务，这都是综合业务所包含的内容。公司业务界面如图 2.3 所示，可以看出，公司业务分为本币业务和外币业务，每一项下都有相应业务内容的详细介绍。

图 2.2　中国邮政储蓄银行个人业务界面

图 2.3　中国邮政储蓄银行公司业务界面

中国建设银行网站介绍了建行开展的业务，建行综合业务分为两类：个人客户业务、公司机构客户业务，图 2.4 所示为个人客户介绍界面，详细介绍了建设银行开展的个人客户业务内容，从图上可以看出，建设银行个人客户业务包括个人存款、个人贷款、银行卡、信用卡等业务。

图 2.4　中国建设银行网站个人业务界面

部分银行网站地址见表 2-1，详细内容请参见相应银行网站。

表 2-1　部分银行网站地址

序号	银行名称	网址
1	中国建设银行	http://www.ccb.com/cn/home/index.html
2	中国工商银行	http://www.icbc.com.cn/icbc/
3	中国农业银行	http://www.abchina.com/cn/
4	中国银行	http://www.boc.cn/
5	交通银行	http://www.bankcomm.com/BankCommSite/cn/index.html
6	中国邮政储蓄银行	http://www.psbc.com/portal/zh_CN/index.html

【课堂讨论】

银行柜台综合业务所包含的内容有哪些？如果导入案例中提到的张大爷去银行办理银行卡，小明去银行存取款，请给他们提供建议。

 2.2　综合柜台业务流程

【知识准备】

综合柜台业务流程有两种：一种是综合柜员办理业务的流程，另外一种是客户办理业务的流程。

2.2.1 综合柜员办理业务流程

我们以综合柜员一天的工作步骤来介绍综合柜员工作流程。

银行对综合柜员实行严格的管理,一般都实行综合柜台制,也就是在严格的授权管理下,以完善内部控制制度和较高的人员素质为基础,实行单人临柜处理会计、储蓄、中间代收业务等面向客户的全部业务的劳动组合形式制度。每个柜员都在严格的管理下开展工作,综合柜员每天上班的工作流程是:签到→出库→日间操作→日终轧账→签退。

(1)签到:银行都实行签到制度,有手工签到、指纹签到和其他签到形式,表明综合柜员已经到岗上班。

(2)出库:资金的出库登记和领取,柜员必须对现金和重要凭证进行出库,用于开展综合业务。

(3)日间操作:综合柜员工作日期间开展的综合柜台业务操作。

(4)日终轧账:对一天的工作资金流动进行轧账,平衡资金流量。

(5)签退:综合柜台人员下班前通过打卡等形式签退下班。

2.2.2 客户办理业务流程

综合柜台业务有具体的经办流程,不同的业务流程不同,本部分以银行卡办理流程为例来说明综合柜员业务办理步骤。

客户办理银行卡时,需到相应的银行网点办理,具体步骤如下:

(1)首先需要明确办理的业务种类,可以通过大堂经理或者服务台咨询需要办理的业务步骤,大堂经理或者咨询台会告知办理的流程或者需要填写的表格。

(2)在指定的柜台上,交上填写的表格或者凭证,告诉柜员自己需要办理的业务,并交上自己的身份证或者有效证件。

(3)预留密码或者输入密码,根据银行柜员提示或者语音提示,在密码器上输入预留密码,完成业务办理。

(4)综合柜员办理结束后,会把相应的凭证还给客户,业务办理结束。

【课堂讨论】

银行综合柜台业务流程包括哪些内容?如果你是某银行的综合柜员,请你描述一下你从早晨上班到下午下班这个时间段里的工作情况。

【拓展阅读】

中国农业银行柜员制管理暂行办法

第一条 为适应商业银行业务发展和计算机网络化建设的需要,围绕客户中心的服务理念,切实提高工作效率和服务水平,在增强市场竞争实力的同时,进一步加强内部管理和风险防范,根据《中华人民共和国商业银行法》《中华人民共和国会计法》和《中国农业银行会计基本制度》等法规制度的规定,制定本办法。

第二条 柜员制是指营业网点的柜员在其业务范围和操作权限内,由单个柜员或多个柜员组合,为客户提供本外币储蓄、对公、信用卡、代理等业务的全部或部分金融服务,并独立或共同承担相应职责、享有相关权限的一种劳动组织方式。

柜员制的基本形式是单人临柜,独立为客户提供金融服务。根据滞后复核方式和人员配备情况,可建立多种柜员制形式。

第三条　各行应按照安全、高效、科学的原则，综合考虑营业网点的业务种类、日均业务量、人员素质、辅助设备、经营管理需要和经济环境等因素，在严格区分前台业务和后台业务的基础上，将前台柜员划分为可以办理单项或多项业务的单项柜员、多项柜员和综合柜员。

第四条　前台柜员负责直接面向客户的柜面业务操作、查询、咨询等；后台柜员负责无需面向客户的联行、票据交换、内部账务等业务处理及对前台业务的复核、确认、授权等后续处理。独立为客户提供服务并独立承担相应责任的前台柜员必须自我复核、自我约束、自我控制、自担风险；按规定必须经由专职复核人员进行滞后复核的，前台柜员与复核人员必须明确各自的相应职责，相互制约、共担风险。

第五条　营业网点实行柜员制的基本条件：

一、实行柜员制前的会计基础工作达到规范化管理三级以上（包括三级）标准。

二、建立了符合柜员制要求的严谨的劳动组织形式和完善的业务操作规程。

三、建立了符合柜员制要求的严密的岗位责任制和公平、有效、便于操作和监督的柜员考核机制。

四、安装了完备的监控系统；配备了合格、充足的出纳机具和防伪设备，确保业务操作安全、准确。

五、柜员应持有与授权业务相应的专业资格上岗证，从业务知识到操作技能，切实具备办理相关业务的能力；综合柜员必须通过全面培训和严格考核。

六、营业网点对外服务窗口和内勤人员的配备应确保业务的正常开展。

第六条　建立完善的审批制度。各营业网点在实施柜员制前必须向县级行以上的会计部门提出书面申请，并上报终端和柜员的配备、岗位设置及其职责权限等情况，经县级行签署意见后，报二级分行会计部门审批。二级分行会计部门除认真审核报批材料外，还应对申请网点进行实地验收。

第七条　规范和细化业务操作流程。各行应分别不同的柜员制形式，按照不同的业务种类制定科学、严谨的业务操作流程，明确界定操作者、操作依据（如所需单据）、操作内容（如交易选择和录入要素）、操作结果（如打印记账凭证和客户回单）及各个操作环节之间的责任划分。

第八条　建立健全柜员岗位责任制。各行应根据授权业务种类和操作流程，明确柜员的职责权限，并据此作为考核柜员工作绩效、兑现奖惩的依据。

实行柜员制的营业网点，必须明确、严格地对柜员经办的业务种类和操作限额进行授权。需要配备复核人员的营业网点，复核人员的业务范围和职责权限必须明确、清晰。

第九条　建立安全、有效的监督复核机制。实行柜员制的劳动组合，必须加强对柜员业务操作的事前、事中、滞后和事后的安全控制。

一、事前控制，应根据业务的重要性、风险程度和柜员素质，对柜员的业务操作范围和限额进行授权控制。

二、事中监控，应根据业务的实效性要求、金额大小和应用系统设计情况，分别采用不同的监督控制方式：前台柜员对其经办的每笔业务必须按规定逐笔认真审核原始凭证的真实性、合法性，并确保交易选择及要素录入的准确性、完整性，辅之以监控系统的实时监控；对授权控制的业务，必须由后台柜员或者主管人员进行实时逐笔确认或授权；柜员及主管必须对现金箱、凭证箱及平账器进行适时的检查核对。

三、滞后复核，复核员应对柜员已办理的业务，采取录入凭证主要要素、翻看凭证填写内容和打印内容是否相符等方式，进行滞后复核。

四、事后监督，在营业网点日终平账前，会计主管（坐班主任）必须审查核对所有柜员日间操作的完整性和准确性；上级管理行对营业网点应进行定期和不定期的检查督导。

第十条　建立健全柜员制考核奖惩办法。各行应以柜员的岗位职责和业务操作流程为基础，按照公开、公平、公正的原则，建立科学、有效的考核奖惩机制，对柜员的劳动量进行合理、准确地计量；对柜员履行岗位职责的情况进行及时、准确地监测。

对柜员的考核应分别前台柜员和后台柜员及主管进行劳动量考核和劳动质量考核。

一、对前台柜员劳动量的考核要按照各种业务的劳动复杂程度和劳动时间长短设定折算标准或权重系数，统一计算口径，并建立柜员奖励制度，按劳动量大小落实兑现奖励金的分配。

对劳动质量的考核主要是根据柜员差错频率和差错金额考核柜员对岗位职责的履行情况，视柜员不认真履行职责的危害程度和情节轻重，落实处罚措施。

二、对后台柜员及主管的考核，可采用所在网点考核兑现风险金的平均数计酬，也可依据差错情况以考核劳动质量为主。

第十一条　加强现金管理。对柜员现金箱，必须设置最高限额，超过限额的现金应及时上缴入库。交接班时，柜员现金箱应换人盘点。柜员之间的现金调拨必须履行严密的手续。营业终了，柜员应按规定轧账、碰库；

管库员应清点实物现金、轧平库存；主管人员应在网点平账前对库存现金余额和日间现金收付情况进行核对。

第十二条 加强重要空白凭证管理。营业网点的重要空白凭证应指定专人保管和领发，做到账证分管。

柜员领用重要空白凭证时必须经主管人员审批签字；签发重要空白凭证时必须顺序使用，逐份销号；出售重要空白凭证，必须核对客户提供的预留银行签章；重要空白凭证作废时，必须加盖"作废"章，作为当日表外凭证附件。营业终了，主管人员必须对重要空白凭证进行账、实、簿三核对。

第十三条 严密联行业务处理手续。联行业务的录入、复核和编押应分人承担。印、押（机）、证的使用和保管，必须坚持分管分用，必须履行严格的交接手续。

联行柜员应按旬逐笔核对汇出汇款；按日核对汇差；按规定时间处理来往账；按规定打印各种联行资料。

第十四条 严格印章使用和密码管理。

记账凭证作为对柜员业务交易及处理结果的书面记录，一律加盖业务公章和经办人员名章，经主管审核或授权的记账凭证还应加盖主管人员名章。印章的保管、交接、停用销毁必须办理严密的登记手续，切实明确经办柜员的责任。

柜员密码可选择由字母或数字组合，但不得过于简单。柜员密码应定期更换，每月更换不得少于3次。实行密码和磁卡双重控制的柜员密码，每月更换不得少于1次。使用密码封存后交坐班主任入库保管。停用密码交坐班主任登记。

第十五条 加强会计档案管理。柜员应按规定及时装订凭证、账簿和报表，原始凭证和记账凭证应序时装订，可按日分册装订，也可合并装订，但合并最多不得超过5天；分户账账页、日计表应按月装订；各种登记簿、月计表、资产负债表、损益表、年终决算报表等按规定保管期限分类、合并装订。各类会计档案应按照国家及总行有关会计档案管理的法规制度，严格履行会计档案调阅、保管和销毁的规定手续。

第十六条 柜员当天业务处理完毕后方能办理正式签退。已办理正式签退的柜员，必须经会计主管（坐班主任）批准并作有关登记后方能办理重新签到手续。柜员临时离岗，必须办理临时签退手续。柜员休假或调离，必须经会计主管（坐班主任）批准并按规定办理交接手续。

第十七条 谨慎办理抹账、冲账交易和挂账处理。柜员必须经由主管人员审批后方可进行抹账处理和错账冲正。抹账或冲账时，应在原凭证上用红字注明抹账或冲账交易的凭证号，经主管人员签字后，在有关登记簿上进行序时登记。对不能核销的过渡账务，必须报一级分行会计部门批准后方可进行挂账处理，并在有关登记簿上详细记载挂账金额、挂账原因和处理结果等内容。

第十八条 各行应根据本办法，结合当地具体情况，制定实施细则或补充办法，并报总行备案。本办法由总行财务会计部负责解释。

第十九条 本办法自发布之日起实行。（2001-10-1）

模块总结

银行综合柜台业务是银行业务的主要形式，是银行开展的一系列业务的统称，包括个人存贷款业务、对公业务、中间业务等。银行实行严格的柜员制管理，柜员有严格的工作流程，同时银行开展的综合业务也有着特定的工作流程。

课后练习

简答题

（1）银行综合柜员日常工作流程有哪些？

（2）如果到银行办理存款，请说说具体流程。如果办理贷款呢？

（3）分别扮演银行的综合柜员和银行网点的主管，从每天的柜员业务开始进行操作，设想可能遇到的情况及如何解决问题。

情景题

做小生意的张大爷带了 500 元的零钱第一次到银行办理存款业务。如果你是银行网点的大堂经理,该如何接待、指导张大爷正确办理存款业务?如果你是柜员,应该如何办理业务?

分组安排不同的角色,实际模拟存款过程,帮助张大爷顺利存款。

综合柜台业务实验及软件介绍

1. 实验概述

商业银行综合柜面业务教学系统作为一个相对独立的管理信息系统,主要实现对银行柜台综合业务的统一管理。该系统运用先进的计算机和网络技术,充分考虑到银行业务操作和教学操作的特点。通过简单明了的系统操作,可以让学生熟悉商业银行柜员操作的真实系统,提前进行商业银行柜台实验。

2. 实验目的

了解深圳国泰安商业银行综合柜面业务软件 CS5.0 的安装、登录、主界面和模块功能。

3. 实验工具

深圳国泰安商业银行综合柜面业务软件 CS5.0。

4. 实验过程

1)系统登录

双击深圳国泰安商业银行综合柜面业务软件 CS5.0 桌面图标(前提是电脑系统已经安装了深圳国泰安商业银行综合柜面业务软件 CS5.0,如果没有安装,请联系国泰安销售人员,获取安装包),如图 2.5 所示,该界面和商业银行综合柜台业务操作系统界面完全一样,高度仿真商业银行柜员工作界面。

图 2.5 商业银行综合柜面业务系统界面

在系统登录界面上,上面一行是菜单栏,下面一行是工具栏图标,不同的选项对应系统不同的功能,详细功能见表 2-2 和表 2-3。

表 2-2　菜单栏具体功能

序号	菜单名称	具体功能
1	文件	主机的联机和离机、地址簿和延伸地址目录、打印功能调节和退出系统
2	编辑	复制粘贴、重置光标、送出时间间隔、存储和清除屏幕、清除储存缓冲区等
3	选项	设置（相关桌面、字体等）、工具（查询使用者、本地主机、地址等）、追踪（ASCII 追踪、显示 ASCII 追踪）
4	传送、接收	共有 4 种形式：ASCII、XMODEM、KERMIT、ZMODEM
5	窗口	开新窗口、快速登录、启动文字编辑器、设置窗口标题、存储当前窗口位置
6	帮助	常见问答、帮助主题、订讲 NetTerm、注册 NetTerm、法定合约、OVID 线上手册、NetTerm 线上首页

表 2-3　工具栏具体功能

序号	1	2	3	4	5	6	7
图标形状	📋	📋	📷	🖨	☎	🔌	🖥
含义	复制	粘贴	存储屏幕	启用使用者打印机	主机联机	主机离机	启动 FTP 服务器
序号	8	9	10	11	12	13	
图标形状	🖥	📁	A₁₃C	📂	⌨	🖼	
含义	窗口颜色	地址簿	字体	启动 FTP 程序	定义按键	桌面设置	

这两部分是相连的，在工具栏里实现的功能，可以通过菜单栏相应选项实现，如工具栏图标☎"主机联机"可以通过菜单栏【文件】菜单上的【主机联机】选项实现。

2）系统界面

单击【文件】菜单上的【主机联机】选项或者单击工具栏上面的"主机联机"图标☎，系统显示登录综合柜面业务窗口，如图 2.6 所示，需要输入综合柜员柜员号、尾箱号、密码。在输入的时候，需要注意的是，该界面输入采用的是键盘输入方式，通过上下左右键、Esc 键、Enter 键、退格键进行操作。

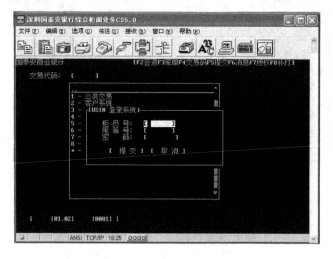

图 2.6　商业银行综合柜面业务软件登录界面

从国泰安销售人员处获取柜员号、尾箱号、密码,按↓键依次输入,选择【提交】按钮,按 Enter 键,进入商业银行综合柜面业务软件主界面,如图 2.7 所示。

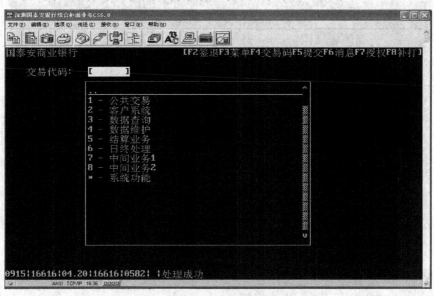

图 2.7　商业银行综合柜面业务软件主界面

从界面图上可以看出,系统包括 9 个模块:公共交易、客户系统、数据查询、数据维护、结算业务、日终处理、中间业务 1、中间业务 2、系统功能,具体模块功能在后面还会有详细介绍,在此就不再对每个功能模块进行介绍。

界面最上方中间位置有一行字,是以 F 开头的,依次是 F2 签退、F3 菜单、F4 交易码、F5 提交、F6 消息、F7 授权、F8 补打,这是系统的一组快捷菜单选项,按相应的快捷键,可以完成对应的快捷功能,见表 2-4。

表 2-4　F 开头的快捷功能

序号	快捷菜单选项名称	功能
1	F2 签退	退出系统
2	F3 菜单	在系统操作界面上按 F3 键,系统显示上一级菜单选项
3	F4 交易码	在工作界面上可以按 F4 键,进入其他工作界面
4	F5 提交	完成工作提交
5	F6 消息	发送即时消息给需要的柜员
6	F7 授权	申请授权时采用的,柜员可以通过按 F7 键申请主机授权
7	F8 补打	对存折进行补打交易记录

3)系统操作

在系统界面上,如何选择功能模块?例如,现在柜员想选择【结算业务】模块(其他功能模块,都按相同的方法进入或退出),如何进行选择呢?

(1)直接输入数字。进行操作前,系统光标在【交易代码】文本后的白色方框内闪动,可以从键盘上输入所需业务的数字,如输入【结算业务】模块前的数字"5",系统自动进入到【结算业务】模块界面,如图 2.8 所示。直接输入需要操作的业务前的数字(具体业务数据见附录),系统自动显示操作界面,如图 2.9 所示。

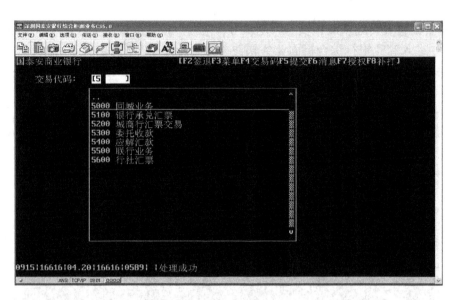

图 2.8 【结算业务】模块界面

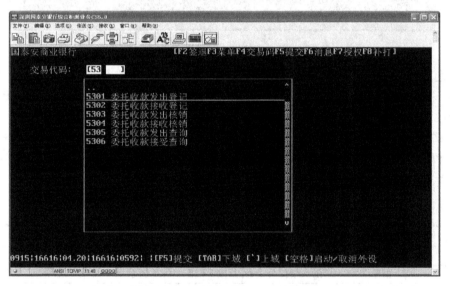

图 2.9 【结算业务】模块上的【委托收款】栏目界面

(2) 上下键选择。除了直接输入数字进入模块外,还可以通过上下键方式进入模块,如图 2.7 所示,在【公共交易】模块前有一条横线,可以通过上下键选择需要的功能模块,如选择【结算业务】模块,按↓键,移动横线,如图 2.10 所示,横线移动到【结算业务】模块下,按 Enter 键,进入到【结算业务】模块界面,如图 2.8 所示。

进入到功能模块后,任何情况下都可以按 Esc 键退出当前界面,返回到上一级界面。如在图 2.8 所示的状态下按 Esc 键,就返回到图 2.7 所示的界面;也可以按退格键 Backspace,返回到上一级。但在用退格键操作时要注意的是,在具体操作输入界面使用退格键无效。

如现在进入【结算业务】模块,如图 2.8 所示,可以按 Backspace 键或者按 Esc 键返回到主界面。也可以按↓键或↑键选择需要的业务,如选择【委托收款】栏目,也可以直接输入"3",系统自动进入到下一级界面,如图 2.11 所示。

在图 2.10 所示的界面操作，可以使用退格键、退出键、上下键来选择退出或者需要的业务。然而在如图 2.9 所示的界面上，就不能使用退格键来返回到上一级界面，因为此时操作界面上退格键用来删除之前输入的内容。

图 2.10　上下键操作示意图

图 2.11　【委托收款发出登记】栏目的操作界面

5．实验报告

在实验结束时，需要对实验的过程和结果进行归纳和总结，这就涉及实验报告的撰写。实验报告一般有统一的格式和要求，主要包括实验室名称、实验项目名称、实验原理、实验目的、实验内容、实验数据及实验结论等方面，可根据实际需要进行灵活调整。

6．思考练习

（1）登录"银行综合柜面业务"系统，了解系统功能模块和模块组成部分内容。

（2）查找【凭证式国债出售】栏目和【凭证式国债兑付】栏目界面，并输入相应内容，提交。

（3）查找【有线电视费缴纳记录】栏目，并完成有线电视费缴纳练习。

附录：系统模块详细内容（表2-5）

表2-5 系统模块详细内容

模块名称	模块子栏目	二级栏目	三级栏目
1．公共交易	11 存款业务	1101 开户、1102 存款、1103 取款、1104 转账、1105 结息、1106 销户、1107 重复证件开户	
	12 贷款业务	1201 贷款借据录入、1202 贷款发放、1203 贷款还款、1204 贷款归还欠款（按借据号）、1205 贷款展期、1206 不良贷款结转、1207 贷款呆账核销、1209 按揭提前部分还贷、1210 按揭贷款提前全部还贷、1211 按揭贷款归还全部历史欠款、1212 贷款分段计息处理、1213 公积金贷款发放日修改、1220 贷款到期查询	
	13 现金/凭证管理	1301 现金/凭证领用、1302 现金/凭证上缴、1303 现金/凭证下发、1304 现金/凭证回收、1305 现金/凭证调出、1306 现金/凭证调入、1307 支票出售、1308 取消支票出售、1309 凭证作废	
	14 通用记账	1401 表内通用记账、1402 表外通用记账、1403 通用手续费收入、1404 通用手续费支出、1405 内部往来、1406 外汇划转	
	15 错账处理	1501 反交易/冲账、1502 补账	
	16 特殊业务	1601 补登折、1602 换凭证、1603 支取方式修改、1604 密码修改、1605 打印调整、1608 增加尾箱、1611 睡眠户激活、1613 账户挂入/移出、1620 内部账户开户、1621 个人存款证明书、1622 假币收缴	
	18 外币业务	1801 外汇售汇、1802 外汇结汇、1803 代客套汇、1804 外币兑换计算器、1805 外币找零计算器、1810 外币贷款业务	
2．客户系统	2100 开客户、2300 客户信息查询、2400 客户信息维护		
3．数据查询	3100 交易流水查询	3100 表内交易查询、3101 表外交易查询	
	3200 分户查询	3201 账户综合查询、3202 账户状态变动查询、3203 凭证状态变动查询、3204 账户凭证查询、3205 特殊业务流水查询、3206 冻结查询、3207 一本（卡）通账户查询、3208 分户历史交易查询、3209 卡对账单查询打印、3210 卡信息查询、3211 客户支票查询、3213 对账单打印、3215 印签号码查询	
	3300 钱箱凭证查询	3301 钱箱凭证查询、3302 柜员调拨查询、3304 部门调拨查询	
	3400 总账查询		
	3600 贷款查询	3601 贷款展期查询、3602 借据信息查询、3603 贷业务查询	
	3700 应收利息查询		
	3800 查询	3801 新旧账号对照查询、3802 业务代码查询、3803 柜员钱箱查询、3804 利率查询、3805 汇率查询、3806 内部往来查询、3807 新旧借据查询	
4．数据维护	4100 账户/凭证状态维护		
	4200 账户信息维护		
	4300 贷款借据维护		
	4500 柜员管理	4501 柜员密码修改、4503 柜员卡建立、4504 柜员卡重写磁、4505 柜员卡换卡	
	4600 客户经理管理	4601 客户经理增加、4602 客户经理修改、4603 客户经理查询、4604 客户经理调整	

续表

模块名称	模块子栏目	二级栏目	三级栏目
5. 结算业务	5000 同城业务	5010 同城业务录入	5011 提出同城借方录入、5012 提出同城贷方录入、5013 提入同城借方录入、5014 提入同城贷方录入
		5020 同城业务复核	5021 提出同城借方复核、5022 提出同城贷方复核、5023 提入同城借方复核、5024 提入同城贷方复核
		5030 同城业务退票	5031 提入同城借方退票、5032 提出同城贷方退票、5033 提出同城借方退票、5034 提入同城贷方退票
		5040 同城提出借报暂缓入账	
		5050 同城提出借报单笔入账	
		5060 同城提出借报批量入账	
		5070 同城业务查询	
		5080 同城业务删除	
		5090 同城交易全部查询	
	5100 银行承兑汇票	5101 承兑汇票签发、5102 承兑汇票到期付款、5103 承兑汇票查询、5104 承兑汇票注销/核销、5105 承兑汇票查询/复书录入、5106 承兑汇票查询书核销、5107 承兑汇票查询/复书查询、5108 交易	
	5200 城商行汇票交易	5201 签发录入、5202 签发复核、5203 汇票兑付、5204 汇票销号、5205 汇票挂失、5206 汇票解挂、5207 汇票查询、5208 查复编押、5209 查复核押	
	5300 委托收款	5301 委托收款发出登记、5302 委托收款接收登记、5303 委托收款发出核销、5304 委托收款接收核销、5305 委托收款发出查询、5306 委托收款接收查询	
	5400 应解汇款	5401 应解汇款登记、5402 应解汇款解付、5403 应解汇款查询	
	5500 联行业务	5501 往账录入、5503 往账复核、5505 联行业务查询	
	5600 行社汇票	5610 行社汇票签发、5630 行社汇票查询、5640 行社汇票解付、5650 行社汇票解挂/挂失	
6. 日终业务	6100 库钱箱轧账、6200 柜员钱箱轧账、6300 柜员轧账、6400 网点轧账、6500 柜员轧账解除		
7. 中间业务1	7100 批量代收代扣	7101 合同录入、7102 合同查询维护、7103 批量录入、7104 批量查询维护、7105 批量合并、7106 增加批量明细、7107 批量明细维护、7108 批量写磁打印查询、7109 批量开户写磁打印、7118 批量明细查询	
	7200 代理国债	7201 凭证式国债出售、7202 凭证式国债兑付、7203 凭证式国债查询	
	7300 银联柜面通	7301 账户余额查询、7302 通存交易、7303 通兑交易、7304 本行转他行、7305 他行转本行、7306 现金汇划录入、7307 现金汇划复核、7308 电子汇划录入、7309 电子汇划复核、7310 银行卡通存撤销交易、7311 本行转他行撤销交易、7312 他行转本行撤销交易	
	7400 IC卡售水业务	7401 IC卡临柜售水、7402 IC卡信息查询、7403 用户基本信息查询、7404 售水业务查询、7405 售水业务抹账、7406 卡内购水量清零	
	7501 POS结算		
	7602 POS结算查询		
8. 中间业务2	8100 国税/地税	8101 国税扣款信息查询、8102 国税税票打印、8103 已缴纳记录查询、8104 企业信息委托查询、8105 打印完税证、8106 打印完税证（基金）、8107 输入票证和字轨、8108 应打印税单清单（AB类企业和基金）	
	8200 水费代收	8201 代收水费缴款、8202 打印水费凭据、8203 水费信息查询、8204 新旧客户号查询、8206 现金缴纳冲账	

续表

模块名称	模块子栏目	二级栏目	三级栏目
8. 中间业务2	8300 电力局实时扣款	8301 查询总欠费、8302 查询指定年月次欠费、8303 现金缴纳总欠费、8304 打印电表明细数据、8305 现金缴纳电费冲账、8306 批量扣款查询、8307 打印发票、8308 作废发票、8309 查询电费详细信息、8310 查询流水、8311 批量扣款收据打印	
	8400 煤气代收费	8401 查询基本信息、8402 查询所有欠费、8403 临柜现金缴款、8404 现金缴费冲账、8405 打印收款收据、8406 查询煤气流水	
	8600 有线电视代收费	8601 查询有线缴费信息、8617 按姓名查询户号、8618 按电话查询户号、8603 有线现金缴纳、8604 有线现金缴纳冲账、8605 补打代扣发票、8606 请求有线发票数据、8607 作废代扣发票	
	8800 银证转账	8801 证券转银行、8802 银行转证券、8803 收证券资金、8804 代付证券资金、8805 查询资金账户余额、8806 打印资金账号	
	8900 代扣关系维护	8902 建立对照关系、8903 删除对照关系、8905 查询对照关系	
	8a 电信缴费	8561 交易、8562 交易、8563 交易、8564 交易	
系统功能	*1 消息系统、*2 补打凭证、*3 授权处理、*4 设备测试、*5 调试打印		

模块三

储蓄业务

CHUXU YEWU

【知识目标】

(1) 了解活期存款业务概念、类型、存款利率。
(2) 了解定期存款业务概念、类型、存款利率。
(3) 了解定期存款与活期存款的区别。
(4) 了解教育储蓄业务概念、类型、存款利率。

【技能目标】

(1) 掌握银行活期存款业务的办理。
(2) 掌握银行定期存款业务的办理。
(3) 掌握教育储蓄业务的办理。

3.1 活期存款业务

从上面的新闻报道中,我们不难发现,相比于其他理财工具,活期存款所带来的收益"利息"是比较低的,但为什么还有超过 90%的受调查者在银行里面有存款呢?除了防备不时之需外,主要是活期存款能带来的流动性便利,想变现的时候随时都能获得现金,而其他的理财产品,或多或少的都存在流动性缺陷。

那为什么活期存款就有这样的流动性便利呢?这主要从活期存款业务谈起。

【导入案例】

别让活期存款"睡大觉"

1万元放在银行里,在活期利率0.35%情况下,一年收益35元。如果用它投资货币基金或者银行理财产品,按照2012年货币基金平均收益3.87%计算,可得到387元。

对中国的活期存款率来说,几乎100%的投资者都认为活期0.35%的利率太少了,但却有超过90%的人2012年都有超过3万元的活期存款放在银行里。

1万元存银行和投资获得的收益差别300多元。男生可以在网上买件羽绒服;女孩能买套化妆品;35元可以买3个汉堡包,387元可以买将近40个……看似不起眼,但存钱的收益是可以完全不同的,不过很多人却都把它忽视了,没能让"钱生钱"。投资者必须要依靠一些理财产品来打理手中的闲钱,其目标也很明确,不奢望多高的收益,但本金不能亏损,收益率要相对稳定,比如跑赢一年期定存,而且流动性要好。

就是为了满足这个愿望,基金公司推出货币基金,银行也纷纷推出理财产品。2004年首发货币基金以来,货币基金历经牛熊市考验,几乎没有风险,具有存款的性质,收益率也比较稳定。2011年进入排名的货币基金绝大多数业绩都跑赢了一年期定存,表现最好的业绩达到4.6%,跑赢了4.25%的3年期定存利率。

【知识准备】

3.1.1 活期存款业务概述

活期存款业务是商业银行开展的主要业务之一,它是指客户无须事先通知银行,即可随时凭银行卡或者存折及预留密码存取和转让的一种银行存款。活期存款客户有很大的机动性,在想要现金或者现金流动性的时候,可以随时到银行网点进行支取或者转账活动。

活期存款的形式有支票存款账户、保付支票、本票、旅行支票和信用证等。活期存款占一国货币供应的最大部分,也是商业银行的重要资金来源。

我国对货币类型的划分及计算如下。

M_0 为流通中现金;M_1 为狭义货币;M_2 为广义货币;M_3 是根据金融工具的不断创新而设置的。

$M_1=M_0+$企业活期存款+机关团体部队存款+农村存款+个人持有的信用卡类存款

$M_2=M_1+$城乡居民储蓄存款+企业存款中具有定期性质的存款+信托类存款+其他存款

$M_3=M_2+$金融债券+商业票据+大额可转让定期存单等

鉴于活期存款不仅有货币支付手段和流通手段的职能,同时还具有较强的派生能力,因此,商业银行在任何时候都必须把活期存款作为经营的重点。但由于该类存款存取频繁,手续复杂,所费成本较高。

我国商业银行和储蓄类银行都开展活期存款业务，各个银行对活期存款业务要求不同，用户在办理活期存款的时候，需要了解银行活期存款要求，从下面的"小视窗"内容，我们可以了解到中国建设银行活期存款的要求。

【小视窗】

建设银行活期存款要求

活期存款是指开户时不约定存期，您可随时存取、存取金额不限的一种个人存款。

您在开户时，请填写内容有存款日期、户名、存款金额、身份证种类、号码、联系方式的活期存款开户申请书和结算凭证，并将开户申请书和现金、身份证件交银行经办人员。银行经办人员审核后，办理开户手续，经您在存款凭条签字确认后，发给您存折（卡），并退还证件；您若要求凭密码或印鉴支取，要在银行网点的密码器上自行按规定格式输入密码，或向经办人员提供两张印鉴卡片。

存取款时，实行免填客户凭条，您只需口述存取款需求即可。续存时，将现金和存折（卡）交银行经办人员；支取时，将存折（卡）交银行经办人员，大额存取款的，需出示身份证件。其他仍按开户相应步骤办理。另外凭密码或印鉴支取存款的，每次都要按规定格式在银行网点的密码器上输入密码或在存款凭条上加盖印鉴。

活期存款起存金额为一元，个人活期存款按季结息，按结息日挂牌活期利率计息。不到结息日清户时，按清户日挂牌公告的活期利率计算到清户前一日止。具体利率标准请见利率表。

（资料来源：http://www.ccb.com/cn/personal/deposit/rmbdeposits.html）

3.1.2 活期存款业务的特色

由于活期存款注重的是资金的流动性，因此，银行提供的活期存款业务具有如下特色：

（1）通存通兑：客户凭银行卡可在全国同行网点和自助设备上存取人民币现金，预留密码的存折可在同城网点存取现金。同城也可办理无卡（折）的续存业务。

（2）资金灵活：客户可随用随取，资金流动性强。

（3）缴费方便：客户可将活期存款账户设置为缴费账户，由银行自动代缴各种日常费用。

3.1.3 活期存款业务的办理

如何办理活期存款业务呢？各个银行都提供了越来越同质化的活期存款业务服务。从活期存款办理的过程来看，总体上活期存款服务的过程如下。

（1）开户。客户办理活期存款时，需要到银行营业网点办理。在办理开户时，需要提供客户有效身份证件，一般为身份证、护照、户口簿、临时身份证等有效证件。

（2）存款。客户办理活期存款业务时，可以通过银行的营业网点、ATM进行。在营业网点可以用存折存款，当然如果能提供个人或他人的卡号或存折号，也可以办理无卡（折）存款。在ATM上进行存款，只要把人民币按100元、50元、20元分类好，放入ATM的存入口，就可以实现ATM上存款。

（3）取款。凭银行卡或者存折到网点可办理取款，银行规定，如果取款超过5万元，必须提前一天与网点约定。对用银行卡在ATM上取款，各个银行规定不同，有的规定了单笔2 500元的限额，有的规定了当天取款最高限额，如5 000元等。

（4）查询。客户可以通过各种方式查询活期存款账户情况，如银行的营业网点、ATM（银行卡）、电话银行、网上银行、手机银行、自助终端等。

（5）结息。用户在存款时，银行都给用户支付一定的利息，不过这个利息的利率比较低，我国活期存款利率为0.35%（参看"拓展阅读"部分的利率介绍）。目前银行对活期存款的结息方式是以季度来结息的，银行通过计算机系统自动给用户账户结息。

（6）重复证件开户。银行可以给用户用同一个证件开设不同的账户，这种业务需要到银行的柜台上办理。开户条件和活期存款开户相似，都需要提供有效身份证件，并需提供已开设账户情况。

（7）销户。当用户不需要或者想取消活期存款时，可以到银行柜台办理销户手续，销户后，用户就不能再使用该账户了。

（8）挂失。当客户丢失了活期存款账户凭证时，可以通过银行综合柜台柜面办理挂失业务，银行可以暂时冻结该挂失账户的使用，并在一定时间后给客户办理新的账户，原丢失的账户作废。

（9）密码修改。当客户忘记密码或者需要修改原账户密码时，银行综合柜台可以提供密码修改业务，用户需要提供活期存款凭证。

【课堂讨论】

通过对活期存款业务的分析，你可以看出活期存款业务为什么会受到客户的喜欢了吗？如果你要存款，会选择哪一种存款方式？会选择活期存款吗？谈谈你的想法。

【拓展阅读】

1．利息计算规则

用户把钱存入银行等金融机构并办理活期存款业务，除了看好活期存款的流动性外，另外一个重要的原因是活期存款能提供一定的利息收入。银行等金融机构提供的利息收入与利率、时间和本金有关。

利率又称利息率，表示一定时期内利息量与本金的比率，通常用百分比表示，按年计算则称为年利率。其计算公式是：利息率=(利息量÷本金÷时间)×100%。利率通常由国家的中央银行控制，在美国由联邦储备委员会管理。现在，所有国家都把利率作为宏观经济调控的重要工具之一。当经济过热、通货膨胀时，便提高利率、收紧信贷；当过热的经济和通货膨胀得到控制时，便会把利率适当地调低。

不同国家实行的利息的计息方式不同，但总体上利息的结息方式有两种：单利和复利。

单利计算简单，在单利的情况下，仅计算本金，利息不计息，利息的计算公式为利息 $I=P×R×T$，本息和 $S=P×(1+R×T)$，其中 I 为利息，P 为本金，R 为利息率，T 为时间。

如存入 1 000 元人民币，按年利率为 3.5% 存入两年，计算利息为 $I=1\,000×0.035×2=70$（元），这就是单利计算方式，其中，第一年的利息 35 元在第二年中并没有计算利息。

复利也称为利滚利，不仅本金计入利息，以前各期所产生的利息也要计息，也就是将上期的利息并入本金一并计算利息。中国对这种计息方式通俗称为"息上加息"。利息计算公式为：$S=P×(1+R)×T$。

如前面案例一样，我们也存入 1 000 元，不过采用复利方法计算利息，利率一样，存入期限都是两年，本息和为 $S=1\,071.225$（元），利息收入为 71.225 元，比单利利息收入多了 1.225 元。

2．活期存款利息

活期存款利息就是活期存款本金在一定的利率下的时间收益。活期存款的利率水平很低，从中国人民银行网站或者互联网上都可以查到，当前活期存款利率为 0.35%，活期存款的结息方式为按季度结息，这也就相当于在 1 月份存入的活期存款有 3 次复利的机会。

如 2013 年 1 月 1 日存入 10 万元，活期存款计算的规则，是一年以 360 天计算，每月 30 天，在第一季度结束时，即 4 月 1 日计算活期存款利息为 $100\,000×90/360×0.035=875$（元）。

第二季度结束计算利息时，第二季度本金变为 100 875，第二季度的利息为 $100\,875×90/360×0.035=882.656\,25$（元），约等于 882.7 元。

第三季度结束计算利息时，第三季度本金变为 $100\,875+882.7=101\,757.7$ 元，第三季度的利息为：$101\,757.7×90/360×0.035=890.379\,49$（元），约等于 890.4 元。

第四季度结束计算利息时，第四季度本金变为 $101\,757.7+890.4=102\,648.1$（元），第四季度利息为：$102\,648.1×90/360×0.035=898.2$，第四季度结束后，本金和为 $102\,648.1+898.2=103\,546.3$（元），季度结

算的结果是 10 万元活期存款，所得的利息为 3 546.3 元。

3. 中国人民银行活期存款问题解答

中国人民银行网站公布的人民币存款有关规则中涉及活期存款如下：

（1）活期储蓄存款的计结息规则是什么？

答：目前，活期储蓄存款每季度结息一次，每季末月的 20 日为结息日，按当日挂牌的活期利率计息，商业银行在这一日将利息转入储户账户。如果储户在结息日前清户，商业银行将按当日挂牌活期利率计算利息并连同本金支付给储户。

（2）人民币储蓄存款业务的年利率、月利率和日利率如何换算？

答：我国一般公布人民币存款年利率。由于存款期限不同，银行计算利息时需将年利率换算成月利率和日利率，换算公式为

$$月利率（‰）=年利率（\%）\div 12$$

$$日利率（‰）=年利率（\%）\div 360$$

年利率除以 360 换算成日利率，而不是除以 365 或闰年实际天数 366。依据惯例，我国按 9 的倍数确定年利率数据，年利率换算成日利率除以 360，可除尽。中央银行或商业银行在确定利率水平时，已经考虑了年利率、月利率和日利率之间的换算关系。

（3）银行采用什么方法计算利息？

答：银行主要采用积数计息法和逐笔计息法计算利息。积数计息法便于对计息期间账户余额可能会发生变化的储蓄存款计算利息。因此，银行主要对活期性质的储蓄账户采取积数计息法计算利息，包括活期存款、零存整取、通知存款。而对于定期性质的存款，包括整存整取、整存零取、存本取息、定活两便，银行采用逐笔计息法计算利息。

（4）什么是积数计息法？

答：积数计息法就是按实际天数每日累计账户余额，以累计积数乘以日利率计算利息的方法。积数计息法的计息公式为

$$利息=累计计息积数\times 日利率$$

其中，累计计息积数=账户每日余额合计数。

例：某储户活期储蓄存款账户变动情况如表 3-1 所示，银行计算该储户活期存款账户利息时，按实际天数累计计息积数，按适用的活期储蓄存款利率计付利息。

表 3-1 积数计息法计算利息

日期	存入	支取	余额	计息期	天数	计息积数
2013.1.2	10 000		10 000	2013.1.2—2013.2.2	32	32×10 000=320 000
2013.3.2		3000	7 000	2013.2.3—2013.3.10	36	36×7 000=252 000
2013.3.11	5 000		12 000	2013.3.11—2013.3.20	10	10×12 000=120 000
2013.3.20			12 000			

银行每季末月 20 日结息，2007 年 3 月 20 日适用的活期存款利率为 0.72%。因此，到 2007 年 3 月 20 日营业终了，银行计算该活期存款的利息为：

利息=累计计息积数×日利率

=（320 000+252 000+120 000）×（0.72%÷360）

=13.84（元）

（5）什么是逐笔计息法？

答：逐笔计息法是按预先确定的计息公式逐笔计算利息的方法。采用逐笔计息法时，银行在不同情况下可选择不同的计息公式。

① 计息期为整年（月）时，计息公式为：利息=本金×年（月）数×年（月）利率。

② 计息期有整年（月）又有零头天数时，计息公式为：利息=本金×年（月）数×年（月）利率+本金×零头天数×日利率。

③ 银行也可不采用第一、第二种计息公式，而选择以下计息公式：利息=本金×实际天数×日利率，其中实际天数按照"算头不算尾"原则确定，为计息期间经历的天数减去一。

逐笔计息法便于对计息期间账户余额不变的储蓄存款计算利息,因此,银行主要对定期储蓄账户采取逐笔计息法计算利息。

> 例:某客户2007年3月1日存款10 000元,定期6个月,当时6个月定期储蓄存款的年利率为2.43%,客户在到期日(即9月1日)支取,利息是多少?
> ① 这笔存款计息为6个月,属于计息期为整年(月)的情况,银行可选择"利息=本金×年(月)数×年(月)利率"的计息公式。
> 利息=10 000×6×(2.43%÷12)=121.50(元)
> ② 银行也可选择"利息=本金×实际天数×日利率"的计息公式,这笔存款的计息期间为2007年3月1日至9月1日,计息的实际天数为184天。
> 利息=10 000×184×(2.43%÷360)=124.20(元)

由于不同计息公式计算利息存在差异,储户应在存款时向银行咨询计息方法的相关情况。

4. 部分银行活期存款利率水平(表3-2)

表3-2　部分银行活期存款利率水平

序号	银行名称	活期存款利率(%)	序号	银行名称	活期存款利率(%)
1	工商银行	0.35	7	招商银行	0.385
2	建设银行	0.35	8	光大银行	0.385
3	中国银行	0.35	9	民生银行	0.385
4	农业银行	0.35	10	深发展银行	0.385
5	交通银行	0.35	11	浦发银行	0.385
6	邮储银行	0.35	12	兴业银行	0.385

从上表可以看出,国有五大银行的活期存款利率比其他商业银行活期存款利率要低。

3.2　定期存款业务

【导入案例】

中长期定期存款利率上浮区间或放开

央行调查统计司司长盛松成日前撰文称,可以进一步扩大甚至放开中长期定期存款利率的上浮区间,然后再逐步扩大短期存款利率上浮空间,直至最终放开上浮限制。

根据现行制度,中国人民银行(简称"央行")为国内金融机构设定存贷款基准利率和浮动区间,银行自行调整的空间有限。这意味着银行无须用高息来争揽资金,使得国内存款利率一直较低,而银行则从较大的存贷息差中受益。

央行在2004年就取消了银行存款利率下限,同时允许贷款利率较基准利率下浮10%。而2012年6月份,央行又决定允许银行的存款利率较基准利率上浮10%,并允许贷款利率下浮20%。2012年7月份,央行再次允许贷款利率下浮30%。

其实,近年来我国利率市场化改革已取得了很大成就。当前国内债券市场利率、同业拆借利率、贴现利率都已经基本实现了市场定价,货币市场已基本实现了利率市场化,外币利率市场化基本完成,仅剩下能够影响银行净息差水平的存款利率上限、贷款利率下限还受到一定管制。

利率市场化毫无疑问是改革的一个方向,但身在市场之中的银行显然还有更深层次的担忧,即利率管制放开,必然意味着银行之间竞争骤然加剧。

一旦利率市场化改革实现突破,各大银行之间攻守一致的利率同盟或将瓦解。企业对银行的负债结构也将发生巨大转变。业内人士认为,息差的缩窄会倒逼银行把资产投向高风险行业。如果还像以前那样只贷给大中型国企，势必不能满足赢利要求。利率市场化改革对中小企业、中小银行明显有利，而对大型银行则存在一定挑战。

（资料来源：2013-01-08 中国网新闻）

常识：

利率市场化是指金融机构在货币市场经营融资的利率水平。它由市场供求来决定，包括利率决定、利率传导、利率结构和利率管理的市场化。实际上，它就是将利率的决策权交给金融机构，由金融机构自己根据资金状况和对金融市场动向的判断来自主调节利率水平，最终形成以中央银行基准利率为基础，以货币市场利率为中介，由市场供求决定金融机构存贷款利率的市场利率体系和利率形成机制。

由于市场上银行的同质化服务，银行之间的竞争越来越激烈，银行在中央银行定期基准利率的基础上都有所浮动，以吸引客户。利率市场化改革的推动力主要有哪些因素呢？

【知识准备】

3.2.1 定期存款业务概述

1. 定期存款业务介绍

定期存款业务是银行储蓄办理的面对客户的业务之一，是指个人将属于其所有的人民币或外币存入银行储蓄机构，约定存期、整笔存入，储蓄机构开具存单作为凭证，到期取本付息的一种存款业务。

2. 定期存款业务功能

（1）利率较高，可以为储户获得较高的利息收入。

（2）提供约定转存和自动转存功能。

（3）储户在通存通兑区域内的任一联机网点可以办理取款、查询及口头挂失等业务。

3. 定期存款的期限

目前分为：3个月、半年、1年、2年、3年、5年期限。其中根据年限的不同，存款的利率也有很大的差距，详见后面的"拓展阅读"。

3.2.2 定期存款业务的种类

定期存款有多种，包括整存整取、零存整取、定活两便、整存零取、存本取息、转存业务、定期自动转存业务和个人通知存款等。

（1）整存整取：指约定存期，整笔存入，到期一次支取本息的一种存款业务。50元起存，多存不限。

（2）零存整取：零存整取存款5元起存，多存不限。存款金额由客户自定，每月存入一次。零存整取存款存期分1年、3年、5年。

（3）定活两便：是指存款不确定存期，一次存入本金，随时可以支取的业务。定活两便存款50元起存。该项业务也给客户很大的选择空间。

（4）整存零取：指在存款开户时约定存款期限、本金一次存入，固定期限周期分次支取本金的一种个人存款业务。存期分1年、3年、5年，存入时1 000元起存，支取期分1个月、3个月及半年一次，由客户与营业网点商定。利息按存款开户日挂牌整存零取利率计算，于期满结清时支取。到期未支取部分或提前支取按支取日挂牌的活期利率计算利息。只能办理全部提前支取，不能部分提前支取。

（5）存本取息：存本取息定期存款5 000元起存，存期分为1年、3年、5年。存本取息定期存款取息日由客户开户时约定。可以一个月或几个月取息一次；取息日未到不得提前支取利息；取息日未取息，以后可随时取息，但不计复息。

（6）转存业务：包括约定转存和自动转存。客户开立个人定期存款账户时，凡选择约定转存的，在原存期内或转存期内办理存款支取的，视同提前支取。约定转存的整存整取定期存款在每个转存期内允许部分提前支取一次。

（7）定期自动转存业务：是指储户约定在整存整取定期存款到期日自动将利息和本金一并按原存期转入下一个存款周期，利率按照转存日中国人民银行挂牌公告的同档次定期存款利率执行的一种存款。自动转存的整存整取定期存款在转存期内不得办理部分提前支取。

（8）个人通知存款：是指存入款项时不约定存期，但约定支取存款的通知期限，支取时按约定期限提前通知银行，约定支取存款的日期和金额，凭存款凭证支取本金和利息的服务。人民币通知存款的最低存款金额为5万元（含），本金一次存入，可一次或分次支取。个人通知存款分为1天通知和7天通知两个品种。

3.2.3 定期存款业务的办理

（1）定期存款客户凭有效证件（身份证、护照、军官证等）办理开户。申请开户时，客户需正确填写定期储蓄存款凭条。

（2）银行网点柜员认真审查存款凭条各要素，核实客户提交的有效身份证件。收妥资金后，签发定期存单。若客户要求办理通存通兑业务的，客户需输入密码。

（3）存款到期，储户凭存单到开户机构办理取款、销户，按存入日中国人民银行公布的相应存期利率支付利息。如果客户急需使用资金而提前支取时，银行一般按支取日活期利率支付利息。部分提前支取，未取部分按原存期、原利率开给新存单。

（4）支取方式修改。定期存款存入后，如果客户需要提前取出或者更改支取方式，可以凭存款凭条到综合业务柜台办理支取方式修改。

（5）挂失、密码修改。客户可以凭手中的定期存款凭条到综合柜台办理挂失、密码修改业务。

🌐 【小视窗】

建设银行定期存款

定期存款是客户在存款开户时约定存期，一次或按期分次（在约定存期内）存入本金，整笔或分期、分次支取本金或利息的一种存款方式。个人定期存款可分为以下几种类型：整存整取、零存整取、整存零取、存本取息、教育储蓄、定活两便和通知存款。

整存整取：指开户时约定存期，整笔存入，到期一次整笔支取本息的一种个人存款。50元起存，计息按存入时的约定利率计算，利随本清。整存整取存款可以办理到期日自动转存。存期分为3个月、6个月、1年、2年、3年、5年共6个档次。

零存整取：指开户时约定存期、分次每月固定存款金额（由储户自定）、到期一次支取本息的一种个人存款。开户手续与活期储蓄相同，只是每月要按开户时约定的金额进行续存。储户提前支取时的手续比照整存整取定期储蓄存款有关手续办理。一般5元起存，每月存入一次，中途如有漏存，应在次月补齐。计息按实存金额和实际存期计算。存期分为1年、3年、5年。利息按存款开户日挂牌零存整取利率计算，到期未支取部分或提前支取按支取日挂牌的活期利率计算利息。

整存零取：指在存款开户时约定存款期限、本金一次存入，固定期限分次支取本金的一种个人存款。存款开户的手续与活期相同，存入时1000元起存，支取期分1个月、3个月及半年一次，由客户与营业网点商定。利息按存款开户日挂牌整存零取利率计算，于期满结清时支取。到期未支取部分或提前支取按支取日挂牌的活期利率计算利息。存期分1年、3年、5年。

存本取息：指在存款开户时约定存期、整笔一次存入，按固定期限分次支取利息，到期一次支取本金的一种个人存款。一般是 5 000 元起存。可一个月或几个月取息一次，可以在开户时约定的支取限额内多次支取任意金额。利息按存款开户日挂牌存本取息利率计算，到期未支取部分或提前支取按支取日挂牌的活期利率计算利息。存期分 1 年、3 年、5 年。

定活两便：指客户在存款开户时不必约定存期，银行根据客户存款的实际存期按规定计息，可随时支取的一种个人存款种类。50 元起存，存期不足 3 个月的，利息按支取日挂牌活期利率计算；存期 3 个月以上（含 3 个月），不满半年的，利息按支取日挂牌定期整存整取 3 个月存款利率打 6 折计算；存期半年以上的（含半年）不满 1 年的，整个存期按支取日定期整存整取半年期存款利率打 6 折计息；存期 1 年以上（含 1 年），无论存期多长，整个存期一律按支取日定期整存整取 1 年期存款利率打 6 折计息。

"吉祥存单"系列是为满足客户的需求，丰富个人金融服务品种而推出的定活两便储蓄，起存金额为 500 元，最高限额为 10 000 元。计息比照上述定活两便规定办理。

通知存款：是指客户在存入款项时不约定存期，支取时事先通知银行，约定支取存款日期和金额的一种个人存款方式。最低起存金额为人民币 5 万元（含），外币等值 5 000 美元（含）。为了方便，客户可在存入款项开户时提前通知取款日期或约定转存款日期和金额。个人通知存款需一次性存入，可以一次或分次支取，但分次支取后账户余额不能低于最低起存金额，当低于最低起存金额时银行给予清户，转为活期存款。个人通知存款按存款人选择的提前通知的期限长短划分为 1 天通知存款和 7 天通知存款两个品种。其中 1 天通知存款需要提前 1 天向银行发出支取通知，并且存期最少需 1 天；7 天通知存款需要提前 7 天向银行发出支取通知，并且存期最少需 7 天。

（资料来源：http://www.ccb.com/cn/personal/deposit/rmbdeposits.html.）

【课堂讨论】

通过对定期存款业务的了解，分析银行为什么在央行的基准利率水平下有所浮动。

利率市场化正式实施，如果你是大型银行行长，请问你该如何决策，才能在利率市场化中保持赢利？如果是中小型银行行长呢？如果我们到银行去存款，该如何决定存款类型？你是根据什么来决定存款类型的？发表自己的看法或建议。

【拓展阅读】

客户进行定期存款时，银行给予客户不同的时间段不同的利率水平，中国人民银行 2012 年给出的定期存款利率水平及历次利率调整后的利率水平见表 3-3。

表 3-3　中国人民银行定期存款利率调整时间及利率详情

日期			2012-7-6	2012-6-8	2011-7-7	2011-4-6	2011-2-9	2010-12-26
整存整取		3 个月(%)	2.6	2.85	3.1	2.85	2.6	2.25
		6 个月(%)	2.8	3.05	3.3	3.05	2.8	2.5
		1 年（%）	3	3.25	3.5	3.25	3	2.75
		2 年（%）	3.75	4.1	4.4	4.15	3.9	3.55
		3 年（%）	4.25	4.65	5	4.75	4.5	4.15
		5 年（%）	4.75	5.1	5.5	5.25	5	4.55
零存整取 整存零取	存本取息	1 年（%）	2.85	3.1	3.1	2.85	2.6	2.16
		3 年（%）	2.9	3.15	3.3	3.05	2.8	2.5
		5 年（%）	3	3.25	3.5	3.25	3	2.85
协定存款			1.15	1.21	1.31	1.31	1.21	1.17
1 天通知存款（%）			0.8	0.85	0.95	0.95	0.85	0.81
7 天通知存款（%）			1.35	1.39	1.49	1.49	1.39	1.35

由于存款的类型不同，导致定期存款的利息计算方法多样。按中国人民银行的规定，定活两便储蓄存款利息的计算也比较麻烦，主要是由于利率比较特殊，它取决于存款期限有多长，银行按照存款期限的不同给定活两便储蓄存款设置了不同的利率。计算利息时，凭存款期限选择利率，最后按照基本公式计算。由于存款期限经常出现不是整月的情形，总有几天的零头，所以计算利息时经常使用日利率。

零存整取储蓄存款利息的计算类似活期存款的计息方法，公式为：利息=月存金额×累计月积数×月利率，其中累计月积数=（存入次数+1）÷2×存入次数。照此计算，1年期、3年期和5年期在累计月积数都是常数，分别为78、666和1 830。

定期整存整取存款按存单开户日挂牌公告的相应的定期储蓄存款利率计算利息。如在存期内遇利率调整，不论调高或调低，均按存单开户日所定利率计付利息，不分段计息。如储户提前支取，全部提前支取或部分提前支取，按支取日挂牌公告的活期储蓄利率计息，未提前支取的部分，仍按原存单所定利率计付利息。

各个商业银行可以根据自己情况，调整定期存款的利率水平，国内部分银行存款利率见表3-4。

表3-4 国内部分银行存款利率（%）

银行	3月	半年	1年	2年	3年	5年
央行基准利率	2.6	2.8	3	3.75	4.25	4.75
工商银行	2.85	3.05	3.25	3.75	4.25	4.75
建设银行	2.85	3.05	3.25	3.75	4.25	4.75
中国银行	2.85	3.05	3.25	3.75	4.25	4.75
农业银行	2.85	3.05	3.25	3.75	4.25	4.75
交通银行	2.85	3.05	3.25	3.75	4.25	4.75
邮储银行	2.85	3.05	3.25	3.75	4.25	4.75
招商银行	2.86	3.08	3.3	3.75	4.25	4.75
光大银行	2.86	3.08	3.3	3.75	4.25	4.75
民生银行	2.86	3.08	3.3	3.75	4.25	4.75
深发展银行	2.86	3.08	3.3	3.75	4.25	4.75
浦发银行	2.86	3.08	3.3	3.75	4.25	4.75
兴业银行	2.86	3.08	3.3	3.75	4.25	4.75
华夏银行	2.86	3.08	3.3	3.75	4.25	4.75
广发银行	2.86	3.08	3.3	3.75	4.25	4.75
平安银行	2.86	3.08	3.3	3.75	4.25	4.75
渤海银行	2.6	2.8	3	3.75	4.25	4.75

注：实行时间为2012年7月6日起。

3.3 其他储蓄存款业务——教育储蓄

【导入案例】

教育储蓄积零成整成理财产品

居高不下的教育开支给工薪阶层集中支付造成困难。理财专家建议，家长应早动手，积零成整，为孩子积攒教育资金，而利率优惠、利息免税的教育储蓄是个不错的选择。

理财是为了什么？每个人都有不同的答案，为了跑赢CPI、为了买房买车、为了养老……不过对于有小孩的家庭来说，小孩的教育储蓄资金大都被排在了第一位。但是专为儿童设计的理财产品在市面上相对匮乏，这就要家长们活用教育储蓄、基金定投等长期储蓄方式了。

尽管专门针对儿童的理财产品匮乏，但是家长们也可以活用目前已有的一些理财方式来为孩子今后的教育资金做好准备。由于小孩的成长期较长，读大学开始的教育资金相对较大，因此选用长期的定期投资是首要的考虑。

首先考虑的就是教育储蓄。教育储蓄是一种用于教育目的的储蓄，存期分为3年期和6年期，是一种专门为学生支付非义务教育（即高中及以上）所需的教育金的专项储蓄。其利率享受两大优惠政策，除免征利息税外，其作为零存整取储蓄将享受整存整取利息。

正在接受非义务教育的在校学生在就读全日制高中（中专）、大学本科（大专）、硕士和博士研究生时，每个学习阶段可分别享受一次2万元教育储蓄的免税优惠，每一阶段教育储蓄本金合计不得超过2万元。目前零存整取3年期的利率为3.05%，整存整取3年期的利率则为4.75%。2万元的零存整取原本只能领取610元利息，但是作为教育储蓄则可以领到950元利息。

从以上案例可以看出，不论是出于增值、解决子女的学费角度还是其他角度来看，教育储蓄相比于其他储蓄形式还是有一些优势的，在存取方式、利率计算方式和利息税方面都有优惠，但教育储蓄的金额限制是其缺点之一。

【知识准备】

3.3.1 教育储蓄业务概述

教育储蓄是我国为鼓励城乡居民以储蓄存款方式，为其子女接受非义务教育积蓄资金，促进教育事业发展而开办的储蓄品种。

教育储蓄是指个人为其子女接受非义务教育（指九年义务教育之外的全日制高中、大中专、大学本科、硕士和博士研究生）积蓄资金，到期支取本息的一种定期储蓄。教育储蓄为特殊的零存整取定期储蓄存款，储户特定、存期灵活、总额控制、利率优惠、利息免税、定向使用、贷款优先。

教育储蓄能积零成整，满足中低收入家庭小额存储，积蓄资金，解决子女非义务教育支出的需要。适用于在校小学四年级（含）以上学生。教育储蓄起存金额为50元，本金合计最高限额为2万元，存期分为1年、3年、6年。

3.3.2 教育储蓄业务的特点

（1）储户特定：在校小学四年级（含）以上学生。

（2）存期灵活：存期分为1年、3年和6年。

（3）总额控制：最低起存金额为50元，正在接受非义务教育的在校学生，其在就读全日制高中（中专）、大专和大学本科、硕士和博士研究生的3个阶段中，每个学习阶段可分别享受一次2万元教育储蓄的免税和利率优惠；每份本金合计超过2万元或一次性趸存2万元的，不能享受教育储蓄免税的优惠政策。

（4）利率优惠：1年期、3年期教育储蓄按开户日同期同档次整存整取定期储蓄存款利率计息；6年期按开户日5年期整存整取定期储蓄存款利率计息。

（5）利息免税。

3.3.3 教育储蓄业务的办理

1. 开户

教育储蓄采用实名制。办理开户时，须凭符合条件的学生本人户口簿（户籍证明）或居民身份证等有效实名证件到储蓄机构以学生本人的姓名开立存款账户。代理学生办理时，代理人还必须同时出具自己的有效身份证明。

2. 存款

（1）开户时储户应与银行约定每月固定存入的金额，分月存入，中途如有漏存，应在次月补齐，未补存者按零存整取定期储蓄存款的有关规定办理。

（2）存入可通过电话银行，也可在网上银行预定转存。

3. 支取

（1）教育储蓄到期前，储户必须持存折（或复印件，复印件仅适用于在外地读书的学生）、户口簿（户籍证明）或身份证到所在学校开具"证明"（以下简称"证明"）。储户凭存折和"证明"一次支取本金和利息。储户不能提供"证明"的，其教育储蓄不享受利率优惠，同时应按有关规定征收储蓄存款利息所得税。

（2）教育储蓄逾期支取，其超过原定存期的部分，按支取日活期储蓄存款利率计付利息，并按有关规定征收储蓄存款利息所得税。

（3）提前支取时必须全额支取。

> 教育储蓄理财案例：
> 存期为3年，金额为20 000元的普通零存整取与教育储蓄的利息收入比较：
> 　　普通零存整取3年后利息收入：20 000×1.89%×3×0.8=907.2（元）
> 　　教育储蓄3年后利息收入：20 000×2.52%×3=1 512（元）

4. 适用人群

在校小学四年级（含）以上学生。

【课堂讨论】

你进行教育储蓄了吗？你认为教育储蓄有哪些优点和缺点。说说你的看法。

请通过以下"拓展阅读"材料，了解儿童理财产品的现状。如果你是银行的行长，并负责儿童产品的开发和销售，请问你有何高招或者创新点，丰富儿童理财产品，并有很好的吸引力？

【拓展阅读】

儿童节理财产品贫乏　教育储蓄2万限额不够支出

对正处于成长期的小朋友而言，要学习的不仅是那些应付考试需要的知识，智商固然重要，财商也不可少，从小培养孩子的财商与理财意识很有必要。事实上，目前多数银行都已推出各类针对儿童的理财产品和服务，而且花样繁多。

1. 儿童卡颇具特色

目前，不少银行推出了针对儿童的银行卡。

民生银行"小鬼当家卡"是国内由民生银行首家推出的儿童理财卡，该卡是针对18岁以下少年儿童设计、开发并由少年儿童使用的专属卡，是以银行卡的各项功能为基础、针对少年儿童的需求进行服务与功能整合的全新产品。"小鬼当家理财"可以让家长和孩子一同参与到理财的过程中。父母与孩子可以到银行办理"小鬼当家"银行卡，让孩子持有附卡并设置自己的密码，家长持有主卡来遥控附卡用钱的上限，同时也能通过主卡对孩子日常花费有所了解。民生银行"小鬼当家卡"旨在培养"小鬼"正确的金融意识，帮助儿童、少年积蓄压岁钱、零用钱。

除了民生银行，其他银行推出的儿童卡账户也各具特色。如"宝贝成长卡"是工行专为16岁以下婴幼儿、青少年、中小学生等未成年客户及其父母量身打造的主题卡。该卡以家庭为单位、按照"宝贝卡+父爱卡+母爱卡"的方式发行。除了具有一般借记卡功能外，卡片还有成长基金、成长保障、成长纪念、感恩回报等特色功能。

上海银行的"学生卡"则是为了方便一些学校代扣学杂费而设立的，由学校统一批量申请办理。当然，它也具有其他借记卡的金融功能，学生可以将零用钱、压岁钱存入卡中，好比一个"储蓄罐"。在年费方面，该卡也有减免优惠。

2. 儿童理财产品贫乏

目前，除了部分商业银行推出专门针对中小学生的教育储蓄业务之外，针对儿童的理财产品并不多见。教育储蓄属零存整取定期储蓄存款，储户须是四年级（含）以上的学生，最低起存金额为50元，按月存入固定金额，本金合计最高2万元。存期分1年、3年、6年共3种，一般按整存整取定期储蓄利率计息，比起普通的零存整取利率更优惠，并且享受国家的免税优惠。不过，由于教育储蓄的最高限额仅为2万元，用于教育支出是远远不够的。

市场中即便是针对儿童的理财产品，也只不过是冠一个儿童理财之名。如某银行推出一款"快乐六一"——招银进宝系列之人民币日日盈25号理财计划，产品期限为7天，预期年收益率为5%，投资门槛为10万元，投资于银行间市场信用级别较高、流动性较好的金融工具。细看一下，这款产品与平时的理财产品没什么区别，但是，7天期的产品能给出5%的预期年化收益率，的确相当有吸引力，谁还会在乎它冠什么名字呢？

（资料来源：2012年05月25日新闻晨报.）

本模块主要介绍了储蓄业务相关知识，包括活期储蓄业务、定期储蓄业务和教育储蓄业务内容。活期储蓄是客户凭存折随时支取和转让的业务，是银行开展的主要业务之一。定期储蓄业务分为3个月、半年、1年、2年、3年、5年期限不同的类型，不同类型定期储蓄的利率不同。教育储蓄是针对学生开设的一种储蓄方式，免征利息税。

简答题

（1）银行储蓄业务包括哪些业务？这些业务有哪些具体的内容？

（2）银行为什么要开展储蓄业务？

（3）定期存款和活期存款有什么区别？在本金和利息方面有哪些优缺点？

（4）如果存款，你首先考虑的是哪些因素？这些因素如何决定存款策略？

（5）你有教育储蓄的经历吗？谈谈教育储蓄的优缺点，并通过网络资源，了解教育储蓄的发展情况，谈谈自己的观点。

情景题

5人作为银行柜员，10人作为前来办理储蓄的客户，其他人作为评委，对每位柜员的服务能力和服务水平做出评判。

实验一 储蓄一般业务实验

1．实验目的

（1）熟练进行储蓄业务实验操作。
（2）了解商业银行综合柜台储蓄业务操作流程。
（3）了解商业银行综合柜台储蓄业务开户操作。
（4）了解综合柜台业务存款操作。
（5）了解综合柜台业务取款操作。
（6）了解柜台综合业务转账操作。

2．实验工具

深圳国泰安商业银行综合柜面业务软件 CS5.0。

3．实验过程

1）开户

不论是活期存款还是定期存款，都需要到银行开户，银行办理业务的地方是各个银行储蓄机构的网点。在"国泰安银行综合柜面业务 CS5.0"系统，如何快速、高效地进入"开户"界面呢？参见模块二后面的"附录：系统模块详细内容"，在表内查找开户等业务前的数字，直接输入数字就可以进入开户界面。也可以通过以下步骤进入开户界面：执行【公共交易】→【存款业务】→【开户】命令，打开【开户】栏目界面，如图 3.1 所示。

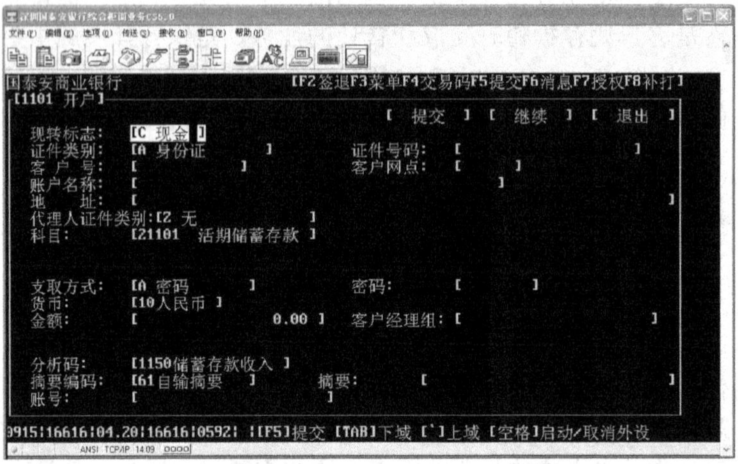

图 3.1 【开户】栏目界面

在开户前，系统要求必须开客户号，可以执行【客户系统】→【开客户】命令，进行开客户号，如图 3.2 所示。在【ID 类别】文本框中，可以在英文输入状态下按"？/"键，如图 3.3 所示，选择需要的身份证件类型，此处以身份证作为 ID 类别。

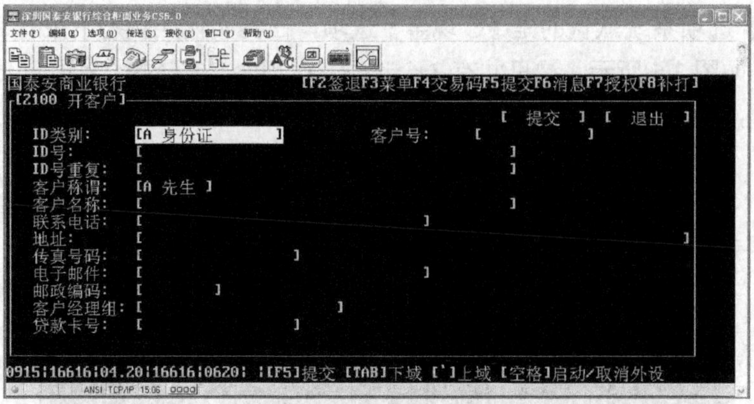

图 3.2 【开客户】栏目界面①

图 3.3 【开客户】栏目【ID 类别】选项

输入需要的身份证件号码，当然，在这个虚拟系统里，可以输入 18 位虚拟的身份证号码，如"342425199007253218"，选择客户称谓（A 先生、B 女士、C 小姐、D 夫人）、客户名称（如王老五）。其他的选项如联系电话、地址、传真号码、电子邮件等不是必填的。按 F5 键，或者按上下左右键到【提交】按钮，按 Enter 键，完成客户号码的注册，系统自动分配客户号，如图 3.4 所示。

图 3.4 【开客户】栏目界面②

开好客户号后，可以进入到【开户】栏目界面，如图 3.1 所示。该界面上需要填写的内容很多，如现转标志、证件类型、账户名称、地址、代理人证件类别、科目等，部分空格有下拉菜单供选择，我们依次进行操作。

【现转标志】选项系统默认的是【C现金】选项，在英文输入状态下按"？/"键，系统展示该选项内容，如图3.5所示。这里共有3个选项：C现金、T转账、P预开，按↑键、↓键，选择需要的选项，按Enter键选中该项。

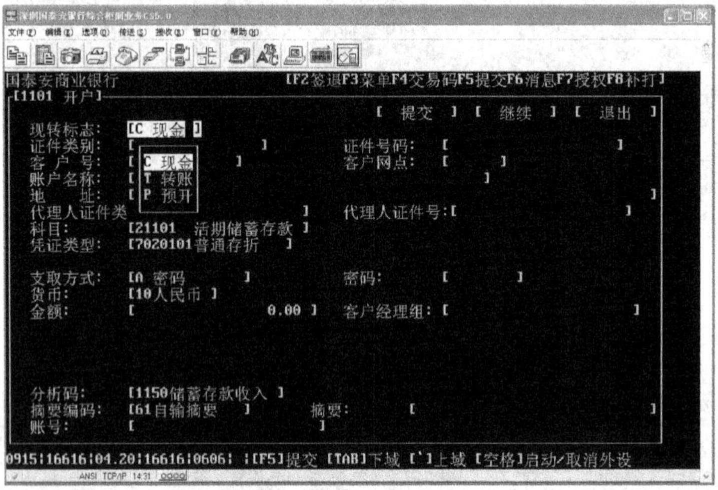

图3.5 【现转标志】选项界面

我们现在要进行的操作是开户，因此选择现金类型，如图3.1所示。按↓键进入【证件类别】选项。

【证件类别】选项下有多个选项，在英文输入状态下按"？/"键，系统展示【证件类别】选项下的选项，如图3.6所示。选择客户可以提供的有效证件名称，如本实验选择【A身份证】选项，按Enter键，如图3.1所示。

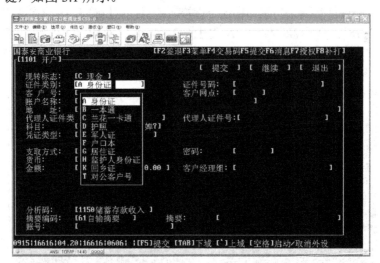

图3.6 【证件类别】选项界面

在【证件号码】文本框，输入证件号码后，按Enter键，系统自动提示再输入一次，第二次输入后，按Enter键，系统弹出如图3.7所示界面，按Enter键，系统自动录入客户号和账户名称（由于之前已经开客户号了，所以系统自动显示客户号，否则需要重新开客户号），如图3.8所示。

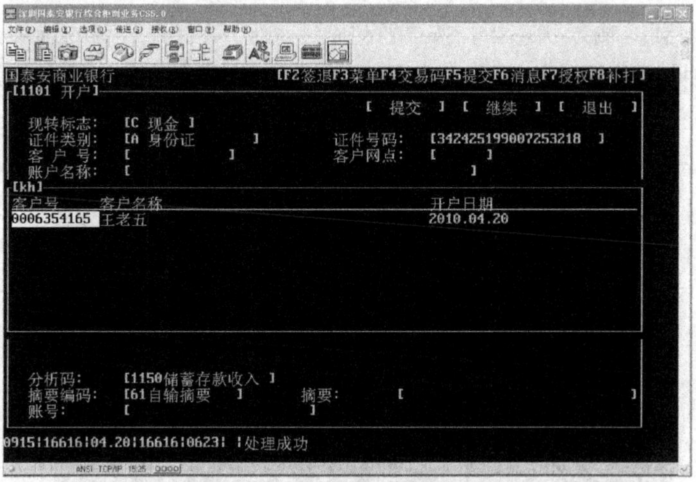

图 3.7 【客户号】显示界面

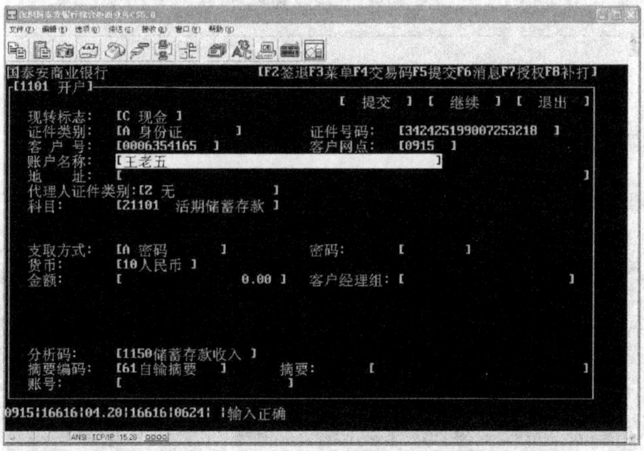

图 3.8 自动显示内容界面

在【地址】栏上输入地址名称，如"安徽省合肥市"，在【代理人证件类型】选项上，在英文输入状态下按"？/"键，系统显示代理人选项，如图 3.9 所示，可以选择【Z 无】选项。

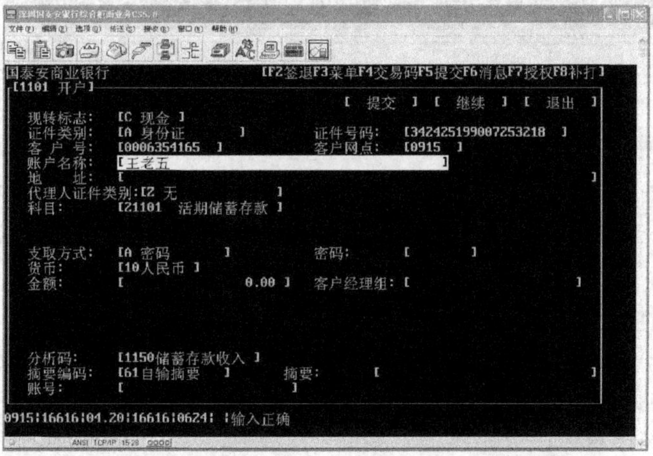

图 3.9 【代理人证件类别】选项界面

在【科目】选项英文输入状态下，按"？/"键，就可以看到所有的选项，如图3.10所示，我们可以选择【活期储蓄存款】等 7 个选项，本实验选择【活期储蓄存款】选项，按 Enter 键选中。

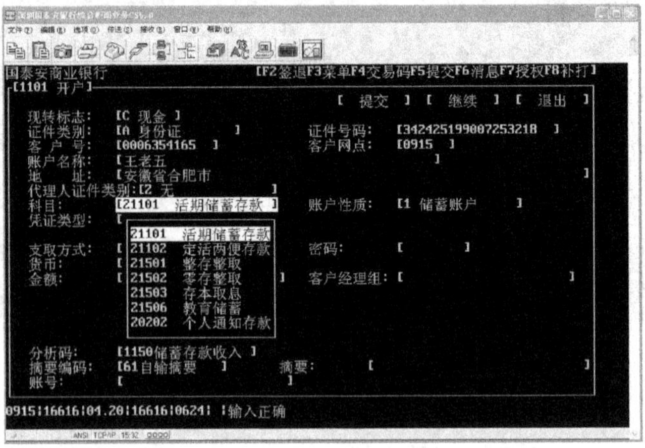

图 3.10　【科目】选项界面

【账户性质】选项有【1 储蓄账户】和【0 个人结算账户】两种选项，如图 3.11 所示。

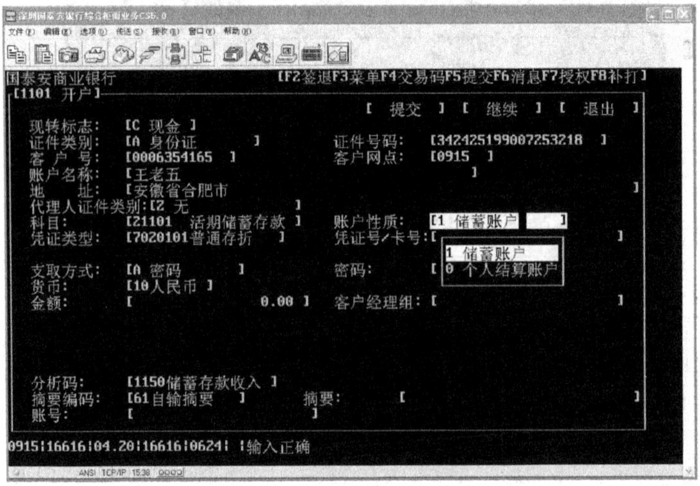

图 3.11　【账户性质】选项界面

【凭证类型】选项，如图 3.12 所示，客户王老五可以选择其中一种类型，本实验选择【普通存折】选项。对于【凭证号/卡号】栏，在实际柜员操作中，都有普通存折号码，可以直接输入号码，但目前不知道系统可用的凭证号[①]，因此可以随意输入一个，如 01111125。

在【密码】栏需要输入密码，密码输入和身份证号码输入是一样的，都需要输入两次，两次确认，本实验密码是 123456。

在【货币】选项上选择需要的货币形式，英文状态下输入按"？/"键，如图 3.13 所示，客户选择需要的货币类型，一般情况下都是人民币形式。

---

① 在国泰安综合柜台业务软件里，可以输入交易码 1301 凭证领用凭证号码。

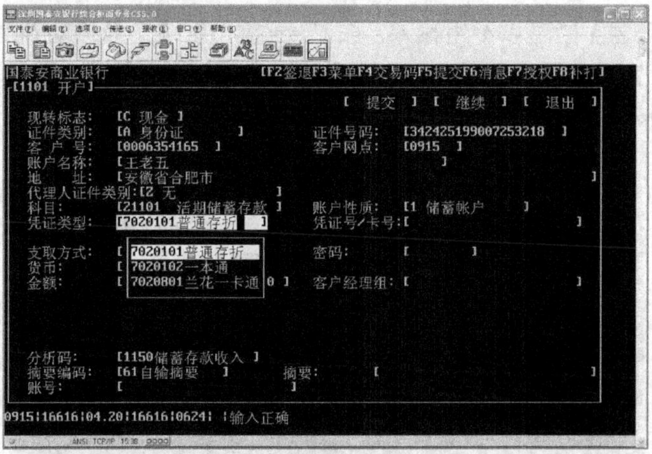

图 3.12 【凭证类型】选项界面

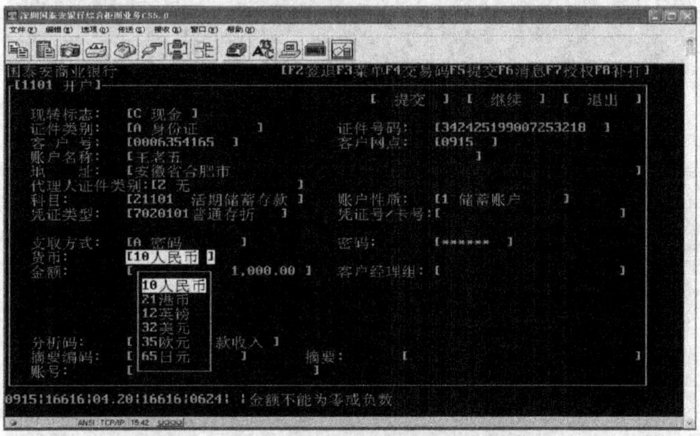

图 3.13 【货币】选项界面

在【金额】栏输入需要存入的金额数，本实验是 1 万元。【客户经理组】栏系统默认的是空，可以不填。

【分析码】选项系统自动选择的是【1150 储蓄存款收入】选项。

对于【摘要编码】选项，在英文输入状态下按"？/"键，如图 3.14 所示，可以选择需要的摘要编码，按 Enter 键，完成输入。

图 3.14 【摘要编码】选项界面

【摘要】栏和【账号】栏可以不用输入，按 Enter 键，系统光标移动到"提交"上，如图 3.15 所示。按 Enter 键，完成输入，系统提示输入错误，如图 3.16 所示。根据系统提示，重新输入凭证号 20121512，按 Enter 键提交，或者按 F5 键提交，如图 3.17 所示。

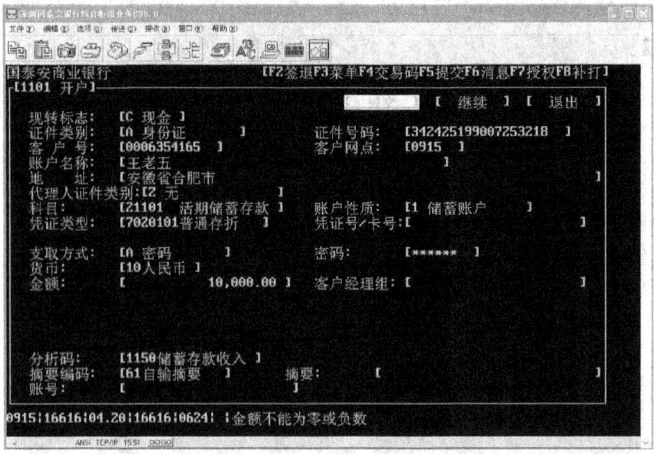

图 3.15　综合柜面业务软件提交界面

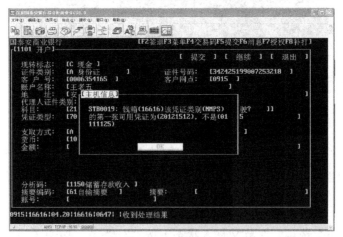

图 3.16　系统提示框界面

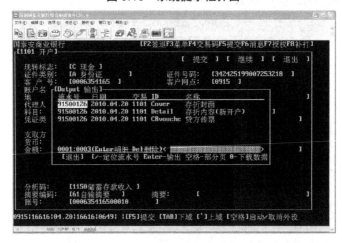

图 3.17　开户成功提示框界面

在如图 3.17 所示界面，可以按 Enter 键打印存折内容，系统自动完成 3 项内容的打印工作，最后，系统将光标移动到【退出】按钮上时，可以按 Enter 键结束开户工作，如图 3.18 所示。

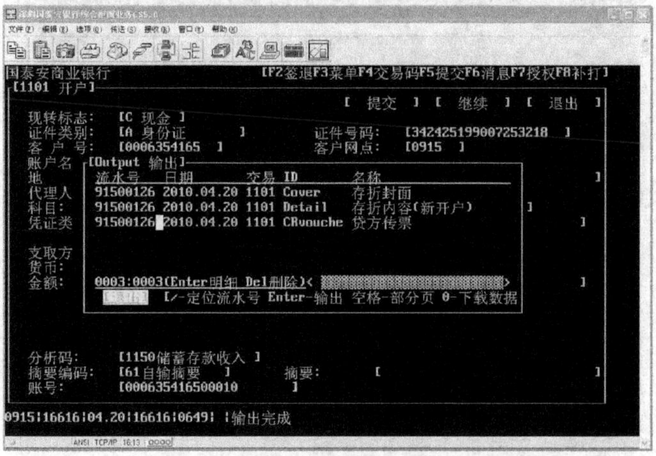

图 3.18　打印和【退出】按钮界面

2）存款

开户成功之后，接下来就可以进行存款业务，当然在开户的同时也可以存款，开户必须存入一定的金额（一般是 10 元），前面在开户时候我们已经存入了 1 万元，现在我们进行日常存款操作。

在日常开户（活期存款业务）上，我们都有一个凭证，如存折、存单等，前面我们办理的是活期存款业务，因此有一个存折。由于系统提供的是虚拟操作，因此暂时不知道存折的账号（在图 3.18 底下可以看到系统自动生产的账号）。通过系统能查询存折的账号（因为在存款时需要账号），步骤如下：执行【数据查询】→【分户查询】→【账户综合查询】（或者【账号凭证查询】）命令（也可以直接输入 3201），如图 3.19 所示。

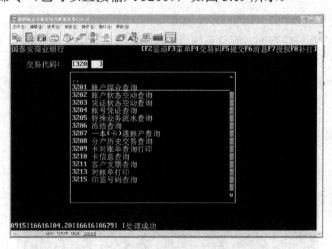

图 3.19　【分户查询】栏目界面

本实验选择【账户综合查询】来查询账号情况，进入该界面，如图 3.20 所示，在【户名】栏输入"王老五"，按 Enter 键，如图 3.21 所示，将光标移到【提交】按钮上，按 Enter 键，完成账号查询。

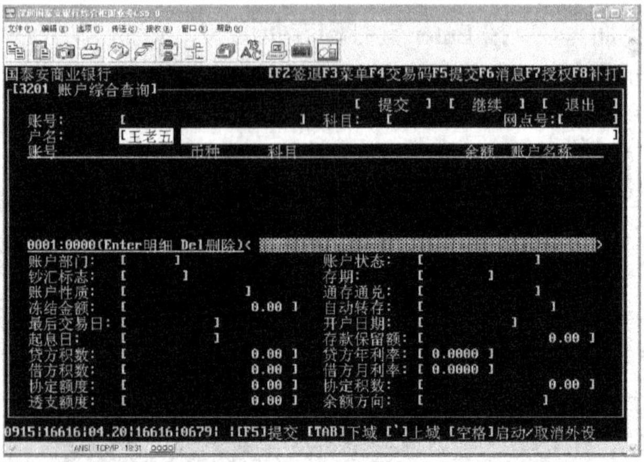

图 3.20 【账户综合查询】栏目界面

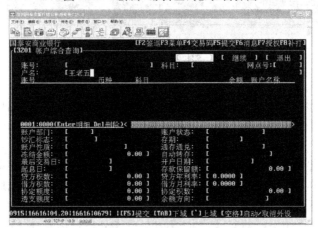

图 3.21 【账户综合查询】栏目【提交】按钮界面

如图 3.22 所示账号为 000635416500010，知道账号，就可以进行存款实验（实际生活中，存折上面有账号的，并不用在系统里查询，而且系统里的账号很多，查询非常费时）。执行【公共交易】→【存款业务】→【存款】命令，输入账号，如图 3.23 所示，按↓键，如图 3.24 所示，系统自动生成账户名称、科目、账户网点、通存通兑、账户性质、可用余额、账户余额、凭证号等内容。

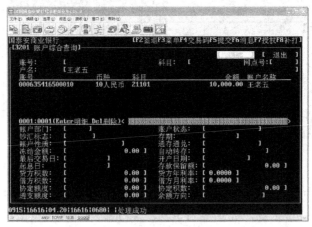

图 3.22 【账户综合查询】结果界面

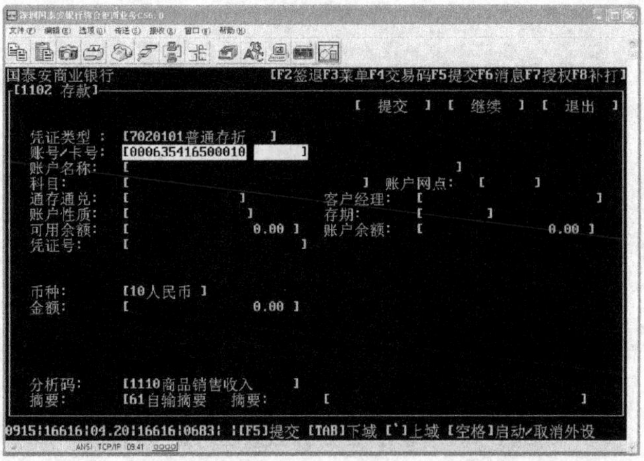

图 3.23 【存款】栏目账号输入界面

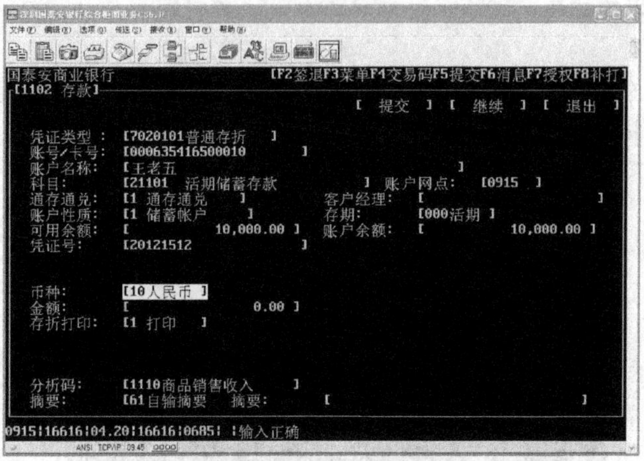

图 3.24 【存款】栏目结果显示界面

存款时，选择需要存入的币种，如果是人民币，就不需要选择，否则在英文输入状态下按"？/"键，系统显示【港币】、【英镑】、【美元】、【欧元】、【日元】等选项，选择需要的币种，向下移动，输入金额，如 1 000 元，如图 3.25 所示。【存折打印】栏选择【1 打印】选项提交后，如图 3.26 所示，存款成功。

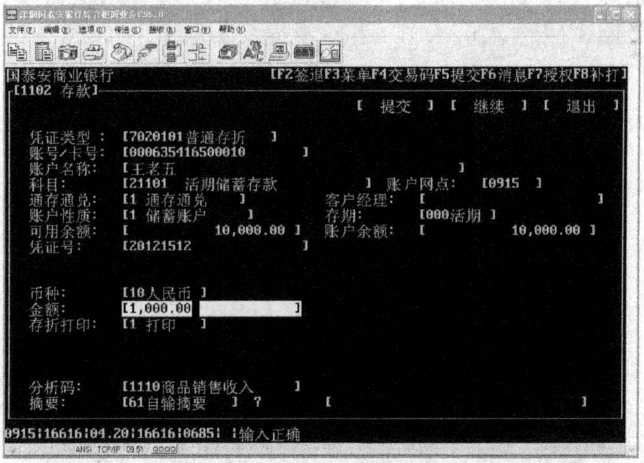

图 3.25 【存款】栏目输入金额界面

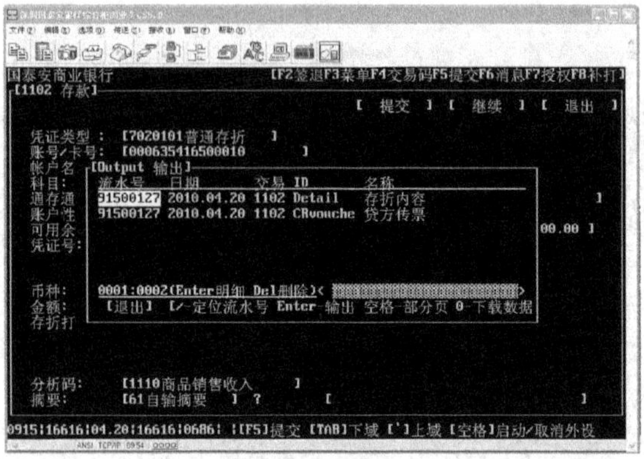

图 3.26 【存款】栏目存款成功对话框界面

客户可以通过存折查看自己的存款数额,如果柜员想查看操作的存款记录,可以通过账号查询系统查询到需要的信息。

3)取款

客户可以凭存折(卡)或存单到银行支取存入账户里面的钱,银行柜员通过如图 3.27 所示的界面进行取款操作。

图 3.27 【取款】栏目输入界面

输入需要取款的账号、按↓键,系统自动显示客户名称等信息,如图 3.28 所示,在余额范围内,可以继续取款操作,输入凭证号、取款金额和密码(系统自动提示客户输入密码,客户通过银行的密码器把密码输入进去),选择【提交】按钮,如图 3.29 所示。

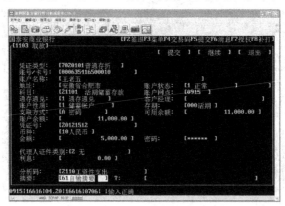

图 3.28 【取款】栏目显示界面

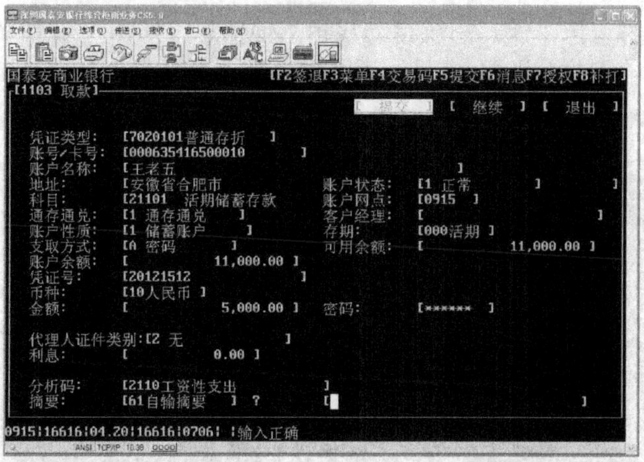

图 3.29 【取款】栏目【提交】选项界面

提交后,如图 3.30 所示,按 Enter 键打印存折,完成取款操作。

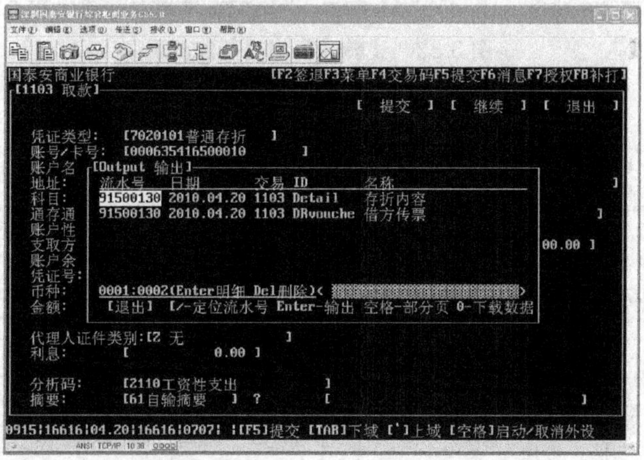

图 3.30 【取款】栏目取款成功对话框

4）转账

储蓄业务中的转账指的是不直接使用现金,而是通过银行将款项从付款账号转到收款账户的业务。商业银行综合柜台软件提供转账服务,可以实现转账业务,如图 3.31 所示。

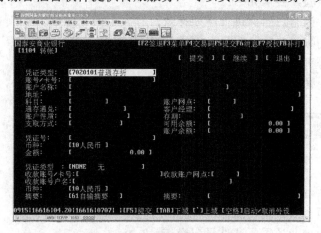

图 3.31 【转账】栏目界面

输入转出账户名称，按↓键，系统自动显示其他信息，如图 3.32 所示，输入凭证号和转账金额，并且要正确地输入收款账号/卡号，系统显示账号相关信息，按 Enter 键，转账成功。

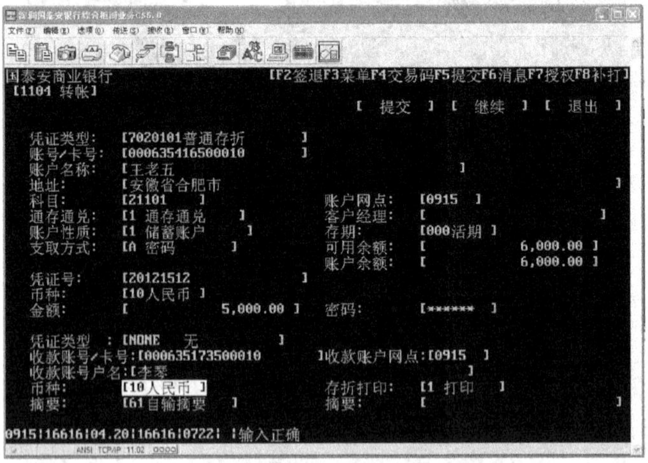

图 3.32 【转账】栏目操作界面

4．实验报告

完成实验报告，记录下实验过程、注意事项、需要思考的地方，以供下次参考和改进。实验报告包括实验目的、实验工具、实验过程、实验思路与练习等部分，完成表 3-5。

表 3-5 实验一操作记录

客户名称		身份证号码	
开户账号			
存款时间		存款金额	
取款时间		取款金额	
转账时间		转账金额	
备注信息			

5．思考练习

独立完成储蓄实验，要求如下：

（1）以"张三"为客户名称进行活期存款，存入 1 万元现金。
（2）查询张三的账号名称、账号余额等信息。
（3）给张三账号再次存入 2 万元，查询张三账号变动情况。
（4）给张三账户转入 2 万元。

实验二 储蓄特殊业务实验

1．实验目的

（1）进行综合柜台业务结息操作。
（2）进行综合柜台业务销户操作。
（3）了解综合柜台业务重复证件开户操作。

（4）进行存款账户的挂失操作。

（5）了解补登折、换凭证、支取方式修改、密码修改等操作。

2．实验工具

深圳国泰安商业银行综合柜面业务软件 CS5.0。

3．实验过程

1）结息

进入系统，执行【公共交易】→【结息】命令，如图 3.33 所示，输入需要结息的账号，如前所述的"王老五"账号，按↓键，如图 3.34 所示，按 Enter 键，完成结息。

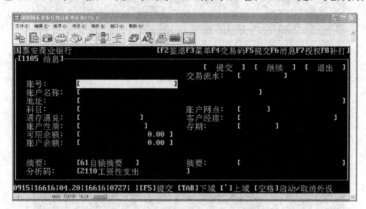

图 3.33 【结息】栏目输入账号界面

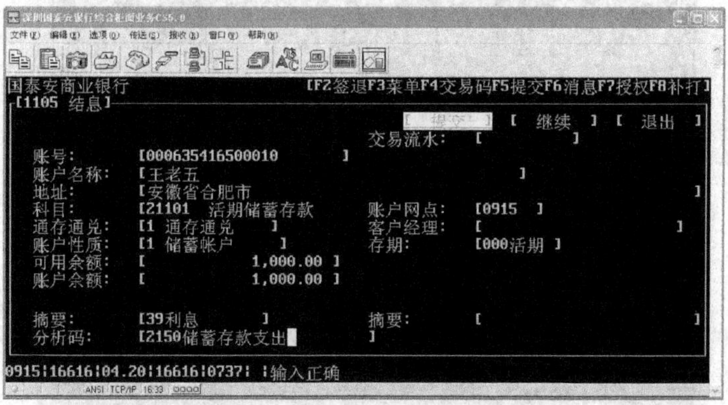

图 3.34 【结息】栏目结果显示界面

2）销户

客户如果不想再继续持有银行账户，可以到银行进行销户，在满足银行的相关手续的前提下（如有效证件、销户申请表等），银行柜员进行销户操作。打开如图 3.35 所示界面，选择需要销户的凭证类型（要正确选择，在实际生活中存折和存单明细要分清楚，在模拟操作系统中，需要仔细看好账号的凭证类型），输入需要销户的账号，按↓键，如图 3.36 所示，提交后，如图 3.37 所示，按 Enter 键，完成打印。

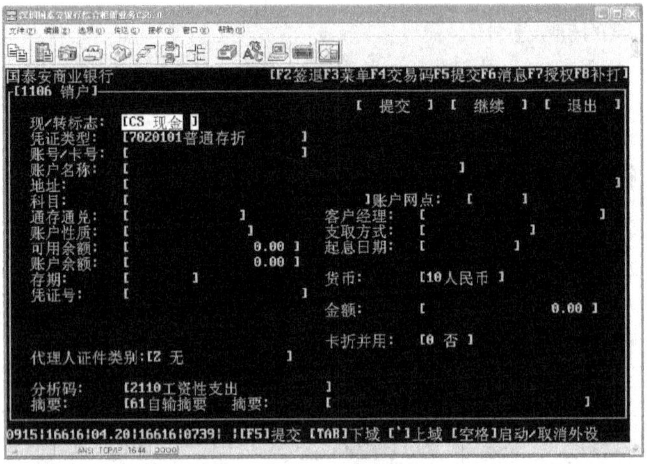

图 3.35 【销户】栏目输入账号界面

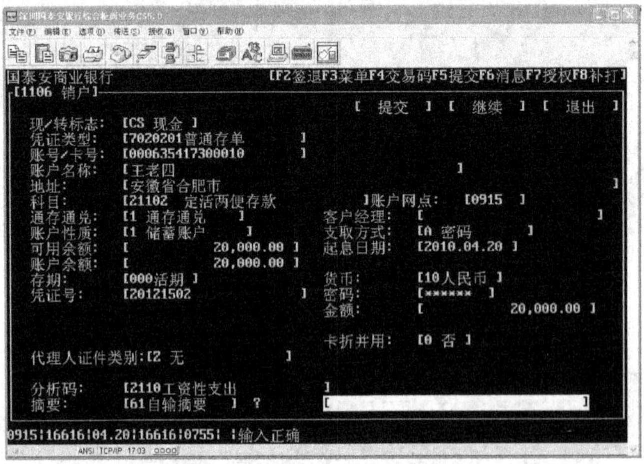

图 3.36 【销户】栏目结果显示界面

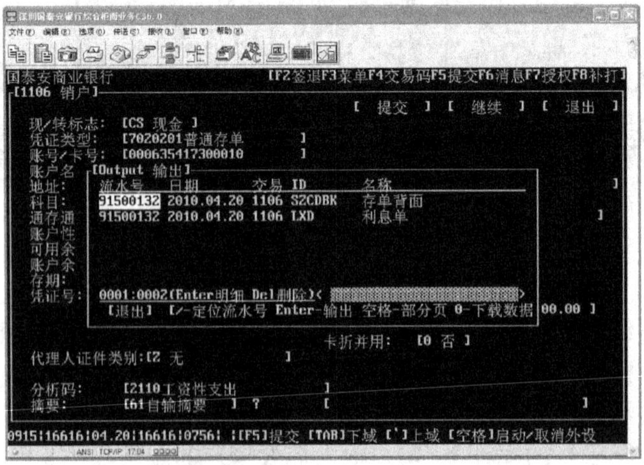

图 3.37 【销户】栏目销户成功界面

3）重复证件开户

执行【公共交易】→【存款】→【重复证件开户】命令，重复证件开户是客户已经用有效证件在银行网点开户后,仍然需要在网点开设另外一个账户,因此输入相同的身份证件号码、客户名称、地址,在【科目】选项选择,如选择【个人通知存款】选项(金额不能小于5万元),如图3.38所示。

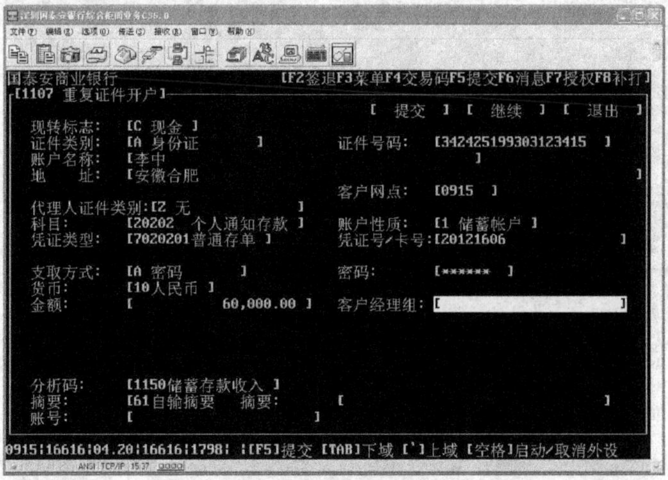

图3.38 【重复证件开户】栏目界面

输入相应的身份证号码(本处为虚拟的李中,身份证号码为342425199303123415,已经开设了个人结算账户,现在需要开设个人通知存款账户)、密码、金额(个人通知存款最小为5万元,本处填写6万元),选择【提交】按钮,如图3.39所示,提示输入正确的凭证号,按Enter键后输入凭证号,选择【提交】按钮,如图3.40所示,显示账号(000635667200010),按Enter键重复证件开户操作。

4)补登折、换凭证

(1)补登折。客户可能在ATM上支取了存折,但没有进行打印,这时,可以重新登录,进行打印操作。如图3.41所示为补登折界面,选择凭证类型、输入凭证号码、账号,按Enter键确定,如图3.42所示,提示没有未打印交易。

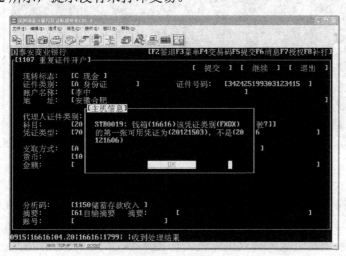

图3.39 【重复证件开户】栏目提示框

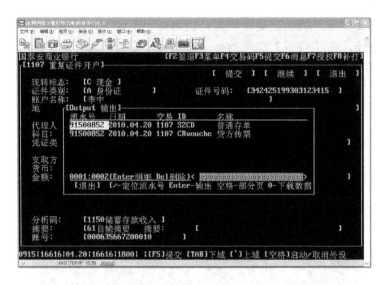

图 3.40 【重复证件开户】栏目开户成功对话框

图 3.41 【补登折】栏目界面

图 3.42 【补登折】栏目提示界面

（2）换凭证。换凭证也是为了客户要改变凭证而开设的业务，如图 3.43 所示，选择凭证类型，输入凭证号码、账号，系统显示账户名称和地址，输入新凭证号码，可以随意输入一组数字，提交后，系统显示输入错误提示框，如图 3.44 所示，提示正确凭证号，返回重新输入并提交，凭证修改成功。

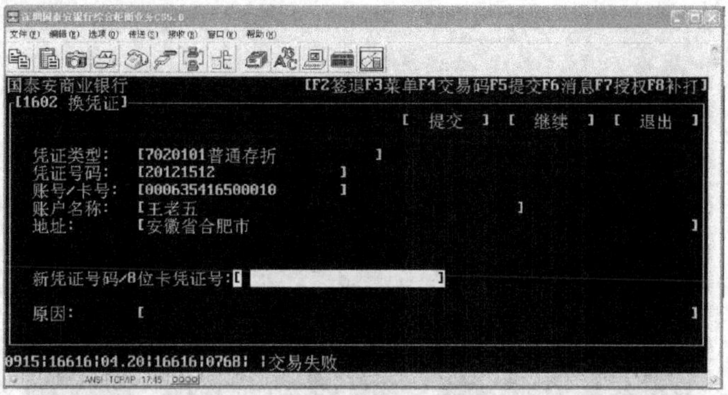

图 3.43 【换凭证】栏目操作界面

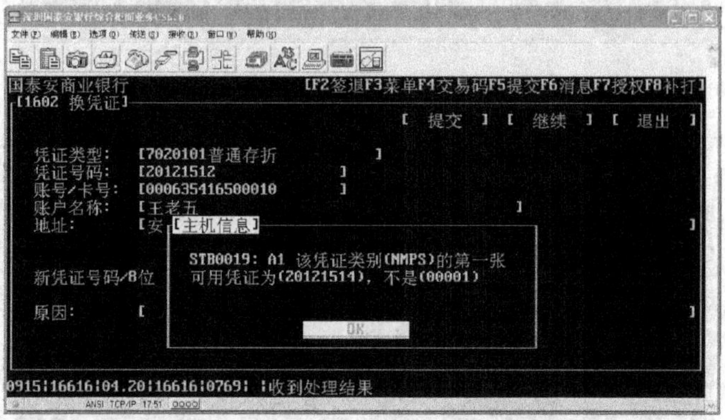

图 3.44 【换凭证】栏目提示凭证号码界面

5）支取方式、密码修改

（1）支取方式修改。以前面的客户"王老五"为例进行支取方式修改，进入系统，执行【公共交易】→【存款】→【特殊业务】命令，或者直接输入 1603，如图 3.45 所示，输入凭证号码、账号、账户名称，选择证件类别、证件号码、新支取方式。提交后，完成支取方式修改，如图 3.46 所示。

（2）密码修改。客户修改密码需要到柜员处修改，输入数字 1604，进入密码修改界面，如图 3.47 所示，输入凭证号码、账号、账户名称、证件号码等，选择【提交】按钮或者按 F5 键，完成密码修改，如图 3.48 所示。

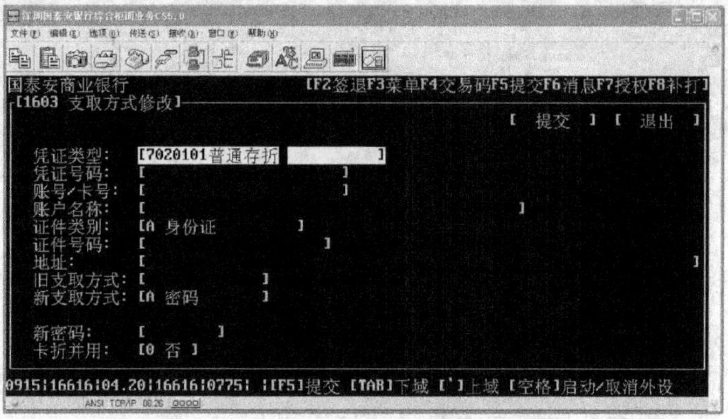

图 3.45 【支取方式修改】栏目界面

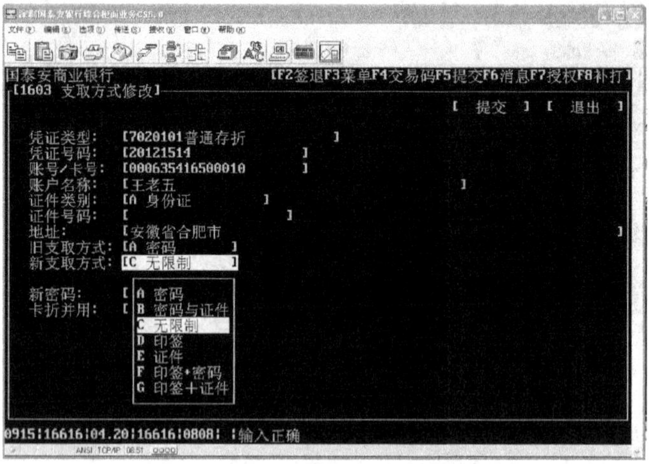

图 3.46 【支取方式修改】栏目新支取方式选择界面

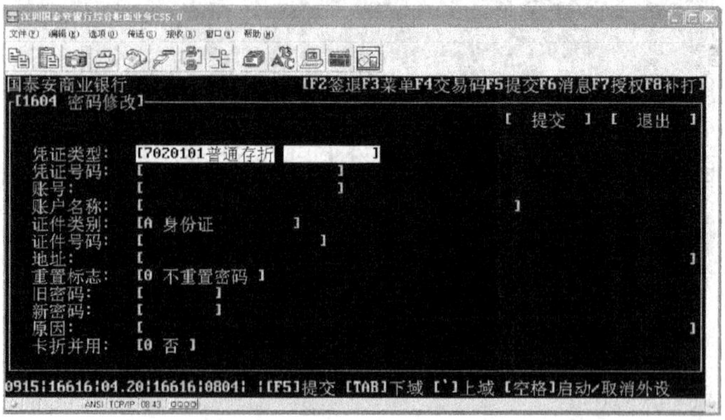

图 3.47 【密码修改】栏目操作界面

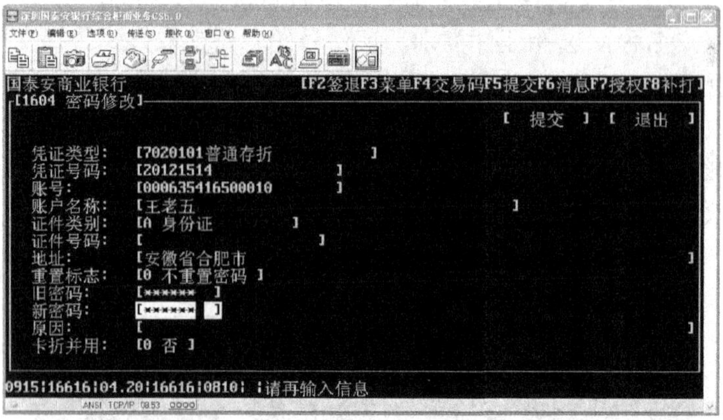

图 3.48 【密码修改】栏目输入新密码界面

6）账户挂入/移出

输入数字 1613，如图 3.49 所示，在【账号/卡号】栏正确输入账号，在【密码】栏输入密码，如果输入正确，系统自动显示其他内容，如图 3.50 所示，选择新凭证类型，输入新的凭证号、密码，选择【提交】按钮完成账号的挂入操作。

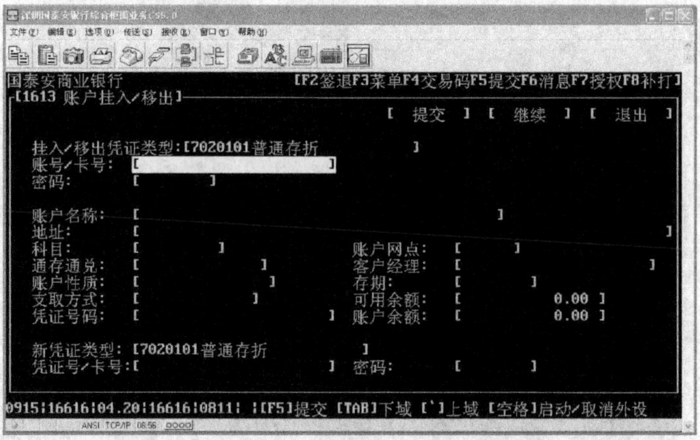

图 3.49 【账户挂入/移出】栏目界面

图 3.50 【账户挂入/移出】栏目结果显示界面

4．实验报告

完成实验报告，实验报告需记录实验过程、实验中注意事项等。实验报告的整体架构包括实验目的、实验工具、实验过程、实验思考练习等部分，完成表 3-6。

表 3-6 实验二操作记录

客户名称		身份证号码	
账号		凭证号	
结息时间		结息金额	
销户时间		销户账号	
重复证件开户时间		开户账号	
支取方式修改时间		支取方式	
密码修改时间		密码	

5．思考练习

（1）为"李明"开户。

（2）对李明的账户执行结息、重复证件开户、补登折、换凭证、支取方式修改、密码修改、账户挂入/移出等操作。

模块四

贷款业务

DAIKUAN YEWU

【知识目标】

（1）了解住房贷款、汽车贷款、单位贷款、按揭贷款的相关内容。
（2）了解住房贷款、汽车贷款、单位贷款、按揭贷款的发展情况。

【技能目标】

（1）了解住房贷款、汽车贷款、单位贷款、按揭贷款的办理程序。
（2）了解住房贷款、汽车贷款的发展前景。
（3）了解单位贷款、按揭贷款的适用范围。

4.1 住房贷款业务

从以上新闻报道我们可以看出，中国住房贷款近几年蓬勃发展，国家对楼市进行调控。从目前的形势来看，楼市调控已经初现效果。在楼市调控相对成功的情况下，购房并通过银行进行贷款是大部分购房者的选择，由于国家对首套房、二套房的政策不同，因此想买二套房的人就动了歪心思，想钻国家政策的空子，也给宏观调控带来了灰色的阴影。

 【导入案例】

各地银行纷纷"松绑"房贷

进入 2013 年，多个城市一手房成交出现了不同幅度的环比上升。一线城市中，深圳商品住宅成交 12.62 万平方米，环比大幅上涨 64.75%。北京商品房成交面积环比上涨 42.88%，上海和广州一手房成交也稳中有升。西安、杭州、宁波、南京、合肥、成都、重庆、青岛等二线城市均有较大幅度的上涨。三线城市中，东莞、佛山、惠州、中山、泰安等城市均有所上涨，徐州、苏州、镇江等少数城市略有下降。

在此背景下，针对房地产市场的微调政策开始浮现。青岛将商品房公积金贷款最高限额提高至 60 万元，二手房公积金贷款最高限额提高至 35 万元。同时，首次申请住房公积金贷款用于购买经济适用住房的，公积金贷款首付款比例由 30%下调至 20%。与青岛不同的是，上海二套房贷认定标准在年初出现"微调"，中行和建行等部分国有大银行在二套房贷认定上从"认房又要认贷"放宽为"认房可不认贷"。相比之下，其他银行对二套房贷认定较紧。另外，个别银行为吸引优质客户，推出低于 8.5 折的首套房贷利率优惠，吸引优质客户。

（资料来源：网易，2013-01-22.）

二套房"变身"首套

"政策性"离婚，假离婚证，假结婚证……为了获得首套房的贷款利率以及首付比例优惠，或者为了买房，市场滋生出各种荒唐甚至违法的"变戏法"。

二套房首付高达 60%以上，利率为基准利率上浮 10%以上，为此，购房者往往绞尽脑汁获取首套信贷政策优惠。而伪造证书的流行，正是为了规避多套房的利率和贷款成数政策。

一位中介公司内部人士分析，例如，夫妻双方拥有一套房，再买一套就应为二套房，首付不得低于 60%，利率上浮 10%，但如果办个假离婚证，房子归一方所有，另一方同时又没有房屋贷款，则以另一方的名义再买房贷款则算首套，首付就可减轻将近一半，利率可以低至基准利率以下。同理，多套房亦可采取类似伪造证书假离婚变身首套房。

（资料来源：世纪经济报道，2013-1-21.）

 【知识准备】

4.1.1 住房贷款业务概述

1. 住房贷款的定义

住房贷款是银行及其他金融机构向房屋购买者提供的购房贷款支持，通常以所购房屋作为抵押。

2. 住房贷款的对象及类型

住房贷款用于支持个人在中国大陆境内城镇购买、建造、大修住房。个人指具有完全民事行为能力的中国公民，在中国大陆有居留权的具有完全民事行为能力的港澳台自然人，在中国大陆境内有居留权的具有完全民事行为能力的外国人。

住房贷款分为公积金贷款和商业贷款两种。公积金贷款是指缴存住房公积金的职工享受的贷款，国家规定，凡是缴存公积金的职工均可按公积金贷款的相关规定申请公积金贷款。商业贷款又称个人住房贷款，是中国人民银行批准设立的商业银行和住房储蓄银行，为城镇居民购买自用普通住房提供的贷款，执行法定贷款利率。

住房贷款按还款方式又分为等额本息还款和等额本金还款两种。

（1）等额本金。等额本金指是在还款期内把贷款数总额等分，每月偿还同等数额的本金和剩余贷款在该月所产生的利息。

每月还款金额＝（贷款本金/还款月数）+（本金-已归还本金累计额）×每月利率

由于每月的还款本金额固定，而利息越来越少，贷款人起初还款压力较大，但是随时间的推移每月还款数也越来越少。

（2）等额本息。在还款期内，每月偿还同等数额的贷款（包括本金和利息）。

每月还款金额=[贷款本金×月利率×$(1+月利率)^{还款月数}$]/[$(1+月利率)^{还款月数}-1$]

等额本息还款法相对于等额本金还款法的劣势在于支出利息较多，还款初期利息占每月供款的大部分，随本金逐渐返还，供款中的本金比重将不断增加。但该方法每月的还款额固定，可以有计划地控制家庭收入的支出，也便于每个家庭根据自己的收入情况确定还贷能力。

选择什么还款方式，要看个人还款能力，不可贪图支付总利息少就选等额本金还款法，实际操作中，不少人还是选择等额本息还款法。

4.1.2 住房贷款业务的申请条件

1. 商业贷款申请条件

（1）具有有效的身份证明。

（2）有稳定的经济收入，信用良好，有偿还贷款本息的能力。

（3）有所购住房全部价款 30%以上、并保证用于支付所购住房的首付款。

（4）有贷款行认可的资产进行抵押或质押，或（和）有足够代偿能力的法人、其他经济组织或自然人作为保证人。

（5）贷款行规定的其他条件。

2. 住房公积金贷款申请条件

（1）只有参加住房公积金制度的职工才有资格申请住房公积金贷款，没有参加住房公积金制度的职工就不能申请住房公积金贷款。

（2）参加住房公积金制度者要申请住房公积金个人房屋贷款还必须符合以下条件：申请贷款前连续缴存住房公积金的时间不少于 6 个月。

（3）配偶一方申请了住房公积金贷款，在其未还清贷款本息之前，配偶双方均不能再获得住房公积金贷款。

（4）贷款申请人在提出公积金购房贷款申请时，除必须具有较稳定的经济收入和偿还贷款的能力外，没有尚未还清的数额较大、可能影响住房公积金贷款偿还能力的其他债务。

3. 申请贷款应提交的资料

（1）身份证件复印件（居民身份证、户口簿、军官证，在中国大陆有居留权的境外、国外自然人为护照、探亲证、返乡证等居留证件或其他身份证件)。

(2) 贷款行认可的借款人偿还能力证明资料。

(3) 合法有效的购买(建造、大修)住房合同、协议及相关批准文件。

(4) 借款人用于购买(建造、大修)住房的自筹资金的有关证明。

(5) 房屋销(预)售许可证或楼盘的房地产权证(现房)(复印件)。

(6) 贷款行规定的其他文件和资料。

4．客户贷款流程

(1) 贷款咨询：通过网点、电话或网站了解个人住房贷款对象、贷款条件、贷款额度、期限、利率、还款方式、贷款程序等情况。

(2) 贷款申请：提交银行规定的申请个人住房贷款的材料。

(3) 签订合同：客户的申请获得批准后，与银行签订住房贷款合同。

(4) 贷款发放：银行在条件具备时按合同约定发放贷款。

(5) 客户还款：客户按合同约定按时还款。

(6) 贷后服务：客户享受银行提供的新产品和增值服务。

【课堂讨论】

从以上对住房贷款的业务介绍可以看出，住房贷款主要分为公积金贷款和商业贷款两种类型，还款方式有两种。你会选择哪种方式购买住房呢？你会计算每月的还贷金额吗？

请计算一下：公积金贷款 35 万，计划还款 10 年，查询相关网站，查找公积金贷款利率，请问每月还款多少？通过网络资料，比较一下计算结果。

【拓展阅读】

房地产调控：温州房贷市场走俏

2012 年 7 月 1 日起，普通职工上年度最低月缴存额从 377 元调整至 424 元，最高的将从 1 129 元调整至 1 271 元。公积金贷款新政迭出，受到市民和业界的广泛关注。有人提出疑问，大幅提高公积金贷款额度、降低贷款利率，是否在给楼市"变相松绑"，会否引起房价上涨？

对此，中南财经政法大学张东教授认为，公积金新政对于楼市整体态势影响不大。公积金主要服务的是工薪阶层，即"夹心层"，释放的是刚性需求。目前楼市调控政策尚未见丝毫松动的迹象，短期内不会影响房价大幅波动，利用公积金来投资的行为不会成为主流。

两次降息，间接激励刚需族入市。

自 2012 年 7 月 6 日起，央行下调金融机构人民币存贷款基准利率。"降息对房地产开发商和购房者来说实际作用不大，更重要的是体现在心理层面，能够提振买卖双方信心，间接激励刚需族入市。"降息所传递出来的货币政策放松信号，对购房者心理产生较大影响。

央行连续降息被市场解读为货币政策全面转向宽松，经济刺激将更加倚重投资拉动。从另一角度来看，央行的货币宽松政策表面上为降准降息，实际上是增加大量贷款额度，而宽松的贷款环境是推动楼市前行的主要力量。

房贷打折，百万房贷可省 13 万元。

2012 年，温州房贷利率呈"U"形走势。3 月份之前，各大银行普遍执行的是基准利率上浮 10%。3 月份之后，部分银行率先"放开"房贷政策，在符合规定条件的情况下，可以申请基准利率。

不过，真正利好购房者的转折点出现在年中。6 月份，"首套房贷 8.5 折可以办理"的报道频繁见诸报端，受到市民的普遍关注。

对于购房者来说，房贷打折所带来的实际优惠是很大的。可惜好景不长，9 月份以后温州房贷优惠利率开始"退潮",大部分银行都恢复了基准利率,房贷政策逐步收紧。

2013 房产税有望扩大试点。

近日,杭州、宁波等周边城市已纷纷迎来房贷"折扣季",当地有多家银行提供 8.5 折优惠。分析人士认为,年初流动性较年底改善、银行额度较宽松,温州的银行又处于较为激烈的房贷竞争环境、赢利压力大,因此在近期内紧跟杭甬步伐,为首套购房者发放优惠利率"红包"不是没有可能。

(资料来源:温州商报,2013 年 01 月 21 日.)

4.2 汽车贷款业务

【导入案例】

分期贷款提前圆您汽车梦

每个年轻人都希望过上有房有车的生活,一些工薪阶层却因为资金不够过着每天打车上班的日子。在金融秩序日益完善的今天,分期付款购车为越来越多年轻人所接受,提前实现了自己的汽车梦。在国外 85%以上购车通过贷款,目前在国内贷款购车也已十分普及。

上汽通用汽车金融作为银监会批准的国内首家专业的汽车金融公司,灵活多样的产品组合,满足各类用户的购车贷款需求,覆盖全国 6 000 多家逾 300 座城市合作汽车经销商。

上汽通用金融申请人条件:
(1) 具有完全民事行为能力的自然人。
(2) 具有合法有效的身份证明、户籍证明或有效居留证明、婚姻证明。
(3) 具有良好的信用记录和还款意愿。
(4) 具有稳定的合法收入来源和按时足额偿还贷款本息的能力。
(5) 持有与特约经销商签订的购车协议或购车合同。
(6) 上汽通用汽车金融规定的其他条件。

借款人申请贷款需提交的材料:
(1) 有效身份证件原件及婚姻状况证明。
(2) 收入证明材料。
(3) 驾驶证明材料,其他个人合法资产的证明文件。
(4) 上汽通用汽车金融规定的其他资料。

首付金额:最低首付为车价的 30%。
贷款期限:12、24、36 个月。
贷款利率:按照中国人民银行规定的同期同档次贷款利率计算,并可按规定上下浮动。
提车合计:首付+购置税+保险+上牌费+GPS 费+手续费+保证金(可退)。

从以上汽车贷款宣传报道可以看出,汽车销售厂商为了销售汽车,给消费者很多优惠的同时,还帮消费者快速办理汽车贷款服务。汽车贷款在汽车销售公司能办理吗?

【知识准备】

汽车贷款是指贷款人向申请购买汽车的借款人发放的贷款,也叫汽车按揭。

贷款对象:借款人必须是贷款行所在地常住户口居民、具有完全民事行为能力。

贷款条件:借款人具有稳定的职业和偿还贷款本息的能力,信用良好;能够提供可认可资产作为抵、质押,或有足够代偿能力的第三人作为偿还贷款本息并承担连带责任的保证人。

贷款额度：贷款金额最高一般不超过所购汽车售价的 80%。
贷款期限：汽车消费贷款期限一般为 1～3 年，最长不超过 5 年。
贷款利率：由中国人民银行统一规定。
还贷方式：可选择一次性还本付息法和分期归还法（等额本息、等额本金）。

【课堂讨论】

汽车贷款是为那些想拥有汽车但资金又不足的人所设计的一种贷款形式，汽车销售公司是以汽车作为媒介，让消费者和银行之间发生关系的一种贷款形式。在这个过程中，银行、汽车销售公司和消费者都存在风险，你知道这中间的风险在哪里吗？如果你是汽车销售公司经理，如何降低风险？银行呢？

作为个人消费者，在汽车消费贷款中，最担心的是什么？如何才能买得放心，用得舒心？谈谈你个人的看法。

【拓展阅读】

建设银行网站汽车贷款业务知识

1. 基本规定

(1) 贷款对象：年龄在 18 周岁（含）至 60 周岁（含），具有完全民事行为能力的自然人。

(2) 贷款额度：所购车辆为自用车的，贷款金额不超过所购汽车价格的 80%；所购车辆为商用车的，贷款金额不超过所购汽车价格的 70%，其中，商用载货车贷款金额不得超过所购汽车价格的 60%。

(3) 贷款期限：所购车辆为自用车，最长贷款期限不超过 5 年；所购车辆为商用车，贷款期限不超过 3 年。

(4) 贷款利率：按照建设银行的贷款利率规定执行。

(5) 担保方式：申请个人汽车贷款，借款人须提供一定的担保措施，包括纯车辆抵押、车辆抵押+担保机构、车辆抵押+自然人担保和车辆抵押+履约保证保险。

(6) 还款方式：贷款期限在一年以内的，可以采取按月还息任意还本法、等额本息还款法、等额本金还款法、一次性还本付息还款法等方式；贷款期限在一年以上的，可采取等额本息、等额本金还款法。具体还款方式由经办行与借款人协商并在借款合同中约定。

(7) 需要提供的申请材料如下：

① 《个人贷款申请书》。

② 个人有效身份证件，包括居民身份证、户口簿、军官证、护照、港澳台湾同胞往来通行证等。借款人已婚的要提供配偶的身份证明。

③ 户籍证明或长期居住证明。

④ 个人收入证明，必要时须提供家庭收入或财产证明。

⑤ 由汽车经销商出具的购车意向证明。

⑥ 购车首期付款证明。

⑦ 以所购车辆抵押以外的方式进行担保的，需提供担保的有关材料。

⑧ 如借款所购车辆为商用车，还需提供所购车辆可合法用于运营的证明，如车辆挂靠运输车队的挂靠协议、租赁协议等。

2. 办理流程

(1) 客户申请。客户向银行提出申请，书面填写申请表，同时提交相关资料。

(2) 签订合同。银行对借款人提交的申请资料调查、审批通过后，双方签订借款合同、担保合同，视情况办理相关公证、抵押登记手续等。

(3) 发放贷款。经银行审批同意发放的贷款，办妥所有手续后，银行按合同约定以转账方式直接划入汽车经销商的账户。

（4）按期还款。借款人按借款合同约定的还款计划、还款方式偿还贷款本息。

（5）贷款结清。贷款结清包括正常结清和提前结清两种。正常结清是指在贷款到期日（一次性还本付息类）或贷款最后一期（分期偿还类）结清贷款；提前结清是指在贷款到期日前，借款人如提前部分或全部结清贷款，须按借款合同约定，提前向银行提出申请，由银行审批后到指定会计柜台进行还款。

贷款结清后，借款人应持本人有效身份证件和银行出具的贷款结清凭证领回由银行收押的法律凭证和有关证明文件，并持贷款结清凭证到原抵押登记部门办理抵押登记注销手续。

4.3 单位贷款业务

【导入案例】

营口港务股份有限公司贷款公告

本公司董事会及全体董事保证本公告内容不存在任何虚假记载、误导性陈述或者重大遗漏，并对其内容的真实性、准确性和完整性承担个别及连带责任。

本公司与中国建设银行股份有限公司营口经济技术开发区支行于2012年12月27日签订了总金额为3.05亿元的借款合同，用于日常生产经营周转，借款年利率为基准利率下浮5%，期限自2012年12月27日至2015年12月26日。

该借款为信用借款。

特此公告。

营口港务股份有限公司董事会
2013年1月22日

（资料来源：证券时报网，2013年1月23日.）

从以上案例可以看出，银行针对单位贷款发放额一般都比较大，并且银行对单位的贷款利率相比于基准利率有所下降。上网查询相关资料，寻找单位贷款利率相比于基准利率较低的原因。公司公布贷款和贷款逾期的目的是什么？

【知识准备】

单位贷款与个人贷款业务不同，单位贷款是企事业单位为了自身的发展需要，从银行进行贷款的业务。根据贷款的类型不同，单位贷款分为不同的种类，如流动资金贷款、固定资产贷款、信用贷款、担保贷款、股票质押贷款、外汇质押贷款、单位定期存单质押贷款、黄金质押贷款、银团贷款、银行承兑汇票、银行承兑汇票贴现、并购贷款、商业承兑汇票贴现、买方或协议付息票据贴现、有追索权国内保理、出口退税账户托管贷款等。

由于单位贷款的类型不同，对贷款的要求和贷款限度要求也不同。

【小视窗】

建设银行开展的并购贷款业务介绍

产品简介：

并购贷款，是指建设银行向并购方或因其并购交易而设立的"子公司"（SPV）发放的，用于支付并购交易价款的贷款。

特色与优势：
（1）并购贷款是目前唯一可用于支持股本权益性融资的信贷类产品，该产品通过发放贷款的形式为企业并购交易提供资金支持。
（2）贷款使用期限长，一般不超过 5 年。
（3）贷款灵活性强，可根据客户具体的交易方案，在受让原有股东股权、认购新增股权、承接债务和收购资产等多种并购交易模式下提供融资支持。
（4）专业化运作：建设银行凭借丰富的国内外网络资源，以及具备国际化视野的专业并购团队，在为企业提供并购融资的同时，还可以为并购交易提供全方位的顾问服务，为企业在并购过程中充分识别各类风险、价格谈判、做好风险处置预案提供有力支持。
（5）整体性方案：建设银行在为企业设计并购融资方案过程中，将统筹企业并购交易和后续整合的融资需求，进而为企业并购后的发展提供有力的金融支持。

办理程序：
符合建设银行并购贷款业务标准的企业可向建行提出并购贷款融资需求，建设银行并购业务专业团队会根据企业的并购交易情况和企业在建设银行授信额度的使用情况提供并购贷款资金支持以及相关服务。
（1）申请：企业可以向建设银行各级对公营业机构提出并购贷款申请。
（2）担任并购财务顾问参与前期尽职调查：建设银行将结合企业的贷款申请，安排专业团队就并购交易结构、目标企业相关情况等方面进行尽职调查。
（3）融资方案设计：根据企业的并购贷款需求和前期尽职调查结果，提出融资方案和相应贷款条件。
（4）申报审批：将与企业协商一致的并购融资方案申报审批。
（5）签订并购贷款业务合同和提款：并购贷款经建行审批同意后，拟订并签署贷款合同，落实提款先决条件后可支用贷款。

【课堂讨论】

单位业务是银行激烈竞争的一个反映，从几大银行的网站上可以看出，公司金融服务内容花样百出，银行都在单位贷款上各显身手。银行开展不同的公司金融服务的目的是什么？为什么银行为单位设计了不同的贷款业务呢？

以下拓展阅读材料提供了中国银行单位贷款业务的说明（表 4-1）和固定资产贷款业务介绍，请上网查询相关银行网站资料，找找他们开展的单位贷款业务，比较相互之间的异同。

【拓展阅读】

表 4-1　中国银行公司融资服务内容

序号	贷款类型	种类
1	传统贷款融资	固定资产贷款、流动资产贷款、房地产企业贷款、法人账户透支、委托贷款
2	特色贷款融资	全球统一授信、银团贷款、出口买方贷款、出口卖方贷款、项目融资
3	金融市场融资	电子商业汇票转贴、电子商业汇票贴现、财务顾问、企业短期融资券、企业融资评标

中国银行固定资产贷款介绍

产品说明：
固定资产贷款是指银行为解决企业固定资产投资活动的资金需求而发放的贷款。企业固定资产投资活动包括：基本建设、技术改造、开发并生产新产品等活动及相关的房屋购置、工程建设、技术设备购买与安装等。

贷款种类：
固定资产贷款分为下列各项用途的长期贷款、临时周转性贷款和外汇转贷款。

基本建设，是指经国家有权部门批准的基础设施、市政工程、服务设施和新建或扩建生产性工程等活动。

技术改造，是现有企业以扩大再生产为主的技术改造项目。

科技开发，是指用于新技术和新产品的研制开发并将开发成果向生产领域转化或应用的活动。

其他固定购置，是指不自行建设，直接购置生产、仓储、办公等用房或设施的活动。

产品特点：

(1) 一般贷款金额较大。
(2) 一般期限较长，大都为中期或长期贷款且大部分采取分期偿还。
(3) 在贷款保障方式上，除了要求提供必要的担保外，一般要求以项目新增固定资产作抵押。
(4) 在贷款方法上，一般采用逐笔申请、逐笔审核。
(5) 固定资产贷款与流动资金贷款的区别见表 4-2。

表 4-2 固定资产贷款与流动资金贷款的区别

项目	固定资产贷款	流动资金贷款
用途	解决企业固定资产投资活动的资金需求	满足企业中、短期的资金需求
期限	1～5 年的中期贷款或 5 年以上的长期贷款	1 年以内的短期贷款或 1～3 年的中期贷款
审核方式	逐笔申请逐笔审核	逐笔申请逐笔审核或在银行规定时间及限额内随借、随用、随还的流动资金贷款额度
还款来源	项目竣工验收投产后的现金或企业自有资金	主要为企业经营收入
风险	外部影响因素多，不确定性和不稳定性因素多，风险较大	集中在借款人、担保人或抵（质）押的风险
收益	长期、稳定收益	短中期收益

利率：

一般采用浮动利率，按照中国人民银行有关贷款利率政策、中国银行贷款利率管理规定和贷款合同的约定执行。

收费标准：

固定资产贷款各项收费均通过合同约定。

适用客户：

经工商行政管理机关（或主管机关）核准登记，实行独立核算的企业法人、事业法人和其他经济组织。

申请条件：

(1) 持有经工商行政部门年检合格的企业营业执照，事业法人应持有法人资格证明文件。
(2) 持有中国人民银行核发的贷款证/卡。
(3) 借款申请人经济效益好、信用状况佳、偿债能力强、管理制度完善。
(4) 落实中国银行认可的担保。
(5) 在中国银行开立基本账户或一般存款户。
(6) 固定资产贷款项目符合国家产业政策、信贷政策。
(7) 具有国家规定比例的资本金。
(8) 项目经政府有关部门审批通过，配套条件齐备，进口设备、物资货源落实。
(9) 申请外汇固定资产贷款的，须持有进口证明或登记文件。

办理流程：

(1) 借款人向银行提交借款申请书。
(2) 借款人向银行提交相关资料，包括营业执照、公司章程、近 3 年财务报告、项目立项及批复文件、项目经济效益分析、用还款计划等。
(3) 银行进行贷前的调查和评估，对借款人的信用等级以及借款的合法性、安全性、赢利性等情况进行调查，核实抵押物、质物、保证人情况，形成评估意见。
(4) 经银行内部审查同意的，双方就借款合同、抵押合同、担保合同的条款达成一致意见，有关各方签署合同。

(5) 借款人办理合同约定的抵押登记等有关手续。
(6) 借款人提出提款申请。
(7) 银行资金到账，借款人用款。

（资料来源：中国银行网站，http://www.boc.cn/cbservice/cb2/cb21/200806/t20080627_785.html.）

4.4 按揭贷款业务

中信银行"法人房产按揭贷"助力小微企业

2012年全球经济疲软，佛山实体经济遭受较大冲击，而中小微企云集的佛山同样受到不少影响。为支持小微企业发展，中信银行佛山分行推出法人房产按揭贷款，帮助小微企业解决因办公场所或经营场所扩增而带来的资金压力等问题。

据介绍，法人房产按揭贷款，是指中信银行向申请授信的法人组织发放的用于购买经营用途房产的，并以所购房产作为抵押，按月分期还本付息的贷款业务。

其中，房产为写字楼、商铺、工业标准厂房，按揭贷款金额不超过一手房购房合同价款或二手房房产评估价值的50%，最高不超过2000万元；房产为商住两用房，按揭贷款金额不超过一手房购房合同价款或二手房房产评估价值的55%，最高不超过2000万元。

另外，小微企业法人房产按揭贷款期限灵活，贷款期限最长不超过10年，标准厂房不超过6年，企业可以根据自身资金情况决定贷款期限。还款方式灵活，实行按月分期还款，包括等额本金或等额本息两种还款方式，方便选择。

（资料来源：http://news.21cn.com/caiji/roll1/2013/01/23/14489048.shtml.）

企业发展到一定阶段，面临办公场所或经营场所扩增问题，一次性付款购买商用房产挤占了大量日常经营资金，而一般银行短期贷款无法满足购买房产的资金需求。这是不少小微企业在发展中面临的难题之一。按揭贷款很好地减轻了企业的资金压力，盘活了企业固定资产，避免一次性集中支出导致的资金紧张，为企业的继续发展创造了外部条件。

 【知识准备】

按揭贷款指以房地产等实物资产或有价证券、契约等作抵押，获得银行贷款并依合同分期付清本息，贷款还清后银行归还抵押物。

按揭贷款是以按揭方式进行的一种贷款业务。例如，住房按揭贷款就是购房者以所购住房做抵押并由其所购买住房的房地产企业提供阶段性担保的个人住房贷款业务。

按揭贷款方式有等额本金按揭贷款和等额本息按揭贷款两种。

（1）等额本金按揭贷款：贷款金额除以贷款期限（10或15年×12个月）等于本金，利息随着本金的减少而递减，中途有钱可以多还或提前结束，这种方法比较实用。

等额本金还款方式是将本金每月等额偿还，然后根据剩余本金计算利息，所以初期由于本金较多，将支付较多的利息，从而使还款额在初期较多，而在随后的时间每月递减。这种方式的好处是，由于在初期偿还较大款项而减少利息的支出，比较适合还款能力较强的家庭。

（2）等额本息按揭贷款：本金不变，利息根据贷款期限的长短平摊到每个月，如果在利率不变的情况下，贷款时间内每月所还的金额是不变的。

等额本息还款方式是在还款期内，每月偿还同等数额的贷款（包括本金和利息），这样由于每月的还款额固定，可以有计划地控制家庭收入的支出，也便于每个家庭根据自己的收入情况，确定还贷能力。

按揭贷款根据贷款项目分为：住房按揭贷款、汽车按揭贷款等。

【课堂讨论】

从按揭贷款业务介绍来看，按揭需要质押物，或者以房屋为抵押，或者以其他内容为抵押。比较一下按揭贷款和住房贷款、汽车贷款之间的相似点和不同点，加深对按揭贷款的理解。

【拓展阅读】

交通银行按揭贷款知识

1. 一手住房贷款

1）产品定义

银行向借款人发放的，用于购买首次交易住房的贷款，包括住房公积金商业性组合贷款和纯商业性住房贷款。

2）产品特色

（1）节省贷款成本及费用——尽量减少借款人的贷款成本及利息支出。

（2）丰富的配套贷款产品——装修贷款、转按贷款、e贷通等多种配套产品供借款人选择；随着借款人的一手住房贷款逐步归还，借款人还可以再次使用已释放出来的抵押额度，办理其他贷款。

（3）灵活多样的还款方式——支持等额本金法、等额本息法及分阶段还款法等7种还款方式。

（4）方便省心的贷后服务——便捷的还款、贷款提醒服务，贷款变更服务等。

3）贷款对象

具有完全民事行为能力，持有合法、有效身份证件，资信情况良好，具备稳定收入来源和按期还本付息能力的自然人。

4）贷款额度

最高可达房产价值的80%。

5）贷款期限

贷款期限最长可达30年。

6）申请材料

（1）个人贷款申请表。

（2）借款人及配偶身份证明（居民身份证、护照、户口簿等）、婚姻证明。

（3）商品房预售合同或销售合同。

（4）首付款证明。

（5）借款人还款能力证明材料（如收入证明、工资单、个人税单、其他资产情况等）。

（6）抵押证明文件。

（7）银行要求的其他资料。

7）办理指南

（1）提出申请：借款人持上述申请材料到贷款经办网点填写申请表。

（2）贷款审批：银行对借款人担保、信用等情况进行调查，按程序进行审批，并将审批结果通知借款人。

（3）贷款签约：借款人的申请获得批准后，银行与借款人签订借款、担保合同，办理抵押登记等手续。

(4) 贷款发放：银行在借款人办妥相关手续后，经审核确认后发放贷款。

2．二手住房贷款

1）产品定义

银行向借款人发放的，用于购买售房人已取得房屋所有权证、能够在二级市场上合法交易住房的贷款，包括住房公积金商业性组合贷款和纯商业性住房贷款。

2）产品特色

（1）节省贷款成本及费用——尽量减少借款人的贷款成本及利息支出。

（2）交易资金安全保障——住房买卖资金通过银行划付，降低交易风险。

（3）丰富的配套贷款产品——装修贷款、转按贷款、e贷通、房产交易资金托管等多种配套产品供借款人选择。随着借款人的二手住房贷款逐步归还，借款人还可以再次使用已释放出来的抵押额度，办理其他贷款。

（4）灵活多样的还款方式——支持等额本金法、等额本息法及分阶段还款法等7种还款方式。

（5）方便省心的贷后服务——便捷的还款、贷款提醒服务，贷款变更服务等。

3）贷款对象

具有完全民事行为能力，持有合法、有效身份证件，资信情况良好，具备稳定收入来源和按期还本付息能力的自然人。

4）贷款额度

最高可达房产价值的80%。

5）贷款期限

贷款期限最长可达30年。

6）申请材料

（1）个人贷款申请表。

（2）借款人及配偶身份证明（居民身份证、护照、户口簿等）、婚姻证明。

（3）商品房买卖合同。

（4）首付款证明。

（5）借款人还款能力证明材料（如收入证明、工资单、个人税单、其他资产情况等）。

（6）抵押证明文件。

（7）银行要求的其他资料。

7）办理指南

（1）提出申请：借款人持上述申请材料到贷款经办网点填写申请表。

（2）贷款审批：银行对借款人担保、信用等情况进行调查，按程序进行审批，并将审批结果通知借款人。

（3）贷款签约：借款人的申请获得批准后，银行与借款人签订借款、担保合同，办理抵押登记等手续。

（4）贷款发放：银行在借款人办妥相关手续后，经审核确认后发放贷款。

模块总结

本模块主要介绍了住房贷款、汽车贷款、单位贷款和按揭贷款等业务，让学生了解银行开展的贷款业务类型。

简答题

（1）银行开展贷款业务的目的有哪些？

（2）银行开展的个人贷款业务有哪些？

（3）请阐述住房贷款、汽车贷款、按揭贷款的区别与联系。
（4）请阐述单位贷款和个人贷款的区别，单位贷款有什么特别之处？

情景题

学生分组，扮演不同的角色，进行住房贷款、汽车贷款、按揭贷款等业务办理操作，了解业务办理详细过程和需要注意的事项。

实验一　贷款一般业务实验

1．实验目的

（1）了解贷款实验操作方法和步骤。
（2）了解综合柜台贷款合同的录入。
（3）了解综合柜台贷款发放操作。
（4）了解综合柜台贷款还款操作。
（5）了解贷款的展期操作。

2．实验工具

深圳国泰安商业银行综合柜面业务软件 CS5.0。

3．实验过程

1）贷款录入

在操作贷款实验时，需要将贷款合同录入银行系统，进入【贷款借据录入】栏目界面（在操作界面上输入 1201），如图 4.1 所示，上面有合同号、结算账号、贷款金额、基准月利率、还款日期、还款方式等需要填写。

图 4.1　【贷款借据录入】栏目界面

合同号是贷款合同的序号，如本实验输入的是 20130121000002。

本实验主要以住房贷款为例来操作的，因此在进行贷款时，必须有结算账号，可以在银行柜台对已开户的账号设置为结算账号，执行【数据维护】→【账户信息维护】命令，如图 4.2 所示，输入账号，在【账户性质】栏上选择【个人结算账户】选项完成账号设置。

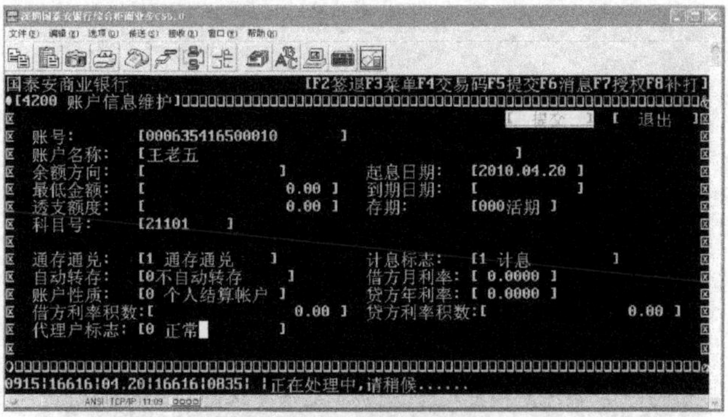

图 4.2 【财户信息维护】界面

在图 4.1 上输入结算账号，按↓键，系统显示王老五的账号，在【贷款类别】栏选择【短期个人消费贷款】选项，如图 4.3 所示，在【贷款金额】栏输入贷款金额，如 20 万。选择基准月利率，如 4.5%。在【业务类型】栏上选择【短期个人消费贷款住房】选项，如图 4.4 所示。输入经销商账号，（如果正确）系统将自动显示经销商户名。按 Enter 键，系统完成的贷款数据的录入工作，如图 4.5 所示，系统界面最底下展示了借据号（在后面的操作中，借据号和合同号相一致）。至此，贷款合同录入成功。

图 4.3 【贷款借据录入】栏目贷款类别界面

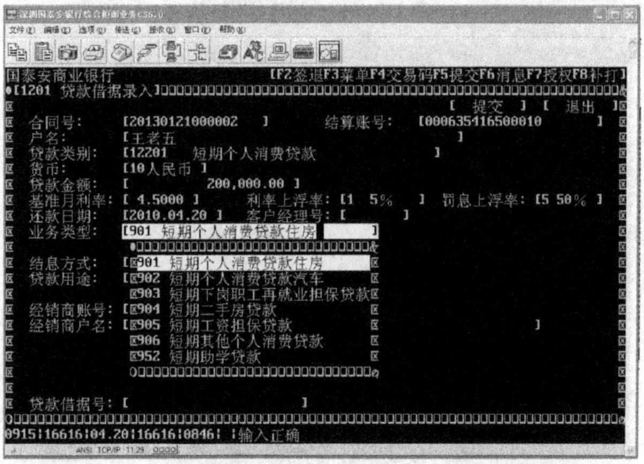

图 4.4 【贷款借据录入】栏目业务类别界面

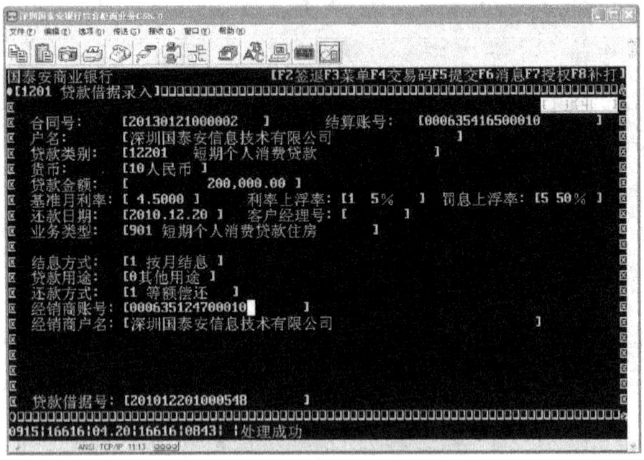

图 4.5 【贷款借据录入】操作成功界面

2) 贷款发放

进入贷款发放界面（在操作界面输入 1202），如图 4.6 所示，需要输入合同号和结算账号，选择贷款类别（此处贷款合同录入采用【贷款借据录入】栏目中的贷款借据号）。

在【贷款金额】栏输入金额，输入基准月利率（这个利率是在贷款的同时已经决定好的，银行信贷人员和贷款方就贷款的多少和时间的长短进行协商）和到期日期，按 ↓ 键，系统自动显示合同号等相关内容，如图 4.7 所示。确实无误后，选择【提交】按钮或者按 F5 键，完成贷款的发放工作，系统提示贷款发放成功，如图 4.8 所示。

图 4.6 【贷款发放】栏目界面

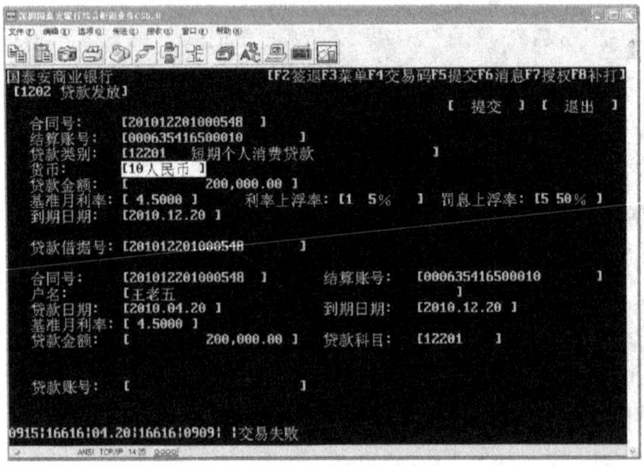

图 4.7 【贷款发放】栏目选择货币界面

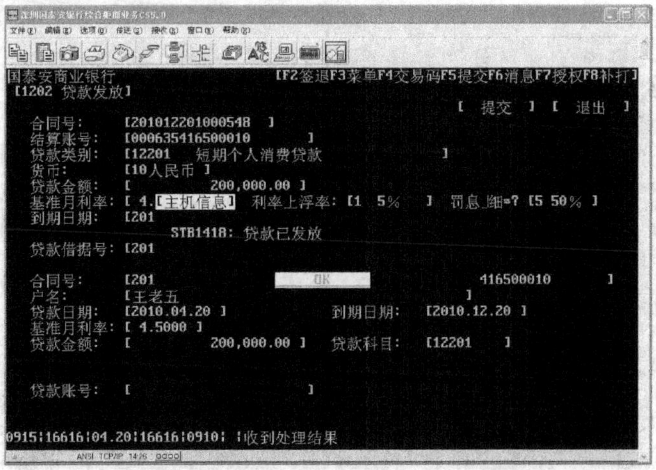

图 4.8　【贷款发放】栏目操作成功界面

3）贷款还款

当贷款到期或者未到期，贷款人可以还贷，注销自己在银行的贷款记录。综合柜台业务提供了还贷操作。进入操作系统，输入1202，如图 4.9 所示。

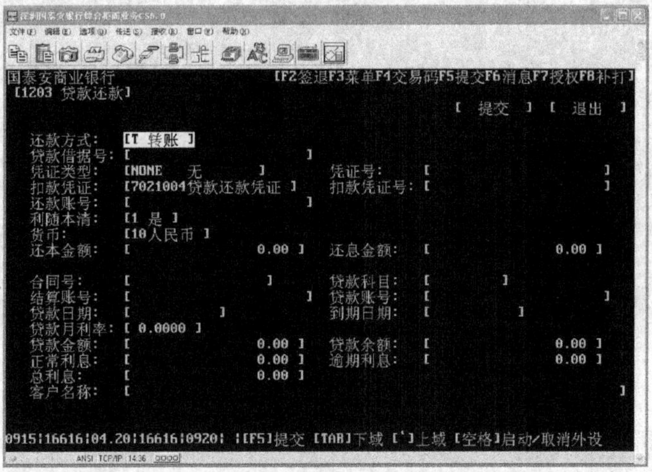

图 4.9　【贷款还款】栏目界面

选择还款方式（转账、现金）、贷款借据号、凭证类型（无或转账支票形式）、还款账号（以前面个人住房贷款为例），系统自动显示如图 4.10 所示的该账号借、利息等相应信息，按 Enter 键提交或者按 F5 键，系统显示输入错误的提示框，如图 4.11 所示，修改输入的内容，按 Enter 键提交，如图 4.12 所示，提示个人住房贷款还款操作错误，需要到按揭贷款还款界面操作。

为完成实验，我们以另外一个账号进行还款，如图 4.13 所示（在还款之前，账户里面要有充足的资金），输入还款账号、还款金额等相关信息，按 Enter 键，如果输入错误，系统将提示错误，如图 4.14 所示。在输入正确的情况下，系统弹出打印界面，打印凭证后，还款完成，如图 4.15 所示。

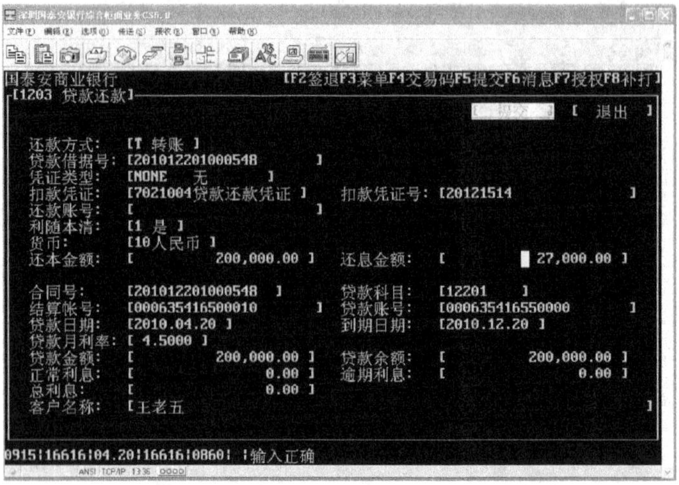

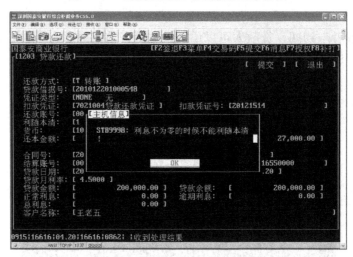

图 4.10 【贷款还款】栏目信息显示界面

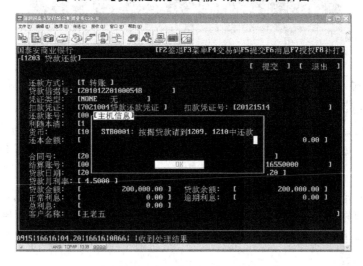

图 4.11 【贷款还款】栏目输入错误提示框界面

图 4.12 【贷款还款】栏目还款错误提示框界面

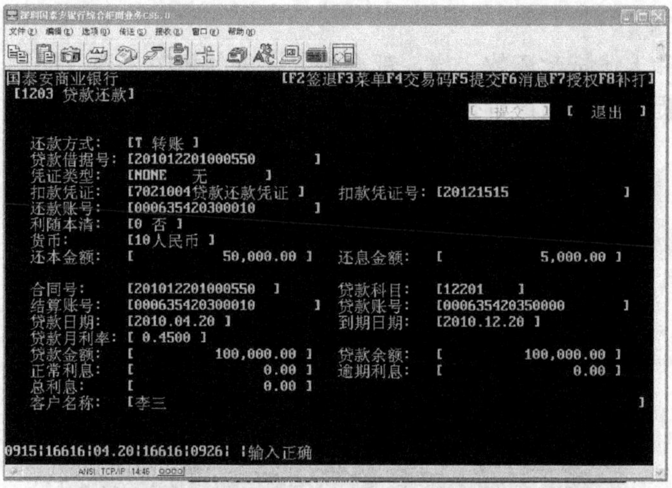

图 4.13 【贷款还款】重新输入贷款借据号界面

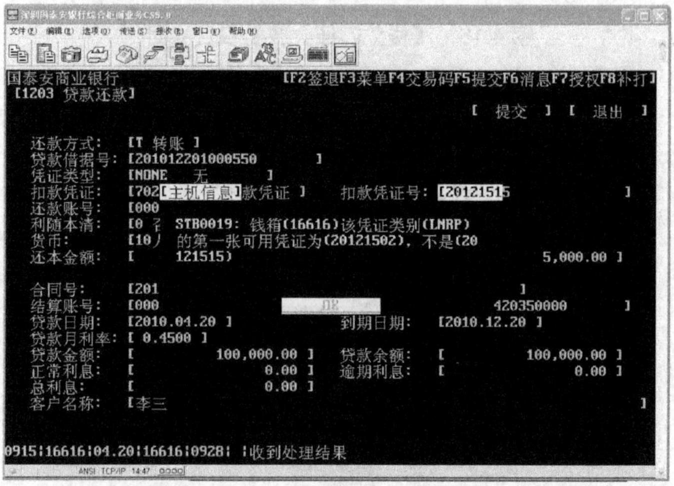

图 4.14 【贷款还款】栏目提示界面

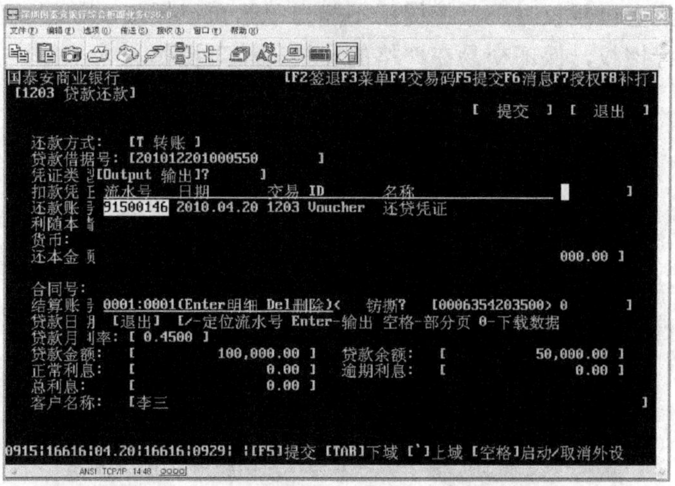

图 4.15 【贷款还款】栏目操作成功界面

4）贷款归还欠款

贷款归还欠款和上述贷款还款一样，都要输入还款的相关内容，如图 4.16 所示，完成相应操作后，选择【提交】按钮或者按 F5 键，系统提示需要授权，如图 4.17 所示。

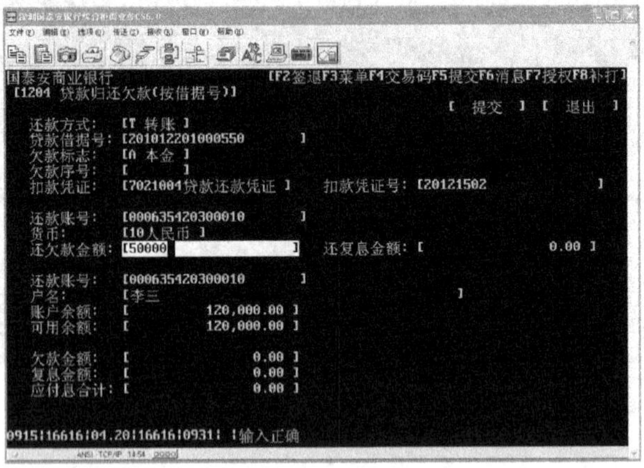

图 4.16 【贷款归还欠款】栏目界面

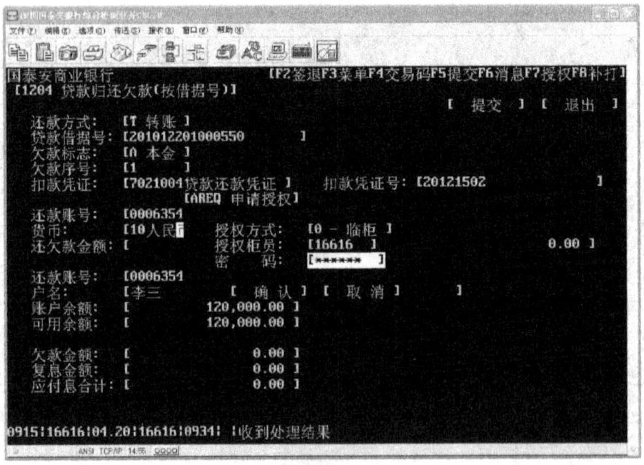

图 4.17 【贷款归还欠款（按借据号）】栏目申请授权界面

当操作员自己给自己授权时，系统提示不能自己给自己授权，如图 4.18 所示，需要更高级别的柜员才能进行授权，保证交易在严格的监控环境下操作。

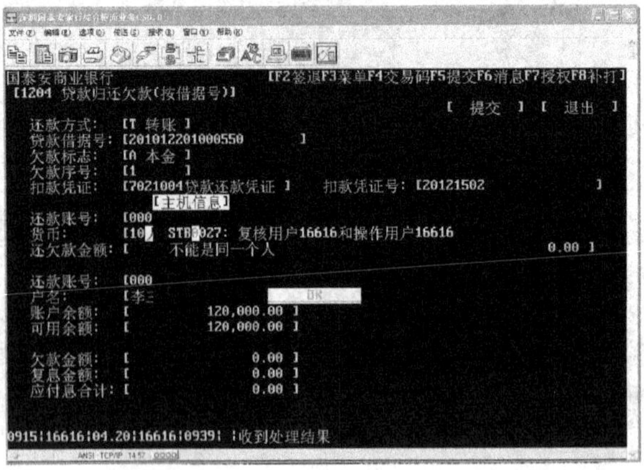

图 4.18 【贷款归还欠款（按借据号）】栏目授权提示界面

5）贷款展期

贷款者认为自己在规定的时间内无法完成还款任务，可以要求对贷款进行展期，即延长还款时间。进入系统，输入 1205，进入【贷款展期】栏目操作界面，输入贷款借据号、输入原到期日、新到期日和新月利率，如图 4.19 所示。按 Enter 键，系统提示贷款展期成功，如图 4.20 所示。

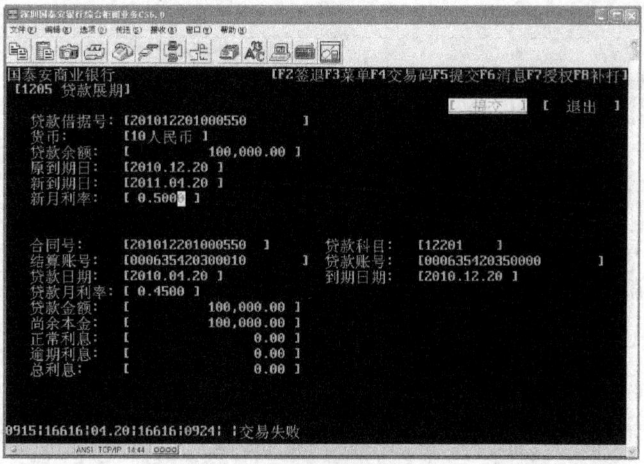

图 4.19 【贷款展期】栏目界面

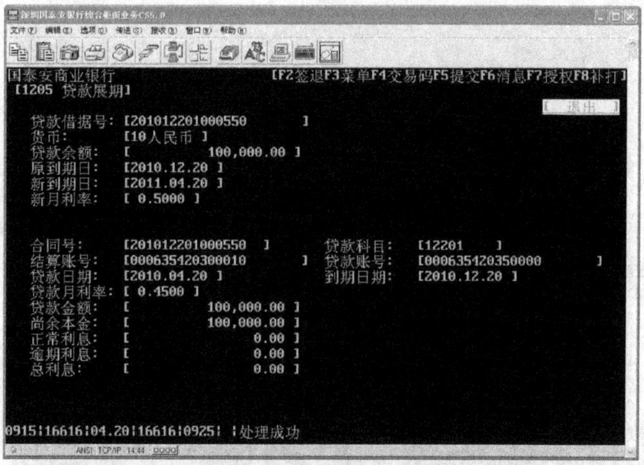

图 4.20 【贷款展期】栏目操作成功界面

4．实验报告

完成实验后，编写实验报告，实验报告的格式包括实验概述、实验目的、实验工具、实验过程、实验思考等部分，完成表 4-3。

表 4-3 实验一操作记录

客户名称		身份证号码	
贷款账号和借据号			
贷款发放时间		贷款金额	
贷款展期时间		展期金额	
贷款时间		归还金额	
备注信息			

5．思考练习

（1）贷款归还与贷款欠款归还有什么区别？

（2）注册名为李磊的客户，选择贷款类型，进行贷款合同录入、贷款归还、贷款展期实验操作。

实验二　贷款特殊业务实验

1．实验目的

（1）了解综合柜台业务贷款操作。

（2）了解汽车贷款业务的办理操作。

（3）了解贷款信息查询。

（4）会进行不良贷款结转操作。

（5）会进行贷款呆账核销和贷款分段计息处理操作。

（6）会进行贷款到期查询操作。

2．实验工具

深圳国泰安银行综合柜面业务 CS5.0。

3．实验过程

1）汽车贷款业务办理

在实验一住房贷款上面，我们已经知道了如何办理汽车贷款，在如图 4.4 所示界面上选择【短期个人消费贷款汽车】选项，其他步骤相同，就可以办理汽车贷款了，如图 4.21、图 4.22 所示。

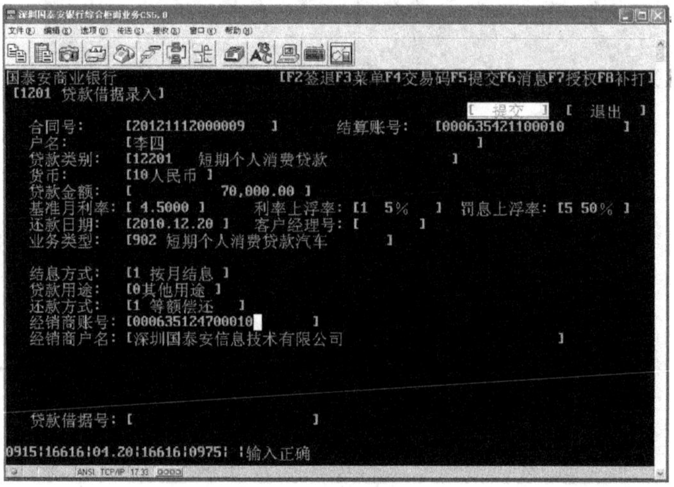

图 4.21　办理汽车贷款界面

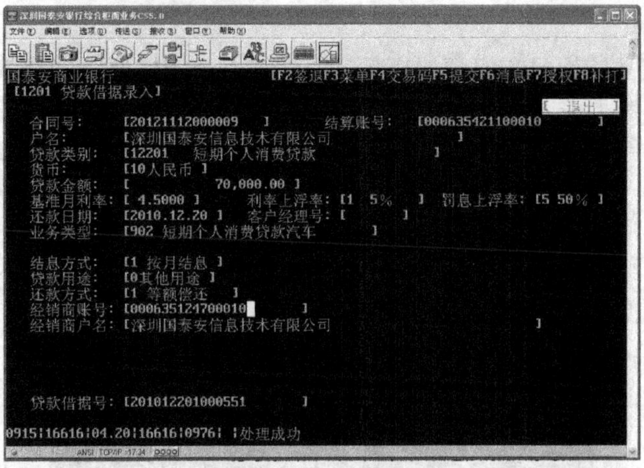

图4.22 汽车贷款成功界面

2）贷款信息查询

在综合柜台软件系统可以进行贷款信息查询，执行【数据查询】→【贷款查询】→【贷款业务查询】命令，或者直接输入3603，如图4.23、图4.24所示。

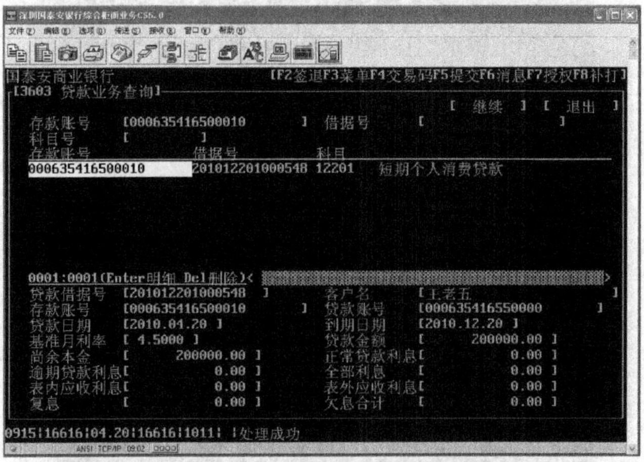

图4.23 贷款查询界面①

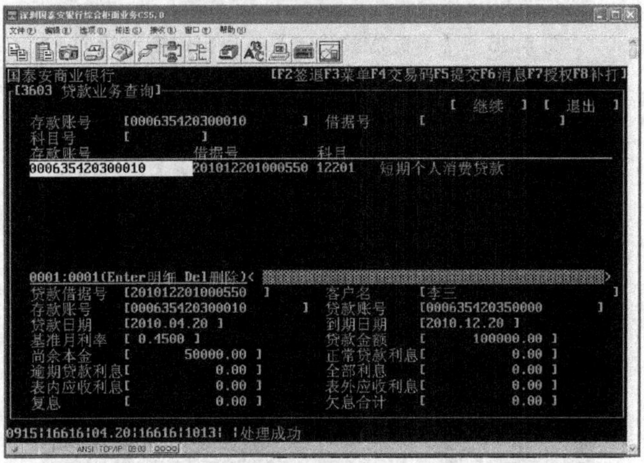

图4.24 贷款查询界面②

3）不良贷款结转

不良贷款指非正常贷款或有问题的贷款，即借款人未能按原定的贷款协议按时偿还银行的贷款本息，或者已有迹象表明借款人不可能按原定的贷款协议按时偿还商业银行的贷款本息而形成的贷款。综合柜台业务可以对不良贷款进行结转。在操作界面输入 1206 或者执行【公共交易】→【贷款业务】→【不良贷款结转】命令，对借据号为 201012201000550 的贷款进行不良贷款结转，如图 4.25 所示，进行不良贷款结转时，要结转全部的借款本金，否则系统提示出错，如贷款本金 5 万元，结转 3 万元，系统提示如图 4.26 所示，需要重新输入结转金额。在输入正确的前提下，系统需要更高一级的授权才能进行不良贷款结转，如图 4.27 所示。

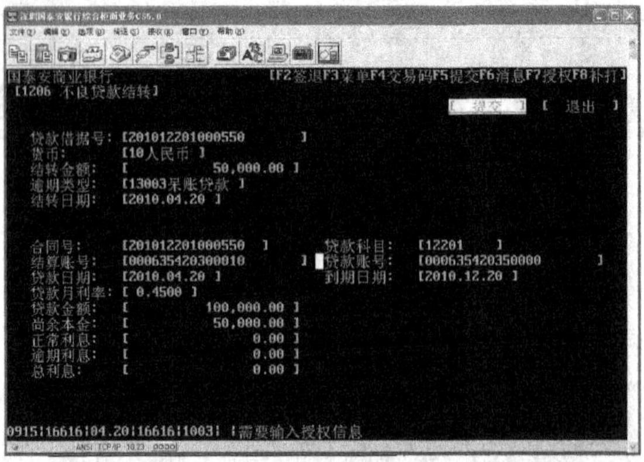

图 4.25 【不良贷款结转】栏目界面

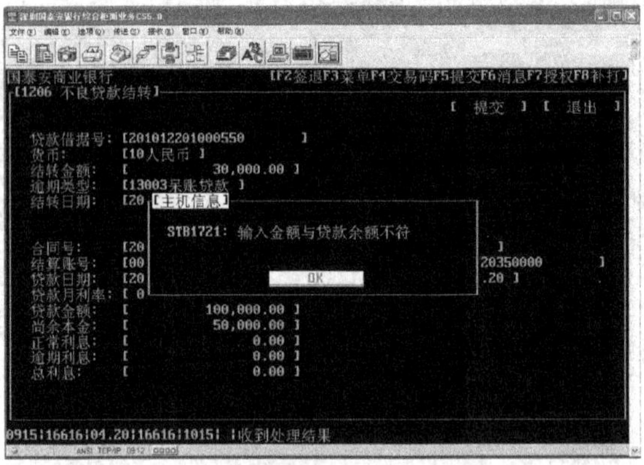

图 4.26 【不良贷款结转】栏目出错提示界面

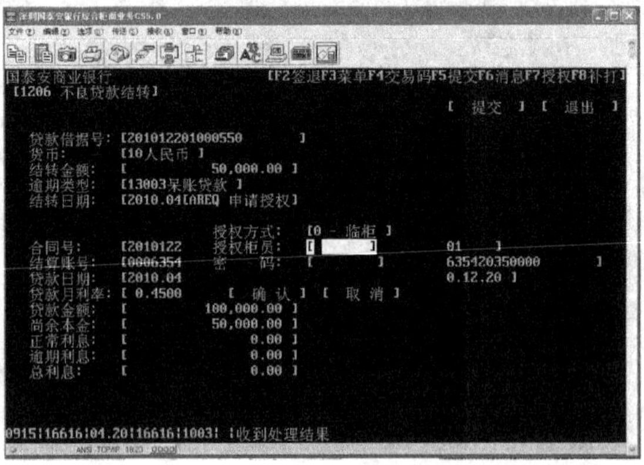

图 4.27 【不良贷款结转】栏目授权界面

4）贷款呆账核销

商业银行普遍执行贷款四级分类制度，贷款四级分类制度即把贷款划分为正常、逾期、呆滞、呆账四类，后三类，即"一逾两呆"合称为不良贷款。这是计划经济体制下为财政税收政策服务的分类方法，不良资产界定的以期限为标准：贷款本息拖欠超过 180 天以上的为"逾期"，贷款利息拖欠逾期 3 年的为"呆滞"，贷款人走死逃亡或经国务院批准的为"呆账"。呆账的核销要经财政当局批准，呆账核销即视为放弃债权，仅需提取普通呆账准备金（不到贷款总量的 1%）。

在进行贷款呆账核销时，如果不记得贷款呆账的借据号，可以通过系统查询功能查询到借据号码，执行【数据查询】→【贷款查询】→【贷款业务查询】命令，或者直接输入 3603，输入需要查询的存款账号，选择【提交】按钮，如图 4.28 所示，显示借据号、贷款金额等相关信息。

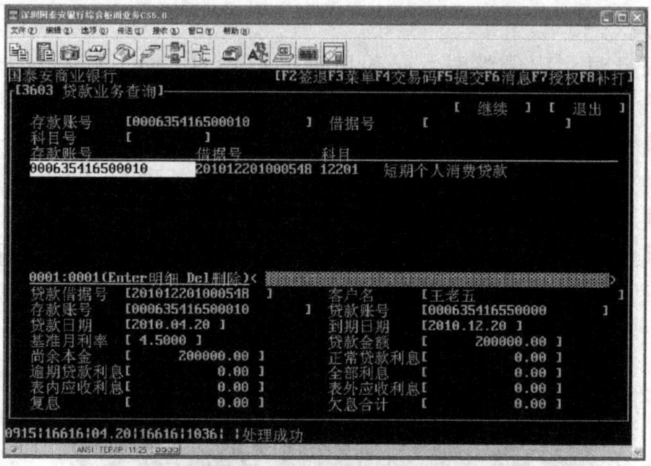

图 4.28 【贷款业务查询】栏目界面

执行【公共交易】→【贷款业务】→【贷款呆账核销】命令，如图 4.29 所示，输入借据号，按↓键，系统显示借据合同内容，输入核销金额，如本实验核销 10 万元，按 Enter 键，提交核销申请，如图 4.30 所示，显示核销呆账需要更高级授权，输入可以授权的柜员账号和密码，选择【确定】按钮，完成授权，完成呆账核销。

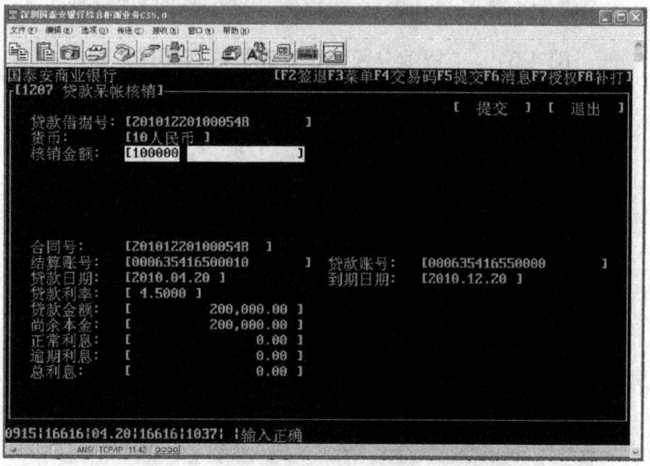

图 4.29 【贷款呆账核销】栏目界面

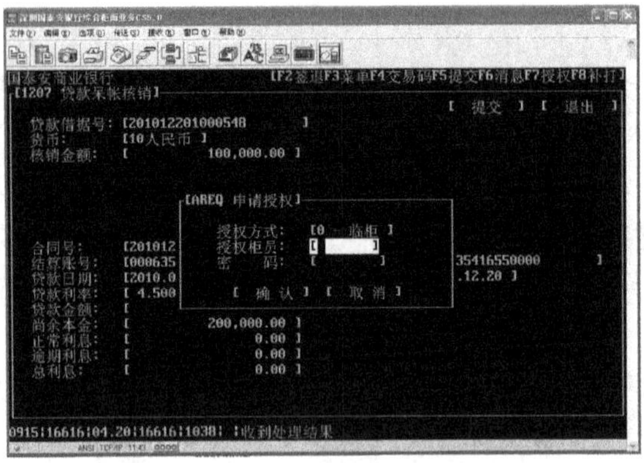

图 4.30 【贷款呆账核销】栏目授权界面

5）贷款分段计息

分段计息是指银行对利率调整时，一般以调整日为界限分开进行计息。如利率下调时，存期内及利率调整日前按原利率计息，利率调整后按新利率计息；如利率上调时，调整日前按原利率计息，从调整日起按新利率计息。

执行【公共交易】→【贷款业务】→【贷款分段计息处理】，如图 4.31 所示，输入贷款借据号，系统自动显示该借据号下的借贷款情况，在【新月利率】栏输入调整后的利息，选择【提交】按钮，系统完成分段计息，如图 4.32 所示，选择【提交】按钮，系统显示需要更高级别的授权对话框，如图 4.33 所示，输入授权的柜员代码和密码，系统显示授权成功对话框，如图 4.34 所示，界面最下方显示"处理成功"。

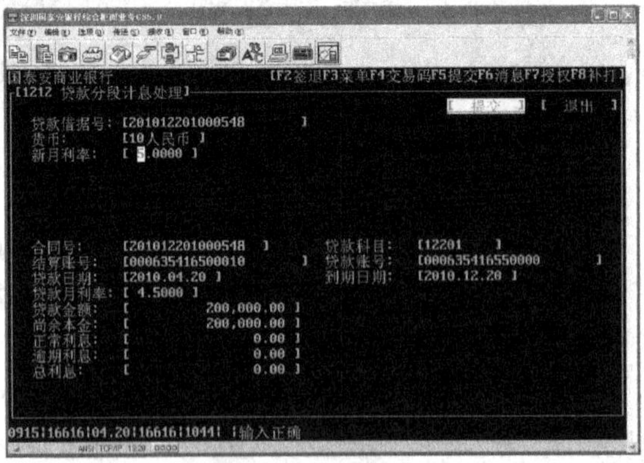

图 4.31 【贷款分段计息处理】栏目操作界面

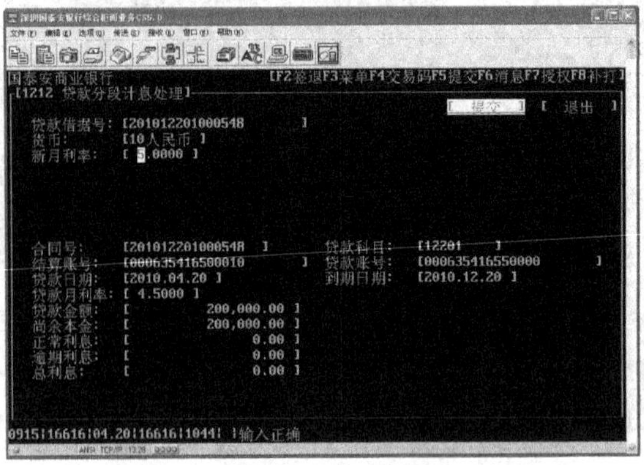

图 4.32 【贷款分段计息处理】栏目授权界面

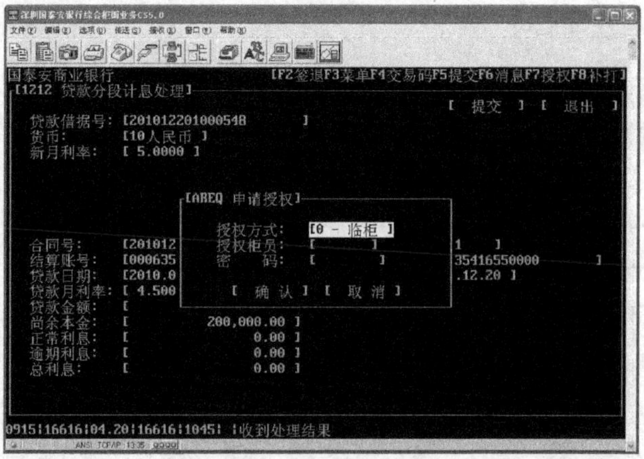

图 4.33 【贷款分段计息处理】栏目授权界面

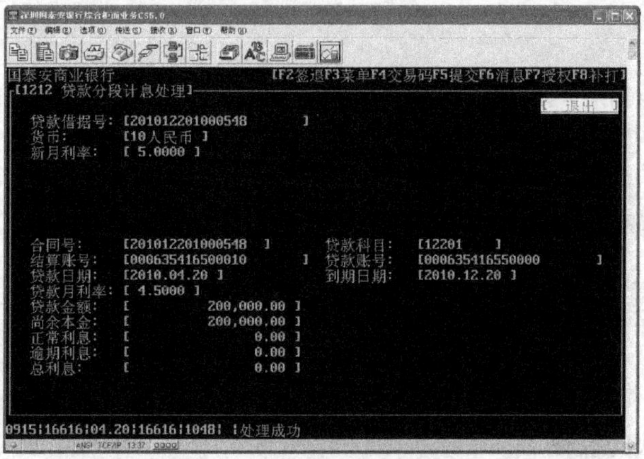

图 4.34 【贷款分段计息处理】栏目处理成功界面

6）贷款到期查询

银行系统的贷款很多，有时候需要对贷款进行查询，了解贷款是否到期，以便进行催还。综合柜台业务软件提供了贷款到期查询服务。执行【公共交易】→【贷款业务】→【贷款到期查询】命令，如图 4.35 所示，输入贷款的借据号，按 Enter 键，系统自动进行贷款查询服务，如图 4.35 所示，没有查询到贷款到期。

图 4.35 【贷款到期查询】栏目操作界面

4．实验报告

完成实验后，撰写实验报告，实验报告的格式应包括实验概述、实验目的、实验工具、实验过程、实验思考等几大部分，完成表 4-4。

表 4-4　实验二操作记录

客户名称		身份证号码	
贷款账号			
借据号			
汽车贷款时间		贷款金额	
呆账时间		呆账金额	
分段计息时间		分段计息金额	
备注信息			

5．思考练习

（1）不良贷款是如何形成的？
（2）呆账核销为什么需要授权？
（3）对自己注册的账号进行不良贷款核销和贷款分段计息处理操作。
（4）进行贷款信息和贷款到期日查询。

实验三　其他贷款业务实验

1．实验目的

（1）了解按揭贷款的操作。
（2）进行按揭贷款其他还贷操作。
（3）进行按揭贷款归还全部历史欠款操作。
（4）进行公积金贷款发放日修改操作。

2．实验工具

深圳国泰安银行综合柜面业务 CS5.0。

3．实验过程

1）按揭贷款提前部分还贷
实验的账号详细情况见表 4-5。

表 4-5　实验的账号

账号名称	李王武	身份证号码	342425198901023121
客户号	000635451300010	账号	000635451300010
存款	63000	借款合同号	201012201000558
借款	100000	借据号	201012201000558

按揭贷款可以提前还贷，执行【公共交易】→【贷款业务】→【按揭贷款提前部分还贷】命令，或者直接输入 1209，如图 4.36 所示。

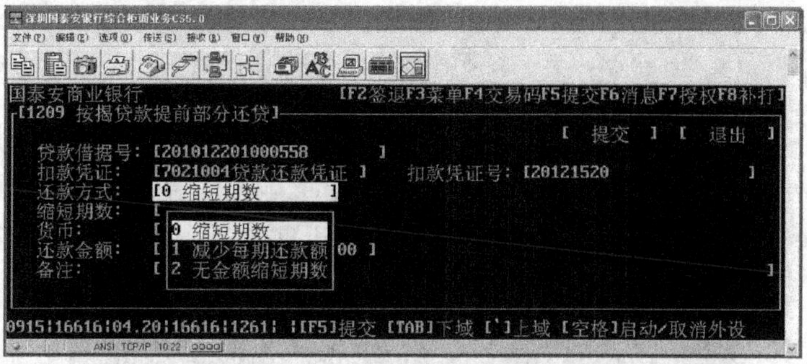

图 4.36 【按揭贷款提前部分还贷】栏目【还款方式】栏的选项界面

输入贷款借据号、扣款凭证（系统自动选择【贷款还款凭证】选项）、扣款凭证号、选择还款方式（包括【缩短期数】、【减少每期还款额】、【无金额缩短期数】等选项，如图 4.36 所示）如选择【缩短期数】选项，如图 4.37 所示，输入所要缩短的期数和还款金额，选择【提交】按钮，如果输入正确，系统自动缩短期数，否则，如图 4.38 所示，系统提示缩短期数为 3 期应还款的总额为 37058.83 元，而不是之前输入的 23333 元，重新输入 37058.83，选择【提交】按钮。

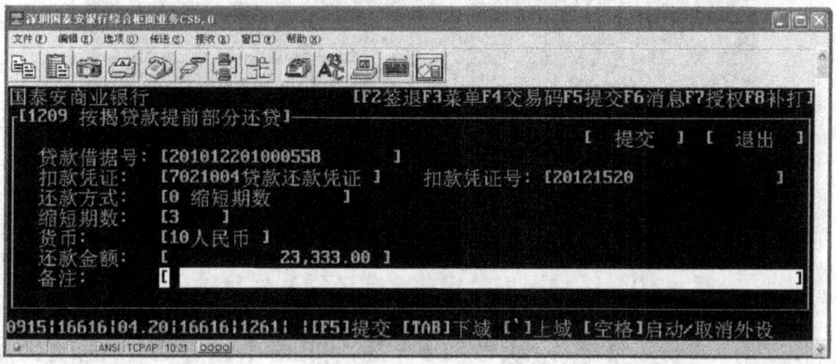

图 4.37 【按揭贷款提前部分还贷】栏目操作界面

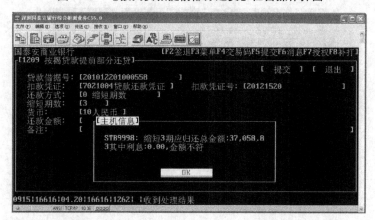

图 4.38 【按揭贷款提前部分还贷】栏目出错提示界面

2）按揭贷款提前全部还贷

执行【公共交易】→【贷款业务】→【按揭贷款提前全部还贷】命令，或者直接输入 1210，如图 4.39 所示。

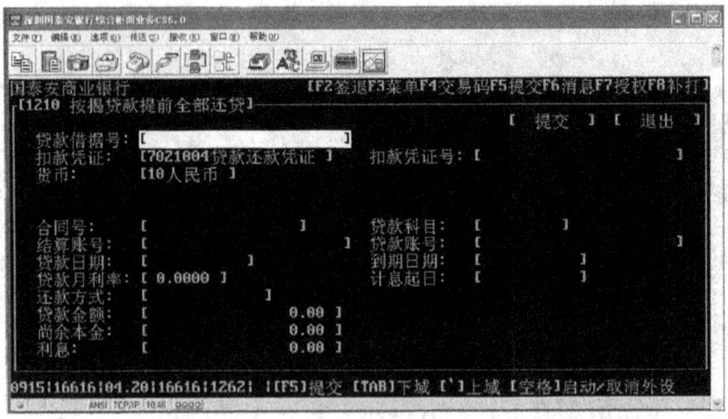

图 4.39 【按揭贷款提前全部还贷】栏目操作界面

输入贷款借据号、扣款凭证号,如图 4.40 所示,系统自动显示贷款的相关信息,如贷款账号、结算账号、贷款日期、到期日期等。

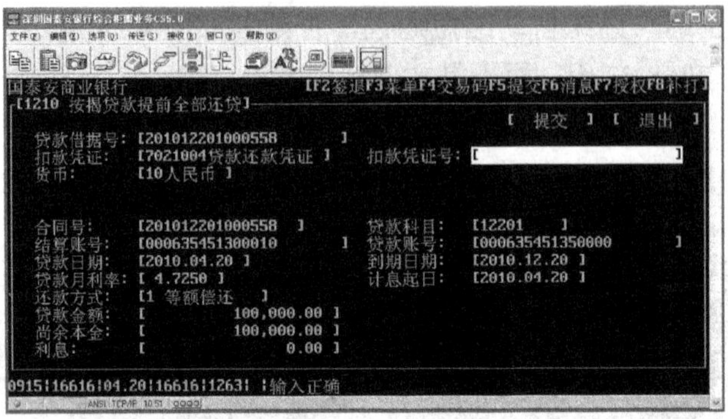

图 4.40 【按揭贷款提前全部还贷】栏目输入界面

输入扣款凭证,选择【提交】按钮或者按 F5 键,如图 4.41 所示,系统显示存款账户余额不足以扣除按揭贷款余额和利息,需要用户对存款账户存入相应的余额,方便按揭贷款全部还清。

图 4.41 【按揭贷款提前全部还贷】栏目系统提示框

3)按揭贷款归还全部历史欠款

软件模拟了真实的按揭贷款归还全部历史欠款操作,可以归还全部历史欠款,还款方式有"T 转账""C 现金"两种,如选择转账方式,输入贷款借据号,选择扣款凭证,输入扣款凭证号,系统自动显示还款账户存款余额,如图 4.42 所示。在总存款额大于需要全部还清的历史欠款的前提下,选择【提交】按钮,系统自动显示归还全部历史欠款成功的提示框。

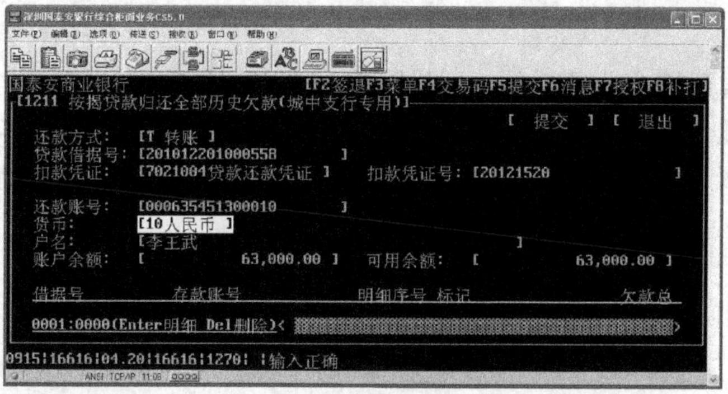

图 4.42 【按揭贷款归还全部历史欠款（城中支行专用）】栏目输入界面

4）公积金贷款发放日修改

公积金贷款是指缴存住房公积金的职工享受的贷款，国家规定，凡是缴存公积金的职工均可按公积金贷款的相关规定申请公积金贷款。在软件提供的模拟银行公积金贷款记录界面上，输入1213，如图4.43所示，输入贷款借据号和到期日，如图4.44所示，选择【提交】按钮，完成公积金贷款发放日修改。

图 4.43 【公积金贷款发放日修改】栏目界面

图 4.44 【公积金贷款发放日修改】栏目输入界面

4．实验报告

完成以上实验后，总结实验步骤和实验感想，完成实验报告，填写表4-6。

表 4-6 实验三操作记录

账号名称		身份证号码	
客户号		账号	
存款		借款合同号	
借款		借据号	
按揭贷款提前还贷金额		按揭贷款提前还贷操作结果	
按揭贷款提前全部还贷金额		按揭贷款提前全部还贷操作结果	
按揭贷款归还全部历史欠款情况		操作结果	

5．思考练习

（1）通过商业银行综合业务软件，开设账号为"王武"的银行储蓄账户，办理贷款事项。

（2）给王武办理个人消费贷款业务，并进行贷款超过账户存款的操作。

（3）给王武的账号进行按揭贷款提前还贷、提前全部还贷、还清全部历史欠款操作，并完成实验报告。

模块五

对公存款业务

DUIGONG CUNKUAN YEWU

【知识目标】

（1）了解对公活期、对公定期存款内涵。
（2）了解对公活期存款、对公定期存款适用对象。
（3）了解对公活期存款、对公定期存款的类型。

【技能目标】

（1）掌握对公活期存款业务操作。
（2）掌握对公定期存款业务操作。

5.1 对公活期存款业务

【导入案例】

利率差异加大竞争 对公业务成银行存款大战新焦点

自从央行 2012 年 7 月前后连续两次降息与利率市场化改革以来,银行之间存款大战已逐步进入高层次争夺。26 日下午中国银行广东省分行正式开启对公 7×24 小时现金自助存款、对公回单自助打印等服务系统。市场分析预计,银行对公业务的自动化提速一方面需要降低银行运营成本,更剑指对公大额存款的业务。

自从央行利率市场化改革以来,银行间利率差异加大导致部分银行储户存款流失更趋严重。因此,对公业务存款成为银行间存款大战争夺焦点。银行对公自助存款等业务量增长也将直接对银行业绩增长产生刺激。

根据 7 月降息后各家银行的反馈,可大致分为"三大梯队"——工、农、中、建、交"五大行"为第一梯队,其一年期定存上浮 3.25%~8.3%,其他执行央行基准利率;第二梯队为股份制银行,其一年期存款利率上调 3.3%~10%,其他等同"五大行";而第三梯队则为中小金融机构,其各类存款均"一浮到顶"。然而,部分银行对公业务存款利率则采用"协议价格",大额存款利率上浮已成为银行对应贷款的重要法宝。因此,不少银行近期对针对对公业务存款的便利化提速。(广州日报 2012 年 07 月 27 日)

随着中国人民银行降息,银行存贷款之战上演。银行为了吸收存款,对单位存款实行多种吸引措施,目的是增加揽储单位存款,增加银行的收益。从案例可以看出,各个银行对单位存款揽储方式的政策不同,优惠的政策成为银行吸收对公存款的法宝。

【知识准备】

1. 对公活期存款概念

人民币对公活期存款是指单位客户将人民币存款存入银行,不约定存期,随时可以支取的,商业银行按中国人民银行规定的活期存款利率计息的一种存款。

2. 对公活期存款种类

对公活期存款账户分为基本存款账户、一般存款账户、专用存款账户、临时存款账户、单位通知存款。

1)基本存款账户

基本存款账户是指存款人因办理日常转账结算和现金收付需要开立的银行结算账户,如工资、奖金等现金的支取,只能通过本账户办理。企业或单位只能在银行开立一个基本存款账户。开立单位活期存款账户,携带以下证明文件之一即可办理:①当地工商行政管理机关核发的《企业法人执照》或《营业执照》正本;②中央或地方编制委员会、人事、民政等部门的批文;③军队军以上、武警总队财务部门的开户证明;④单位对附设机构同意开户的证明;⑤驻地有权部门对外地常设机构的批文;⑥中国人民银行规定的其他文件。

2)一般存款账户

一般存款账户是指存款人因借款或其他结算需要,在基本存款账户开户银行以外的银行营业机构开立的银行结算账户。所需资料:①借款合同或借款借据;②其他结算需要的相关证明。

3)专用存款账户

专用存款账户是指存款人按照法律、行政法规和规章,对其特定用途资金进行专项管理和使用而开立的银行结算账户。所需资料:①经有权部门批准立项的文件;②银行规定的其他文件。

4）临时存款账户

临时存款账户是指存款人因临时需要并在规定期限内使用而开立的银行结算账户。所需资料：①当地工商行政管理机关核发的临时执照；②当地有权部门同意设立外来临时机构的批件。

利率：按中国人民银行公布的活期存款利率执行。

5）单位通知存款

单位通知存款不仅可以获得相对活期存款较高的利息收入，而且可以满足单位客户随时提取资金的需要。

在办理单位通知存款时不需约定存期，支取时需提前一天或七天通知开户银行，约定支取日期和金额后到期支取。单位通知存款的最低起存金额为 50 万元，最低支取金额为 10 万元。存款人需一次性存入，可以一次或分次支取。所需资料：当地工商行政管理机关核发的营业执照正（副）本或单位介绍信。开立单位通知存款账户时需预留印鉴，印鉴包括单位财务专用章，以及法定代表人或其授权的代理人的名章和财会人员名章。

【课堂讨论】

银行在开展对公活期存款时，对此业务进行了一定的规定，保证了业务开展的合理性。请分析下面的案例，讨论对公活期存款是否合适。

案例：某单位在某支行开立一般的存款账户，2004 年 6 月 6 日账户余额为 30 万元，给单位财务人员持预留的印鉴要求办理 25 万元的单位通知存款，银行为其办理了通知存款开户手续。7 月 3 日该单位电话通知将于 4 日支取通知存款 5 万元。7 月 4 日财务人员因故未到银行取款，5 日才支取该笔款项，银行为其办理支取手续并按一天通知存款利率 1.08%计付利息，请分析银行此笔业务处理得是否正确。

【拓展阅读】

人民币单位存款管理办法
1997 年 11 月 15 日

第一章 总 则

第一条 为加强单位存款的管理，规范金融机构的单位存款业务，根据《中华人民共和国中国人民银行法》《中华人民共和国商业银行法》及其他有关法律、行政法规制定本办法。

第二条 凡在中华人民共和国境内办理人民币单位存款业务的金融机构和参加人民币存款的单位，必须遵守本办法的规定。

第三条 本办法所称单位存款是指企业、事业、机关、部队和社会团体等单位在金融机构办理的人民币存款，包括定期存款、活期存款、通知存款、协定存款及经中国人民银行批准的其他存款。

第四条 中国人民银行负责金融机构单位存款业务的管理、监督和稽核工作，协调存款单位与金融机构的争议。

第五条 除经中国人民银行批准办理单位存款业务的金融机构外，其他任何单位和个人不得办理此项业务。

第六条 经批准的金融机构吸收单位存款应不超过中国人民银行核定的范围，同时遵守本办法的有关规定。

第七条 财政拨款、预算内资金及银行贷款不得作为单位定期存款存入金融机构。

第八条 任何单位和个人不得将公款以个人名义转为储蓄存款。

任何个人不得将私款以单位名义存入金融机构；任何单位不得将个人或其他单位的款项以本单位名义存入金融机构。

第二章 单位定期存款及计息

第九条 单位定期存款的期限分 3 个月、半年、1 年共 3 个档次。起存金额 1 万元，多存不限。

第十条 金融机构对单位定期存款实行账户管理（大额可转让定期存款除外）。存款时单位须提交开户申请书、营业执照正本等，并预留印鉴。印鉴应包括单位财务专用章、单位法定代表人章（或主要负责人印章）和财会人员章。由接受存款的金融机构给存款单位开出"单位定期存款开户证实书"（以下简称"证实书"），证实书仅对存款单位开户证实，不得作为质押的权利凭证。

第十一条 存款单位支取定期存款只能以转账方式将存款转入其基本存款账户，不得将定期存款用于结算或从定期存款账户中提取现金。支取定期存款时，须出具证实书并提供预留印鉴，存款所在金融机构审核无误后为其办理支取手续，同时收回证实书。

第十二条 单位定期存款在存期内按存款存入日挂牌公告的定期存款利率计付利息，遇利率调整，不分段计息。

第十三条 单位定期存款可以全部或部分提前支取，但只能提前支取一次。

全部提前支取的，按支取日挂牌公告的活期存款利率计息；部分提前支取的，提前支取的部分按支取日挂牌公告的活期存款利率计息，其余部分如不低于起存金额由金融机构按原存期开具新的证实书，按原存款开户日挂牌公告的同档次定期存款利率计息；不足起存金额则予以清户。

第十四条 单位定期存款到期不取，逾期部分按支取日挂牌公告的活期存款利率计付利息。

第十五条 金融机构办理大额可转让定期存单业务按照《大额可转让定期存单管理办法》执行。

第三章 单位活期存款、通知存款、协定存款及计息

第十六条 金融机构对单位活期存款实行账户管理。金融机构和开立活期存款账户的单位必须遵守《银行账户管理办法》。

第十七条 单位活期存款按结息日挂牌公告的活期存款利率计息，遇利率调整不分段计息。

第十八条 金融机构开办单位通知存款须经中国人民银行批准，并遵守经中国人民银行核准的通知存款章程。通知存款按支取日挂牌公告的同期同档次通知存款利率计息。

第十九条 金融机构开办协定存款须经中国人民银行批准，并遵守经中国人民银行核准的协定存款章程。协定存款利率由中国人民银行确定并公布。

第四章 单位存款的变更、挂失及查询

第二十条 因存款单位人事变动，需要更换单位法定代表人章（或单位负责人章）或财会人员印章时，必须持单位公函及经办人身份证件向存款所在金融机构办理更换印鉴手续，如为单位定期存款，应同时出示金融机构为其开具的证实书。

第二十一条 因存款单位机构合并或分立，其定期存款需要过户或分户，必须持原单位公函、工商部门的变更、注销或设立登记证明及新印鉴（分户时还须提供双方同意的存款分户协定）等有关证件向存款所在金融机构办理过户或分户手续，由金融机构换发新证实书。

第二十二条 存款单位的密码失密或印鉴遗失、损毁，必须持单位公函，向存款所在金融机构申请挂失。金融机构受理挂失后，挂失生效。如存款在挂失生效前已被人按规定手续支取，金融机构不负赔偿责任。

第二十三条 存款单位迁移时，其定期存款如未到期转移，应办理提前支取手续，按支取日挂牌公布的活期利率一次性结清。

第二十四条 金融机构应对存款单位的存款保密，有权拒绝除法律、行政法规另有规定以外的任何单位或个人查询；有权拒绝除法律另有规定以外的任何单位冻结、扣划。

第五章 法律责任

第二十五条 未经中国人民银行批准，擅自开办单位存款业务的单位或个人，按照《中华人民共和国商业银行法》第七十九条予以处罚。

第二十六条 商业银行违反国家利率政策提高或降低利率以及采用其他不正当手段吸收存款，或者超范围吸收单位存款的，按照《中华人民共和国商业银行法》第七十五条、第七十六条及《中国人民银行利率管理规定》的有关条款予以处罚。

第二十七条 商业银行违反本办法第十一条规定，为存款单位支付现金的，或办理活期存款业务时违反《银行账户管理办法》的，按照《现金管理暂行条例》《大额现金支付登记备案制度》《关于大额现金支付管理的通知》及《银行账户管理办法》的有关规定予以处罚。

第二十八条 商业银行违反本办法第二十四条规定，泄漏存款单位的存款情况或未经法定程序代为查询、冻结、扣划单位存款的，按照《中华人民共和国商业银行法》第七十三条予以处罚。

第二十九条 非银行金融机构违反本办法规定的，按有关法律法规及金融管理规定予以处罚。

第三十条 对处罚决定不服的，当事人可以依照《行政复议条例》的规定申请复议。对复议决定不服的，当事人可以依照《中华人民共和国行政诉讼法》的规定向人民法院提起诉讼。

第六章 附 则

第三十一条 本办法由中国人民银行负责解释。

第三十二条 本办法从发布之日起执行。中国人民银行1982年制订的《单位定期存款暂行办法》（银发〔1982〕165号）同时废止。

5.2 对公定期存款业务

【导入案例】

信用证存单质押凶猛　银行揽存对公存款占大头

又到月末季末，银行业新一轮存款保卫行动激战正酣。不过与以往不同，在理财销售监管和资金流向民间借贷等多重因素影响下，本月银行业普遍对存款增长不乐观。在此情况下，除了继续冲刺储蓄业务外，联合企业、反复杠杆操作对公业务成为近期保卫存款的主要工具，比如存单质押贷款、票据贴现、开信用证等，存贷款规模由此迅速放大。

2011年9月28日，利息继续飙升，上海某银行已开出了资金规模2亿元（可拆解筹集），30日当天日息4‰的新高，年化高达144%，这意味着30日如果有客户愿意拿1000万元资金加入这个2亿总额的投资，就可以拿到4万元的利息。这还不包括需要支付给中介公司的成本，相比1年期存款基本利率3.5%，存款争夺之激烈可见一斑。

不过，银行存款冲规模从来不是靠储蓄为救世主，对公存款才是大头。据了解，在该行的存款规模中，储蓄存款只占到不足20%，而本月末做大存款的方式，就是联合企业，通过贴现、信用证、存单质押贷款等方式，将存款规模成倍放大。

比如存单质押贷款，客户在银行有一笔1000万元的存款，银行让客户利用存单质押，再贷出一笔800万元款项，资金继续存放在银行，从而原来只有1000万元存款，现在则有800万元贷款和1800万元存款，继续抵押，则继续放大。

贴现类似，银行可以让客户存入一定比例保证金（月末一般是全额保证金）申请承兑汇票，然后让关联企业贴现，银行多出一笔贷款，然后贴现获得的资金继续存放在银行，从而存款规模也放大。不过，由于这类业务一般没有真实业务背景支撑，风险较大。

从新闻报道可以看出，银行在季末一般都会揽储，而银行揽储最重要的部分是对公存款，银行甚至和企业相互协作，通过杠杆交易，扩大对公存贷款规模，增加银行的贷款和存款量，完成上级交给的任务，不过，在这个过程中，银行和企业都存在风险。

【知识准备】

1. 对公定期存款内涵

对公定期存款是存款人将合法拥有的在一段时间内闲置的资金，按约定的存期和中国人民银行公布的定期存款利率存入银行，存款到期后支付本息。

对公定期存款期限分为1个月、3个月、半年、1年、2年、3年、5年这7个档次，在存期内按存入日挂牌公告的定期存款利率计付利息，遇利率调整，不分段计息。具体利率参见《本外币存贷款利率表》。起存金额1万元，多存不限。

2. 对公定期存款条件

办理定期存款需提交以下资料。

（1）营业执照正本及复印件。

（2）法人身份证件原件及复印件，如代办还需授权委托书、代办人身份证件原件及复印件。

（3）基本存款账户开户许可证。

（4）填写一式三联《开立单位银行结算账户申请书》，并加盖公章、预留印鉴。

单位定期存款可全部或部分提前支取，但只能部分提前支取一次，支取时只能以转账方式将存款转入其基本存款账户，不得将定期存款用于结算或从定期存款账户中提取现金。

3. 对公定期存款账户管理

商业银行对单位定期存款实行账户管理（大额可转让定期存款除外）。存款时单位须提交开户申请书、营业执照正本等，并预留印鉴。印鉴应包括单位财务专用章、单位法定代表人章（或主要负责人印章）和财会人员章。由接受存款的商业银行给存款单位开出"单位定期存款开户证实书"（以下简称"证实书"），证实书仅对存款单位开户证实，不得作为质押的权利凭证。

存款单位支取定期存款只能以转账方式将存款转入其基本存款账户，不得将定期存款用于结算或从定期存款账户中提取现金。支取定期存款时，须出具证实书，支取完毕，银行收回证实书。

4. 单位定期存款支取

单位定期存款可以全部或部分提前支取，但只能提前支取一次。全部提前支取的，按支取日挂牌公告的活期存款利率计息；部分提前支取的，提前支取的部分按支取日挂牌公告的活期存款利率计息，其余部分如不低于起存金额由商业银行按原存期开具新的证实书，按原存款开户日挂牌公告的同档次定期存款利率计息；不足起存金额则予以清户。单位定期存款到期不取，逾期部分按支取日挂牌公告的活期存款利率计付利息。商业银行办理大额可转让定期存单业务按照《大额可转让定期存单管理办法》执行。

【课堂讨论】

从对单位定期存款业务介绍中，我们了解了单位定期存款相关内容，如果给客户办理以下业务，该如何处理？

某企业2012年9月1日欲将其7月份存入银行的100万元一年定期存款做质押。

【拓展阅读】

中国邮政储蓄银行对公业务介绍

发布日期：2010-06-13

作为邮储银行获批后的准入业务，按照邮储银行"先期试点、防控风险、逐步推进"的总体安排，公司业务开办初期的业务范围是对公存款和对公结算业务。对公存款业务包括单位活期存款、定期存款、通知存款和协定存款。单位开立的活期账户包括基本存款账户、一般存款账户、专用存款账户和临时存款账户。对公结算业务先期开办支票和汇兑业务，逐步增开本票、汇票、委托收款、托收承付、票据贴现、投资银行、对公理财等业务。另外，为了提升邮储银行的服务水平，为企事业单位提供便利的资金结算服务，近期，邮储银行还将开通企业网上银行服务。

公司业务产品介绍

1. 结算类账户

1）基本存款账户

基本存款账户是单位因办理日常转账结算和现金收付需要开立的银行结算账户；基本户一般为单位的支出户。

基本存款账户是单位的主办账户。单位日常经营活动的资金收付及其工资、奖金和现金的支取，应通过该账户办理。

基本存款账户的开立、变更、撤销应通过中国人民银行行政许可。

2）一般存款账户

一般存款账户是单位因结算需要，在基本户开户银行以外的银行营业机构开立的银行结算账户；一般户多为单位经营收入户。

基本存款账户与一般存款账户不得开立在同一个营业机构。

该账户可以办理现金缴存，但不得办理现金支取。

单位账户多为基本户和一般户两种账户。

3）专用存款账户

专用存款账户是单位对其特定用途资金进行专项管理和使用而开立的银行结算账户。

对下列资金的管理与使用，单位可以申请开立专用存款账户：基本建设资金；更新改造资金；财政预算外资金；证券交易结算资金；信托基金；住房基金；社会保障基金；收入汇缴资金和业务支出资金；党、团、工会设在单位的组织机构经费；其他需要专项管理和使用的资金。

4）临时存款账户

临时存款账户是单位因临时需要并在规定期限内使用而开立的银行结算账户。

临时存款账户用于办理临时机构以及单位临时经营活动发生的资金收付。有下列情况的，单位可以申请开立临时存款账户。

（1）设立临时机构。

（2）异地临时经营活动。

（3）注册验资。

临时存款账户应根据有关开户证明文件确定的期限或单位的需要确定其有效期限。临时存款账户的有效期最长不得超过2年。

临时存款账户支取现金，应按照国家现金管理的规定办理。

单位申请开立基本户、临时户和预算单位开立专用账户实行核准制，须经人民银行核发开户登记证。

单位申请开立单位银行结算账户时，应出具相关证明材料及复印件（营业执照、组织机构代码证、税务登记证、法定代表人身份证件或负责人身份证件、代理人身份证件）。

2. 非结算类账户

单位办理非结算类业务，需先在银行开立结算账户，单位定期存款不接收现金业务。

1）单位协定存款

单位协定存款是指单位与经办行签订协定存款合同，约定基本存款额度，对基本存款账户或一般存款账户中超过额度的部分，按协定存款利率单独计息的一种存款。

协定存款按"一个账户、一个余额、多个结息积数、多种利率"的方式管理。

2）单位定期存款

单位定期存款是指单位预先规定存取时间的存款。

（1）起存金额为1万元，开"单位定期存款开户证实书"。

（2）存期：分3个月、半年、1年、2年、3年、5年共6个档次。

（3）支取：单位支取定期存款只能以转账方式将存款转入其基本账户，不得将定期存款用于结算或从定期存款账户中提取现金。支取时，须出具证实书，同时银行收回证实书。

3）单位通知存款

是指单位在存入款项时不约定存期，支取时需提前通知银行，约定支取存款日期和金额方能支取的存款。

（1）办理单位通知存款。起存金额为50万元，存款单位需一次性存入。

（2）品种。不论实际存期多长，按单位提前通知银行的期限长短，供其自由选择的有1天通知存款和7天通知存款两个品种。1天通知存款必须提前1天通知约定支取存款，7天通知存款必须提前7天通知约定支取存款。

（3）支取。可一次或分次支取，最低支取金额为10万元。

模块总结

本模块主要介绍对公存款业务，包括对公活期存款和对公定期存款两种类型。对公活期存款账户包括基本存款账户、一般存款账户、临时存款账户、专用存款账户，对不同的账户有不同的要求。对公定期存款账户期限有1个月、3个月、半年、1年、2年、3年、5年，对公定期存款账户可以提前支取一次，但结清时只能以转账方式结清存款。

课后练习

简答题

（1）对公存款包括哪些内容？

（2）对公活期存款账户有哪些类型，每一种类型各有什么特点？

（3）对公定期存款期限有哪些？对公定期存款有哪些特点？

情景题

学生分组进行活动。轮流以5人作为银行柜员，以5人作为单位办理定期存款的业务人员，其他人作为业务办理评判员，进行现场对公业务50万元的存款、100万元的贷款操作，了解学生对公业务知识掌握程度和银行柜员服务水平。

实验一 对公活期存款实验

1. 实验目的

（1）了解对公活期存款操作。

（2）进行对公活期存款开户操作。

（3）进行对公活期存款存取操作。

（4）进行对公活期存款转账操作。

（5）对公活期存款结清、销户操作。

2．实验工具

深圳国泰安银行综合柜面业务 CS5.0。

3．实验过程

1）对公活期存款开户

对公活期存款开户和个人活期存款开户类似，但也有很多不同的地方，私人存款可以用身份证等有效证件进行开户，而对公存款需要用营业执照进行开户。活期和定期存款的开户流程都是一样的，下面首先进行对公活期开户操作。

第一步，"开客户"。执行【客户系统】→【开客户】命令，或者直接输入 2100，如图 5.1 所示，在【ID 类别】栏选择【营业执照】，如图 5.2 所示，输入企业开户的营业执照（虚拟的）、客户名称（如本例的"国泰君安信息技术有限公司"）、地址、法人代表名称（本例王老五）、法人代表证件号码等必填项后，选择【提交】按钮，如图 5.3 所示，系统显示开客户成功对话框，提示客户号，本例客户号为 0006354262。

第二步，开户。执行【公共交易】→【存款业务】→【开户】命令，或者直接输入 1101，如图 5.4 所示，该界面和个人存款业务开户界面一致，唯一不同的是开户性质。【现转标志】栏提供 3 项选择：现金、转账、预开，本实验选择现金方式。

图 5.1 对公活期存款【开客户】栏目【ID 类别】栏界面

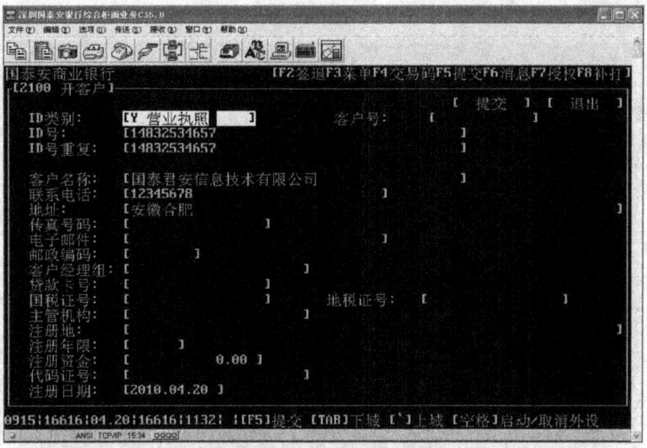

图 5.2 对公活期存款【开客户】栏目操作界面

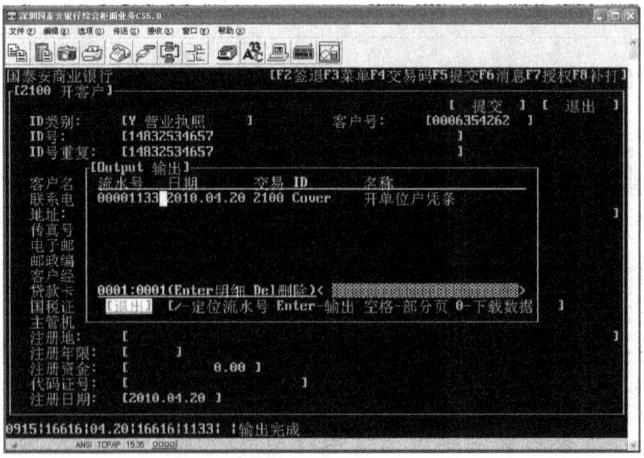

图5.3 对公活期存款【开客户】栏目操作成功界面

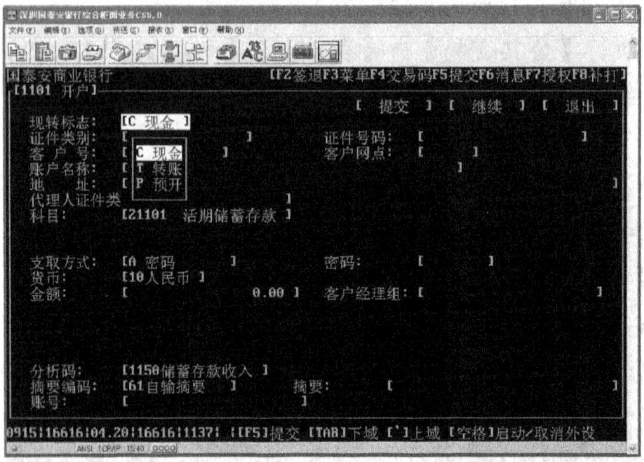

图5.4 对公活期存款【开户】栏目【现转标志】栏界面

选择【现转标志】选项后,在【证件类别】栏选择【对公客户号】选项,如图5.5所示。选择【对公客户号】选项后,输入在"开客户"步骤得到的客户号,按 Enter 键,系统自动显示账户名称、地址等信息,如图5.6所示。

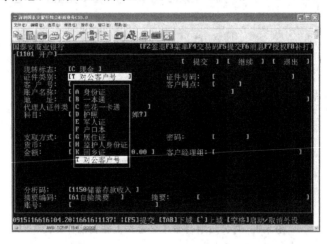

图5.5 对公活期存款【开户】栏目【证件类别】栏界面

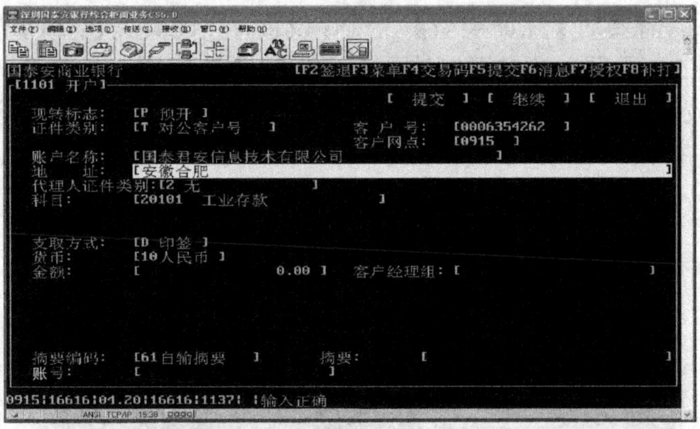

图 5.6　对公活期存款【开户】栏目【地址】栏界面

对公开户时,需要输入科目相关信息,如图 5.7 所示,客户开户的【科目】栏的选项有【工业存款】、【商业存款】、【建筑业存款】、【农业存款】等共 10 项,根据客户的需要,选择合适的存款选项,如本例选择【商业存款】选项。

图 5.7　对公活期存款【开户】栏目【科目】栏选项界面

选好科目后,就需要选择科目的性质了,【科目】栏后的账户【性质】栏共有 9 个选项,本例选择【基本账户】选项,如图 5.8 所示。

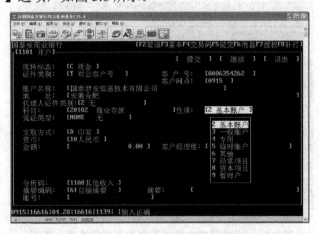

图 5.8　对公活期存款【开户】栏目【性质】栏选项界面

选择科目性质后，需要对【凭证类型】栏进行设置，凭证类型包括两个选项：【无】和【普通存折】选项，如图 5.9 所示。客户可以选择合适的选项决定账户的性质，如本例选择"无"，如图 5.10 所示。完成凭证类型设置后，还需要对支取方式、货币、金额等进行设置，设置完成后，选择【提交】按钮或者按 F5 键，显示客户开户成功界面，如图 5.11 所示。

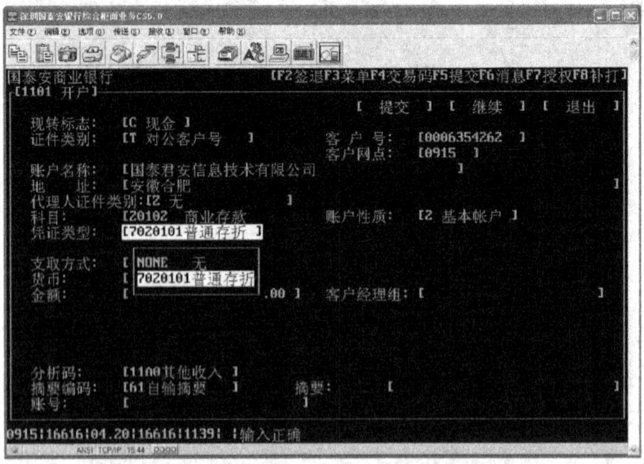

图 5.9　对公活期存款【开户】栏目【凭证类型】栏选项界面

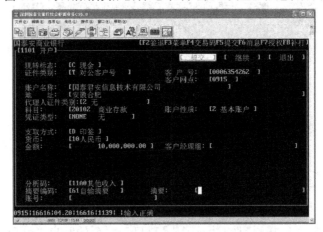

图 5.10　对公活期存款【开户】栏目信息界面

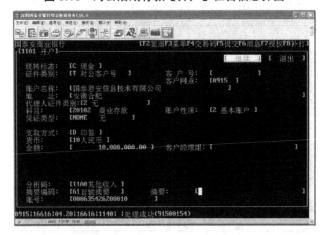

图 5.11　对公活期存款【开户】栏目操作成功界面

2)活期存款

在单位进行开户的时候,就可以存入一定的金额,如图 5.11 所示,单位在开户的时候已经存入 1000 万元人民币,当然,也可以开户后存入一定的金额。本实验是存入一定的活期存款,如存入 2000 万元人民币活期存款。

进入国泰安银行综合柜面业务软件,执行【公共交易】→【存款业务】→【存款】命令,或者直接输入 1102,如图 5.12 所示,根据前面开户步骤中选择的凭证类型,此处凭证类型为无。

图 5.12 对公活期存款【凭证类型】栏选项界面

完成凭证类型选择后,如图 5.13 所示,需要柜员输入账号/卡号,根据前一个步骤得到的账号信息,输入客户账号,系统自动显示该账号的客户信息,如图 5.14 所示。选择币种,可供选择的币种有人民币、港币、英镑、美元、欧元、日元,本实验选择人民币,如图 5.15 所示。完成币种选择后,按 Enter 键,输入需要存入的金额,本实验存入金额为 2000 万,如图 5.16 所示。

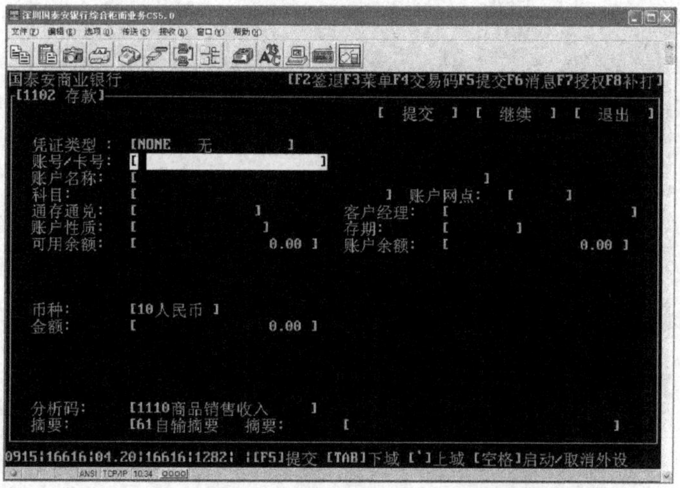

图 5.13 对公活期存款【账号/卡号】栏信息输入界面

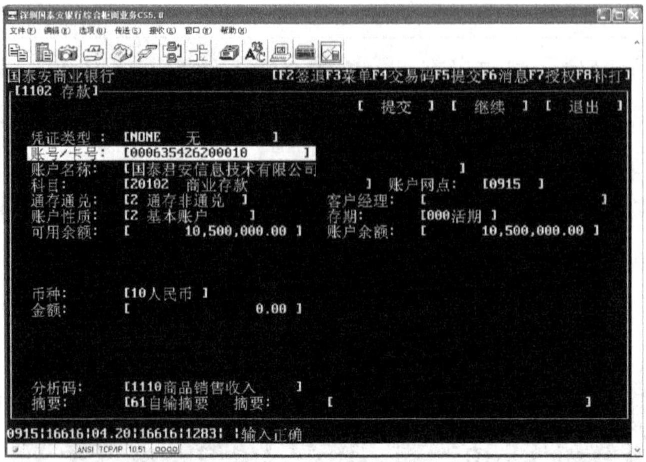

图 5.14 对公活期存款【账号/卡号】信息显示界面

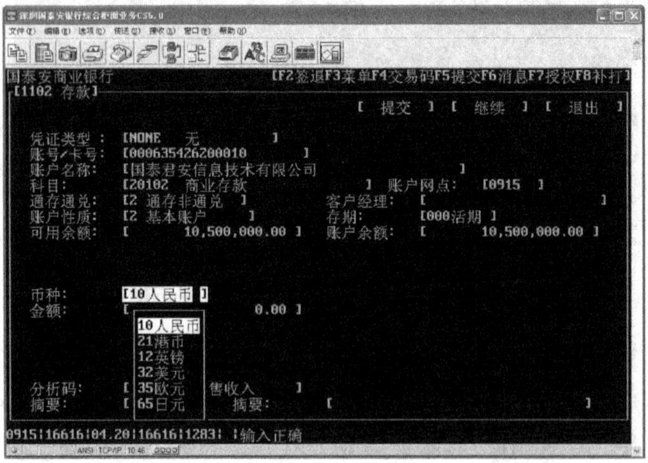

图 5.15 对公活期存款【币种】选择界面

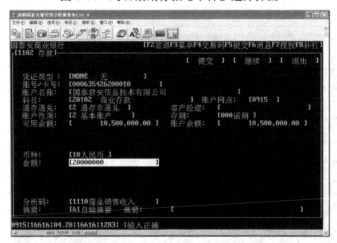

图 5.16 对公活期存款【金额】输入界面

完成金额信息输入后，按 Enter 键或者按 F5 键，如图 5.17 所示，系统提示活期存款操作完成。

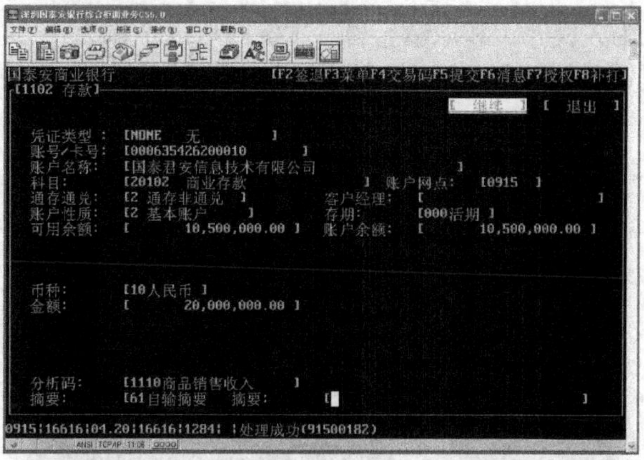

图 5.17 对公活期存款操作成功界面

3）取款

综合柜台可以办理对公取款操作。进入国泰安银行综合柜面业务软件，执行【公共交易】→【存款业务】→【取款】命令，或者直接输入 1103，如图 5.18 所示。

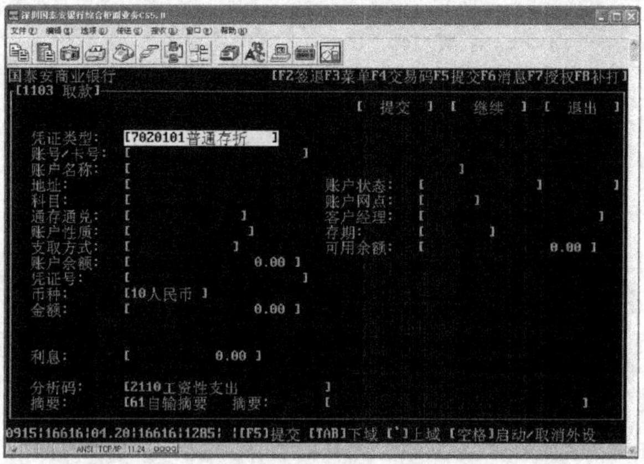

图 5.18 对公活期存款【取款】栏目界面

【取款】栏目界面上的凭证类型、账号/卡号信息输入和【存款】栏目界面操作一样，设置凭证类别和账号/卡号信息后，按 Enter 键，如图 5.19 所示。从界面可以看出，"国泰君安信息技术有限公司"的活期存款账户共有 3050 万元商业存款，客户可以在此范围内取款。

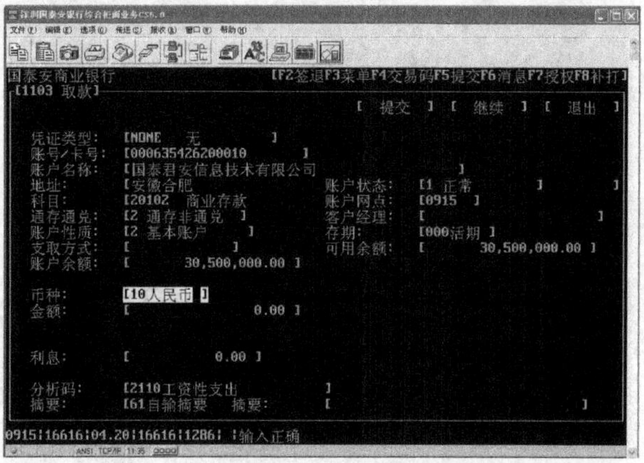

图 5.19 对公活期存款【取款】栏目信息显示界面

设置币种（本实验为人民币）和取款金额，本实验取款金额为 1000 万元人民币，如图 5.20 所示，系统自动弹出【证件类型】、【证件号】等栏，需要柜员输入相关信息。

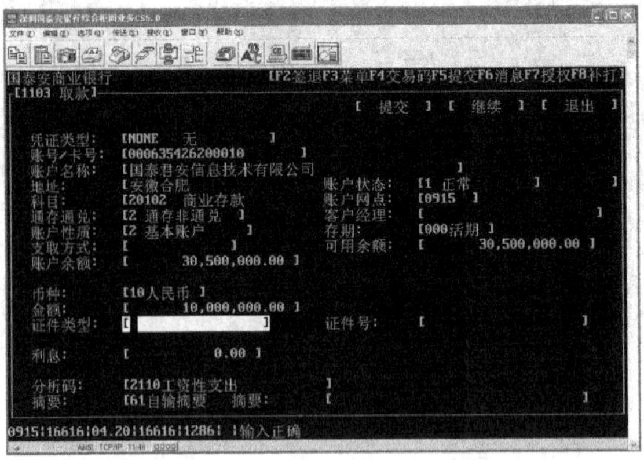

图 5.20 对公活期存款【取款】栏目选择证件类型界面

【证件类型】栏共有 10 个选项供选择，本实验选择【营业执照】选项，如图 5.21 所示。

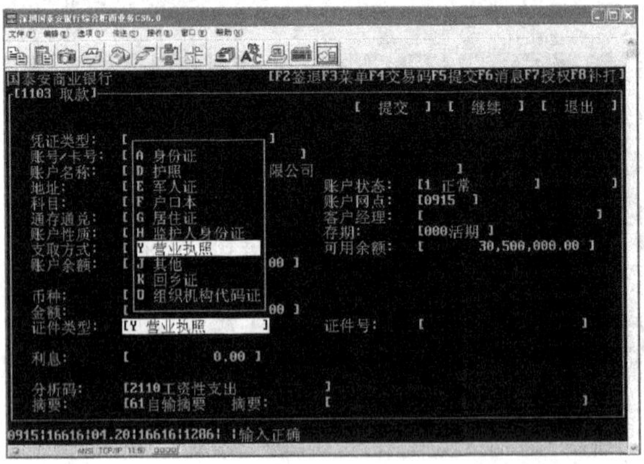

图 5.21 对公活期存款【取款】栏目【证件类型】栏选项界面

选择证件类型为"营业执照"后，在【证件号】栏输入证件号（可以输入虚拟的证件号），输入完成后，按 Enter 键，如图 5.22 所示，系统提供 10 个分析码选项供用户选择，本实验选择的是【工作性支出】选项。

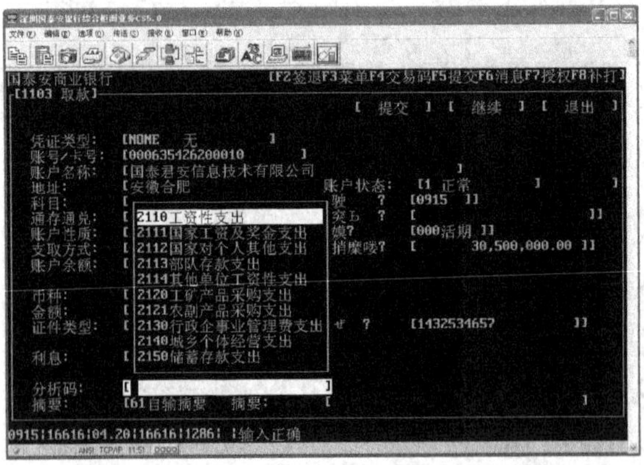

图 5.22 对公活期存款【分析码】栏选择界面

填写相应的信息后，选择【提交】按钮或者按 F5 键，如图 5.23 所示。授权成功后，系统提示对公活期存款取款成功，如图 5.24 所示。

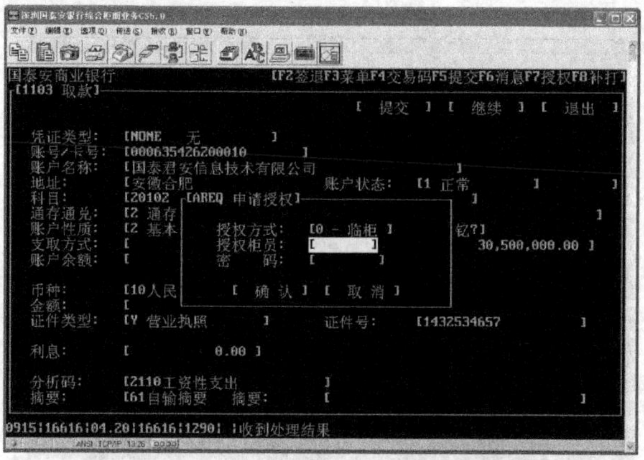

图 5.23 对公活期存款取款申请授权界面

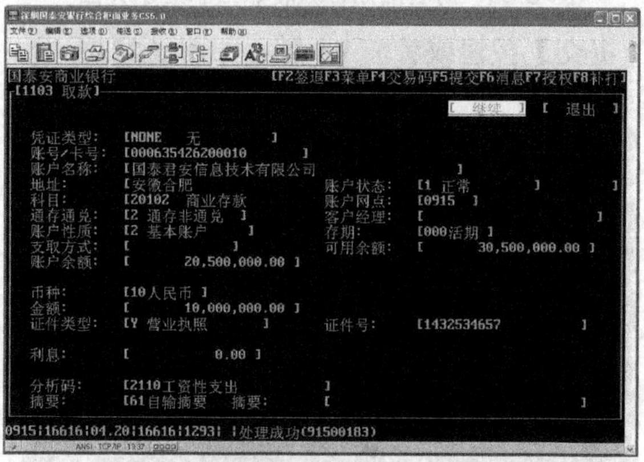

图 5.24 对公活期存款取款成功提示界面

4）活期存款转账

银行柜员可以为对公活期存款办理转账业务。

进入国泰安银行综合业务系统，执行【公共交易】→【存款业务】→【转账】命令，或者直接输入 1104，如图 5.25 所示，界面上方要求输入的是转出账号信息，下方要求输入的是转入账号信息。

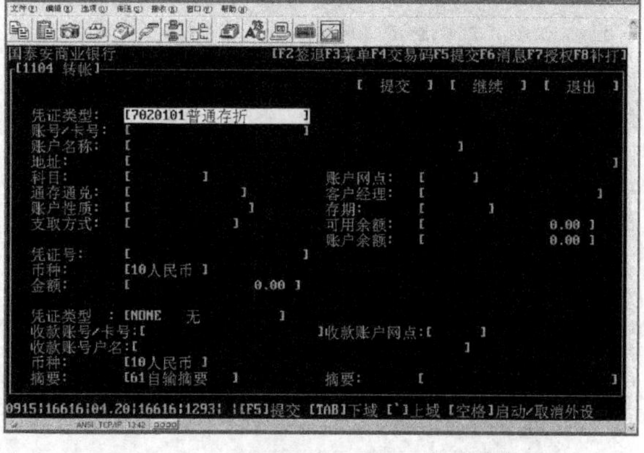

图 5.25 对公活期存款业务转账界面

转出账号信息的填写和前面的取款信息填写相似，本实验选择转出账号为"国泰君安信息技术有限公司"，转账金额为 500 万，如图 5.26 所示。在【收款账号/卡号】栏输入需要转入的账号信息。

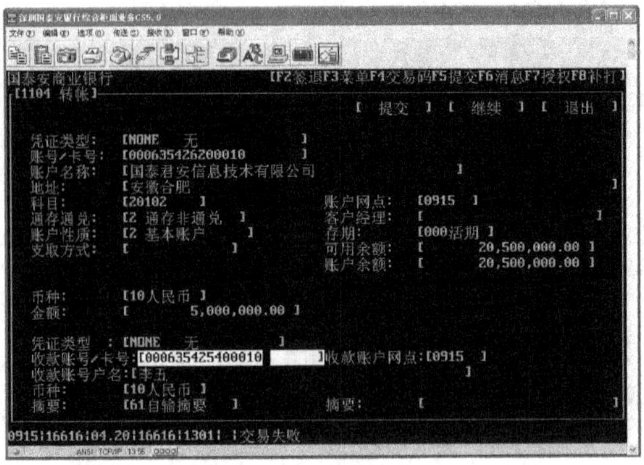

图 5.26　对公活期存款转账信息显示界面

输入信息后，选择【提交】按钮或者按 F5 键，如图 5.27 所示，提示对公和对私不能互转，需要修改账号性质。

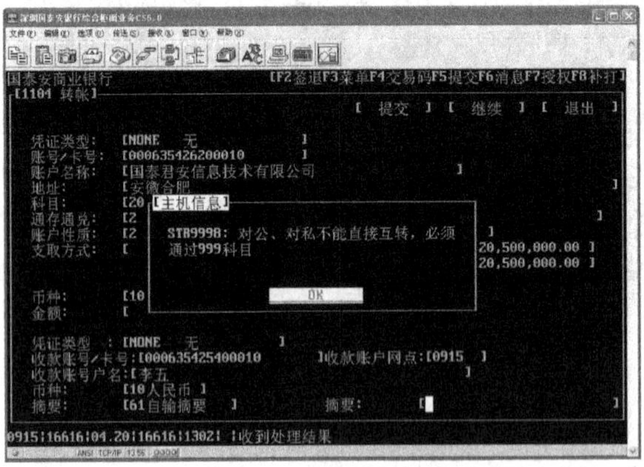

图 5.27　对公活期存款转账出错提示界面

输入单位的收款账号，如图 5.28 所示，选择对公存款账户，按 F5 键，如图 5.29 所示，输入能够授权的柜员的柜员号和密码，如图 5.30 所示，完成授权。

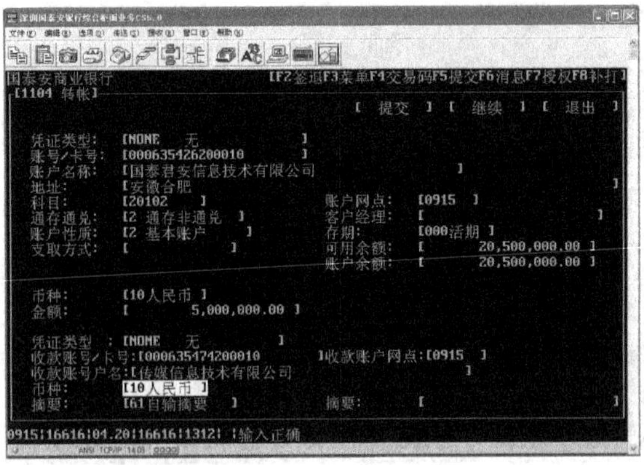

图 5.28　对公活期存款【转账】栏目单位收款账号信息界面

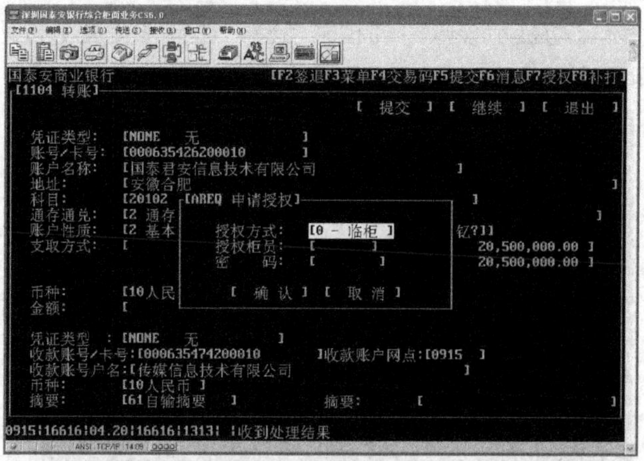

图 5.29　对公活期存款转账申请授权界面

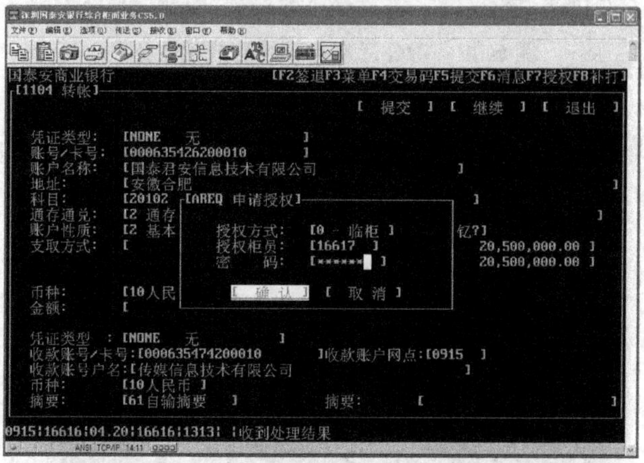

图 5.30　对公活期存款转账授权确认界面

5）活期存款结息

活期存款结息是指银行在规定时间给客户账户的活期存款计算利息。进入国泰安银行综合业务软件，执行【公共交易】→【存款业务】→【结息】命令，或者直接输入1109，如图5.31所示。

图 5.31　对公活期存款【结息】栏目界面

输入单位账号,系统自动显示该账号的相关信息,选择【提交】按钮或者按 F5 键,系统显示结息成功界面,如图 5.32 所示。

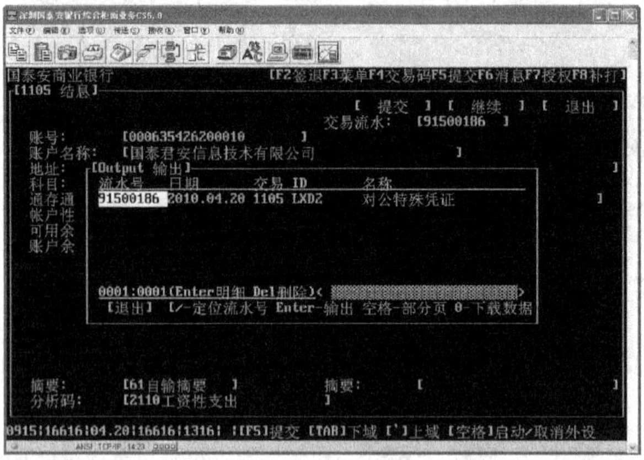

图 5.32 对公活期存款结息成功界面

6)销户

当企业终止对公活期存款账户时,需要银行柜员进行销户操作。执行【公共交易】→【存款业务】→【销户】命令,如图 5.33 所示,选择相应的选项,如图 5.34 所示,选择【提交】按钮或者按 F5 键,完成账号销户操作。

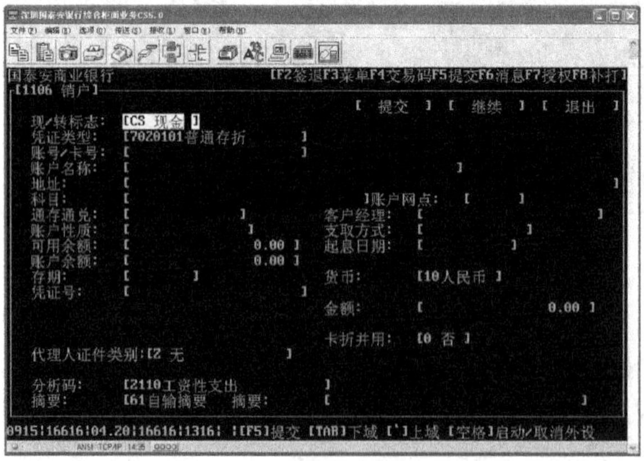

图 5.33 对公活期存款【销户】栏目界面

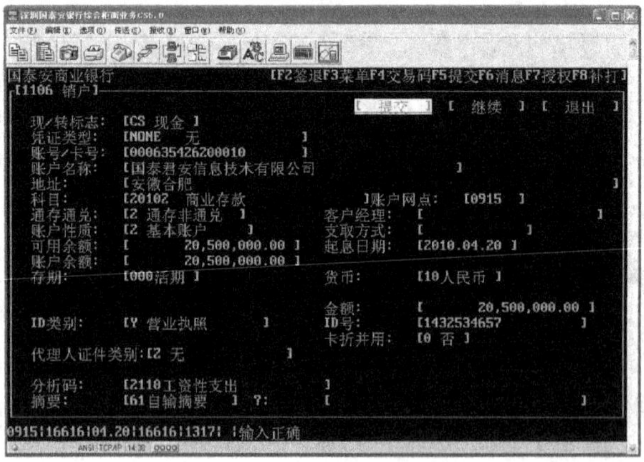

图 5.34 对公活期存款【销户】栏目信息输入界面

4．实验报告

撰写实验报告，包括实验概述、实验目的、实验工具、实验过程等部分，完成表 5-1。

表 5-1　实验一操作记录

单位名称		营业执照	
账号		开户时间	
活期存款时间		存款金额	
取款时间		取款金额	
转账时间		转账金额	
结息时间		结息金额	
销户时间			
备注			

5．思考练习

（1）对公存款与个人存款有什么区别？

（2）对公活期存款为什么要开客户号，实际生活中是如何开户的？

（3）单位客户为什么要用印鉴呢？

（4）完成以"计算机有限公司"为名称的单位开户，并存入 5 千万的活期存款，撰写实验报告。

实验二　对公定期存款实验

1．实验目的

（1）了解和进行对公定期存款的开户。

（2）了解和进行对公定期存款存取现金。

（3）了解和进行对公定期存款结清操作。

（4）了解和进行对公定期存款销户操作。

2．实验工具

深圳国泰安银行综合柜面业务 CS5.0。

3．实验过程

1）开户存款

对公定期存款的开户步骤和对公活期存款的开户步骤一样，首先要开客户号，在深圳国泰安银行综合柜面业务 CS5.0 上进行操作，详见"模块五　实验一　对公活期存款实验"上的实验过程"1）对公活期存款开户"部分。

对公定期存款和对公活期存款的区别在于开户，我们以实验一的"国泰君安信息技术有限公司"办理定期存款为例说明对公定期存款开户操作，如图 5.35 所示。

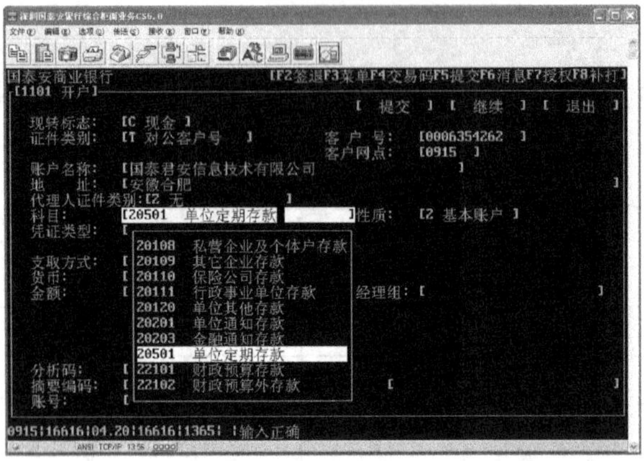

图 5.35 对公定期存款【开户】栏目【科目】栏选择界面

与活期存款开户不同的是，在【科目】栏需要通过↑和↓键来选择【单位定期存款】选项，按 Enter 键，如图 5.36 所示。

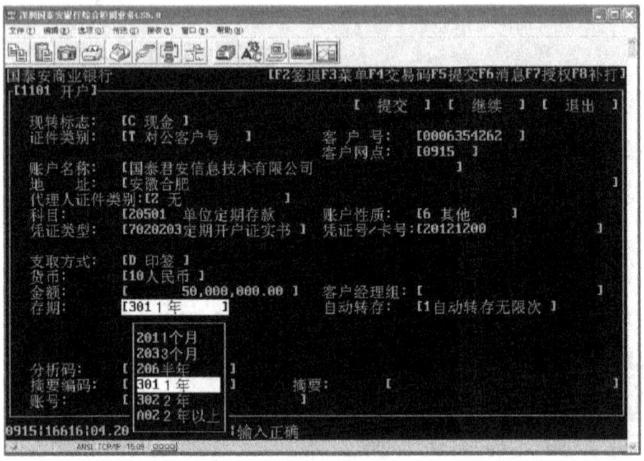

图 5.36 对公定期存款【开户】栏目【存期】栏选择界面

在【凭证号/卡号】栏随意填写一个号码，设置币种（币种有【人民币】、【港币】、【英镑】、【美元】、【欧元】、【日元】等选项）、存款金额（5 千万元）、存期（1 年）后，选择【提交】按钮或者按 F5 键，系统提示输入的凭证号有误，并提示正确的凭证号，如图 5.37 所示。重新输入凭证号后，系统进入打印界面，如图 5.38 所示。

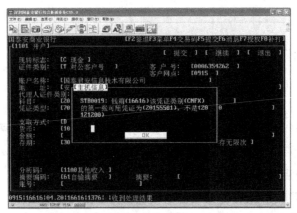

图 5.37 对公定期存款【开户】栏目凭证号错误提示界面

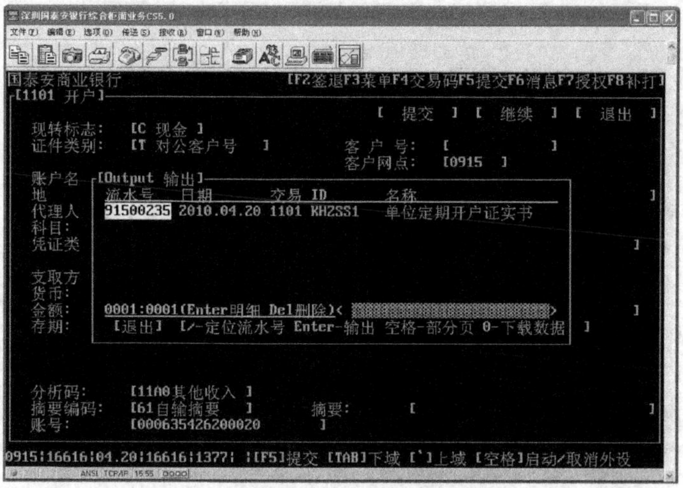

图 5.38 对公定期存款【开户】栏目打印界面

2）提前支取

根据商业银行的相关规定，对公定期存款只能一次性存入本金，可以提前支取，但只能支取一次，并且对公定期存款在支取时，必须是以转账的方式，同时更换定期存款的凭证。进入国泰安银行综合柜面业务 CS5.0，如图 5.39 所示，在【凭证类型】栏选择【定期开户证实书】选项，【账户名称】栏输入"国泰君安信息技术有限公司"，系统自动显示该账号的相关信息，在【凭证号】栏输入凭证号，【新凭证号】栏输入凭证号（若输入错误，系统会提示正确的凭证号）。在【金额】栏输入需要提前支取的金额。选择收款账号，户名为传媒信息技术有限公司。

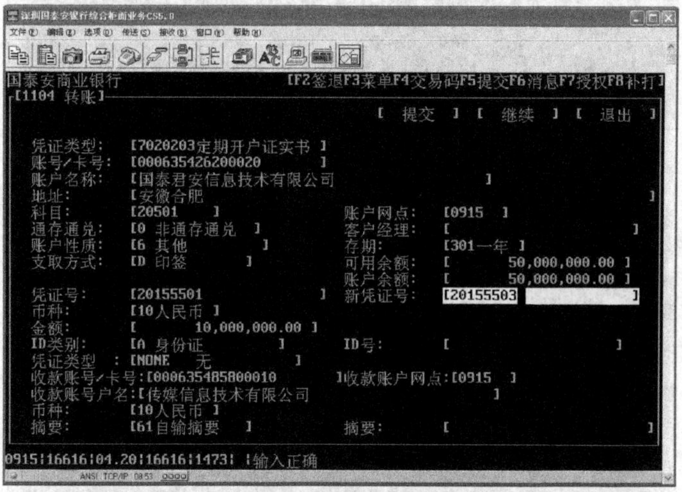

图 5.39 对公定期存款提前支取【转账】栏目界面

完成信息输入后，选择【提交】按钮，系统提示需要授权，如图 5.40 所示，柜员自己不能给自己授权，如图 5.41、图 5.42 所示，系统提示该柜员不具有授权资格，需要有授权的柜员才能授权，如图 5.43 所示，在具有授权的柜员授权后，显示定期存款支取打印界面，如图 5.44 所示。

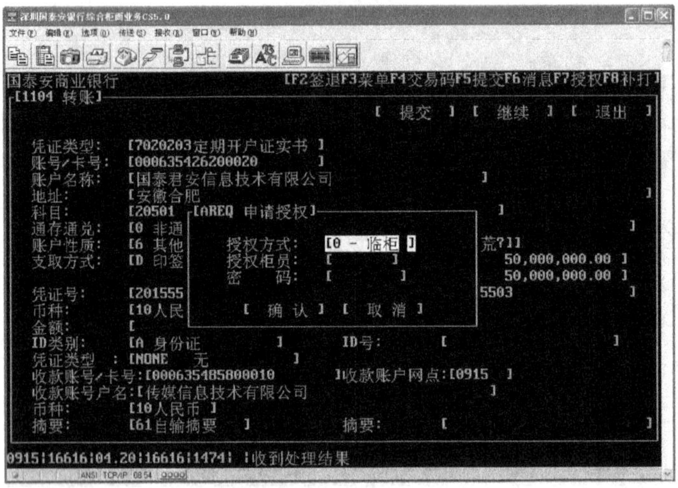

图 5.40 对公定期存款提前支取申请授权界面

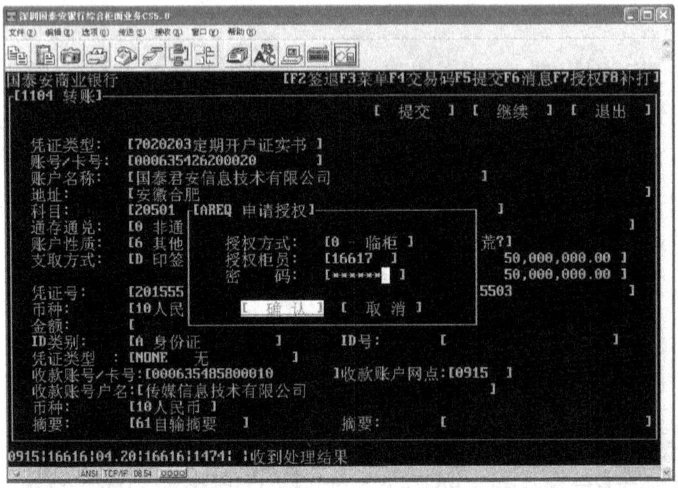

图 5.41 对公定期存款提前支取输入授权界面

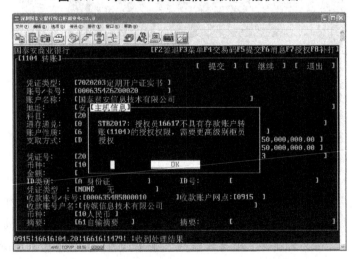

图 5.42 对公定期存款提前支取授权出错提示界面

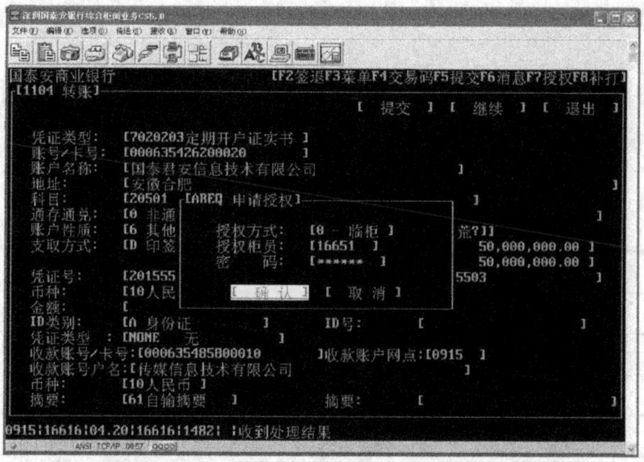

图 5.43 对公定期存款提前支取授权确认界面

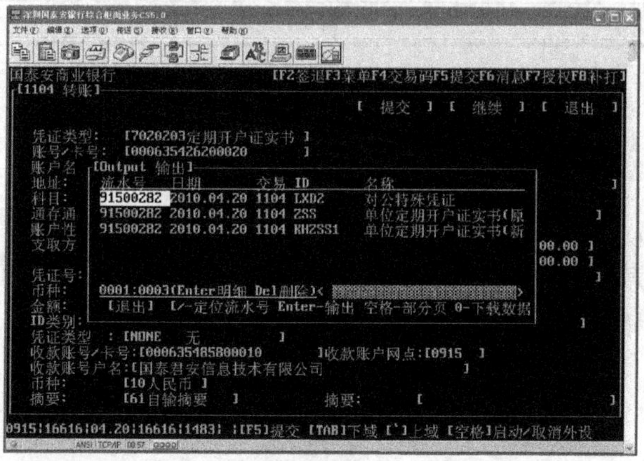

图 5.44 对公定期存款提前支取操作成功界面

3）销户

定期存款到期后，如果续转存的，需要提取出来，利随本清。定期存款销户操作：进入国泰安银行综合柜面业务 CS5.0，输入需要结息的账号（本部分账户名称为国泰君安信息技术有限公司），按 Enter 键后系统自动显示该账号信息，如图 5.45 所示。系统默认的摘要是"自输摘要"，并自动匹配利率，选择【提交】按钮，完成销户操作。

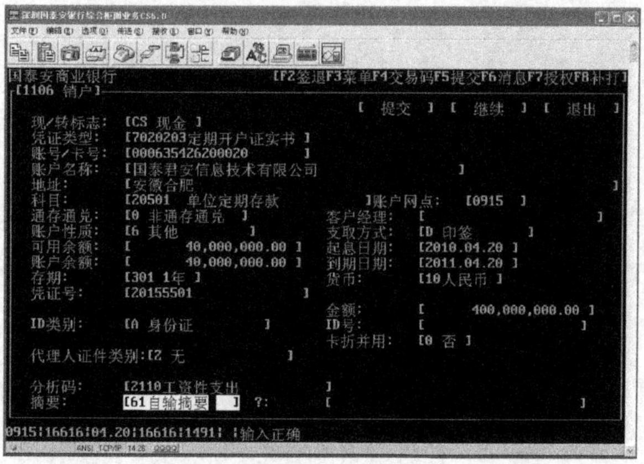

图 5.45 对公定期存款提前支取操作成功界面

4. 实验报告

撰写实验报告，要求对实验的过程进行详细的描述，包括实验概述、实验工具、实验目的、实验过程等部分，完成表 5-2。

表 5-2　实验二操作记录

客户名称		对公客户号	
开户时间		定期存款账户	
存款期限		存款金额	
凭证号		提前支取时间	
支取金额		销户时间	
实验总结			
实验备注			
实验者签名		指导老师签名	

5. 思考练习

（1）完成以"中国对外贸易进出口公司"为单位的定期存款开客户操作，并完成对该客户活期存款开户操作。

（2）进行存入 1000 万元的人民币定期存款 6 个月的开户操作。

（3）进行对定期存款提前支取 5 百万操作。

（4）进行定期存款销户操作。

模块六

外汇业务

WAIHUI YEWU

【知识目标】

(1) 了解外汇业务的内涵。
(2) 了解银行开展外汇业务的种类。
(3) 了解外汇业务的适用范围。
(4) 了解外汇业务与本币业务的区别和联系。

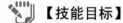【技能目标】

掌握外汇业务的操作。

6.1 外汇业务概述

【导入案例】

外汇风险大 步步需谨慎

银行客户 W 原系德籍华人,在德国工作了几十年后,于 2005 年 1 月回到上海定居,他的养老金每月由德国某邮政储蓄部以支票方式汇付,养老金数额为 1000 美元左右,按当时的美元与人民币牌价,折合约 8200 元人民币,老人在世时,由于丧失正常的劳动能力,不能亲自到银行办理支票托收,每次均由其家人携带图章和身份证到银行办理支票托收并支取美元现金。

2007 年 5 月老人去世,但其家属并未将老人病逝证明提供给德国有关当局,致使对方仍然每月签署支票寄到上海,从 2007 年 6 月到 2009 年 7 月共计寄付 26 张支票,合计 26000 美元,按当时的牌价,折合人民币 225420 元,W 家属在未向有关当局提供 W 病逝证明的情况下,在收到上述支票后,仍每月持其证件、图章及代理人证件到银行办理委托收,作为出票方的德国某邮政总局储蓄部,在 2007 和 2008 年寄过签名信,但被 W 亲属退回,但德方并未因此而停止寄送支票。

2009 年 1 月下旬,德方驻上海领事馆官员约见 W 家属,才知道 W 已经病逝,2009 年 6 月,领事馆再次约见 W 家属,并要求提供户口簿等资料,之后,德国方面再也没有寄过支票。2012 年 3 月,德国有关当局通过德国邮政总局储蓄部,将 W 户口簿复印件及 26 张美元支票提供给美国支票代收银行,同时要求该行贷记 26000 美元于其账户,美国支票代收行将 26 张支票退托收行后,同时借记该托收账户,退票理由为"背书伪冒",托收行接到退票通知后,立即向收款人追索,但收款人称因时隔久远,所得的支票款早已由家属分用,还款十分困难,银行在款项无法追回的情况下,向法院起诉收款人,经法院调解,视收款人困难,银行对收款人作适当让步,2012 年 W 家属一次性偿还人民币 10 万元,银行承担诉讼费用 3000 元,加上汇率因素,银行损失达 64000 元。

从上面的案例你想到了什么?外汇业务不像人民币业务,需要经过汇率的变化,由于中国实行的是有管理的浮动汇率制度,因此外汇业务存在很大的风险。

【知识准备】

外汇业务是商业银行开展的业务之一,这项业务的主要内容是以外币为服务对象,外汇业务有:外汇存款、外汇贷款、外汇汇款、国际结算和结售汇业务等。

6.2 外汇业务类型

【知识准备】

1. 外汇存款

外汇存款包括对公外汇存款和外币储蓄存款。外汇存款利率应遵守中国人民银行有关利率的规定。此业务项下不包含离岸业务。

对公外汇存款是指银行吸收境内依法设立的机构、驻华机构和境外机构外汇资金的业务。

外币储蓄存款是指银行吸收自然人外汇资金的业务。

2. 外汇贷款

外汇贷款包括境内外汇贷款和境外外汇贷款。

境内外汇贷款：是指银行对境内依法设立的机构和具有中国国籍的有完全民事行为能力的自然人发放的外汇贷款以及外国政府、国际金融组织转贷款和进出口信贷。银行发放境内外汇贷款的利率应遵守中国人民银行有关利率的规定。

境外外汇贷款：是指银行对境外机构和我国在境外注册机构发放的外汇贷款和进出口信贷。银行发放境外外汇贷款须经国家外汇管理局及其分局审批。利率应依照国际金融市场利率水平。银行发放境内、境外外汇贷款应遵守《中华人民共和国商业银行法》及其有关规定。此业务项下不包含离岸业务。

3. 外汇汇款

外汇汇款是指银行利用结算工具将客户的外汇资金汇入客户指定的账户或解付汇入的外汇资金。此业务项下不包含离岸业务。

4. 外币兑换

外币兑换是指银行和银行设立的外币兑换分支机构办理的自然人、驻华机构在非贸易项下的人民币与外币的兑换。

此项业务中"外币"包括外币现钞、现汇存款、外币支票、外币信用卡、旅行支票、旅行信用证等。

以人民币汇价套算的两种外币的兑换应视为两次外币兑换。

5. 外汇同业拆借

外汇同业拆借是指金融机构间临时调剂外汇头寸余缺的借贷行为，包括境内外汇同业拆借和境外外汇同业拆借。

境内外汇同业拆借的对象为经国家外汇管理局批准可经营外汇业务的境内中资金融机构。拆借双方应以合同形式明确外汇拆借的金额、期限、利率、用途及双方权利和义务或通过授信额度进行。拆借的期限和利率应遵守中国人民银行的规定。

境外外汇同业拆借的对象为境外金融机构、境内外资金融机构。境外外汇同业拆借可通过授信额度进行，境外外汇同业拆借的利率应依照国际金融市场利率水平。银行从境外拆入资金应受国家外汇管理局核定的短期外债指标控制，实行余额管理。

银行办理外汇同业拆借业务应遵守《中华人民共和国商业银行法》及其有关规定。

6. 外汇借款

外汇借款包括境内外汇借款和境外外汇借款。境内外汇借款是指银行向境内中资金融机构按规定利率借进一定数额的外汇资金。境内外汇借款利率按中国人民银行有关规定执行。

境外外汇借款是指银行直接向境外金融机构或境内外资金融机构借进一定的外汇资金以及银行接受国际金融组织、外国政府的转贷款。境外外汇借款利率依照国际金融市场利率水平，接受国际金融组织、外国政府的转贷款除外。境外外汇借款须受国家外债规模控制。

7. 发行或代理发行股票以外的外币有价证券

股票以外的外币有价证券包括外汇债券、外汇票据等。发行股票以外的外币有价证券是指银行作为发行人在境内、外证券市场发行股票以外的外币有价证券。

代理发行股票以外的外币有价证券是指银行作为代理方代客户在境内、外证券市场发行、承销和兑付股票以外的外币有价证券的经营活动。

银行在境外发行和代理境内客户发行股票以外的外币有价证券受国家外债规模控制。

8. 买卖或代理买卖股票以外的外币有价证券

买卖股票以外的外币有价证券是指银行以自有或自筹外汇资金,在境内、境外证券市场买入或卖出股票以外的外币有价证券。

代理买卖股票以外的外币有价证券是指银行作为代理方代客户在境内、外证券市场买卖股票以外的外的币有价证券并收取一定手续费的经营活动,包括银行代客户从事资金管理所进行的股票以外的外币有价证券交易活动。

银行在境外证券市场上买卖或代理买卖股票以外的外币有价证券须按季报国家外汇管理局及其分局备案。

9. 外汇票据的承兑和贴现

外汇票据承兑是指银行作为外汇票据受票人承诺在外汇票据到期日执行出票人付款命令的行为。

外汇票据贴现是指银行为外汇票据持票人办理的票据融资行为,银行在外汇票据到期前,从票面金额中扣除贴现利息后,将余额支付给外汇票据持票人。

10. 贸易、非贸易结算

银行受客户委托办理的贸易、非贸易项上的结算业务,包括开立进口信用证、付款保函,办理进口代收、汇出境外汇款等及售汇、付汇;通知国外开来出口信用证、保函,办理出口审单、议付、托收、国外汇入汇款的解付等及结汇。此外还包括进出口押汇、打包放款等贸易融资业务。此业务项下不包含离岸业务。

11. 外汇担保

银行凭其资信以自有外汇资金向境内外债权人或其他受益人承诺,当债务人未按合同规定偿付外汇债务时,由担保人代为履行偿付外汇债务义务的保证。

外汇担保包括境内外汇担保和涉外外汇担保。境内外汇担保是指银行对境内债权人或其他受益人出具的外汇担保;涉外外汇担保是指银行对境外债权人或其他受益人和境内外资金融机构出具的外汇担保。

银行办理外汇担保应遵守《中华人民共和国商业银行法》及其有关规定。银行办理涉外外汇担保应遵守国家外汇管理局制定的《境内机构对外提供外汇担保管理办法》。

12. 自营及代客外汇买卖

自营外汇买卖:是指银行以自有和自筹的外汇资金在国际金融市场按市场汇价进行的可自由兑换货币间买卖的经营活动,包括银行从事资金管理所进行的外汇买卖交易活动。

代客外汇买卖:是指银行接受客户委托,依据其委托指示买入或卖出外汇,并根据交易金额收取一定比例的手续费的交易经营活动,包括银行代客户从事资金管理所进行的外汇买卖交易活动。

个人外汇买卖:银行根据国际外汇市场汇价水平,为自然人办理以保值避险为目的的可自由兑换外币间买卖并收取一定手续费的经营活动。

银行经营自营外汇买卖应遵守国家外汇管理局颁布的《关于金融机构办理自营外汇买卖业务的管理规定》。银行经营代客外汇买卖应遵守国家外汇管理局颁布的《金融机构代客户办理即期和远期外汇买卖管理规定》。有权经营代客外汇买卖业务的银行经国家外汇管理局及其分局批准,可经营个人外汇买卖业务。

13. 外汇信用卡的发行和代理国外信用卡的发行及付款

外汇信用卡的发行是指参加信用卡国际组织的境内商业银行经批准在境内向个人和单位发行信用支付工具的业务。

代理国外信用卡的发行是指境内银行与境外发卡机构签订协议代理其发行信用卡并收取手续费的业务。

代理国外信用卡付款是指境内银行为境外发卡机构发行的信用卡持卡人在境内消费和取现办理清算的业务。

外汇信用卡持卡人为境内非居民的，可在境外和境内特约商户及代办银行使用；持卡人为境内居民的，只能在境外使用外汇信用卡。外汇信用卡包括商务卡和个人卡两种。商务卡申领对象为国外在华常驻机构、外商投资企业和有现汇账户的国内企业；个人卡申领对象为国外在华常驻人员和有合法外汇收入的中国公民。

银行发行和代理发行外汇信用卡应与持卡人建立授信额度制度。

境内使用外汇信用卡须遵守境内不得以外币计价结算的规定和其他有关规定。

【课堂讨论】

从上述对外汇业务介绍来看，银行开展的外汇业务内容很多，包括外汇的结售、代客买卖和外汇结算等。银行外汇业务方便了外汇的买卖和借贷及其他事项，请讨论如下案例。

小明父母决定利用暑假带小明到美国去游玩，护照已经申请下来了，现在的问题是不知道如何使用美元，请你帮小明一家出出主意，想一个最好的方法解决到美国游玩的支付问题。

实际生活中，你了解哪些银行开展了外汇业务？开展的外汇业务的种类有多少？课下通过实际调查，了解自己生活的周围环境中的银行及银行开展的外汇业务。

【拓展阅读】

工商银行个人购汇业务介绍

1. 业务简述

个人购汇是指在符合国家外汇管理局规定的前提下，客户按我行购汇当日实时牌价将人民币兑换为外币的业务。

2. 特色优势

(1) 手续简单：境内个人年度购汇总额等值5万美元及以下的，可凭本人有效身份证件在银行办理。

(2) 办理方便：我行网上银行及数千家遍布全国的营业网点可为客户提供购汇服务。

(3) 提供多种购汇币种：我行可为客户办理美元、港币、日元、欧元、英镑、澳大利亚元、加拿大元、新加坡元、瑞士法郎、丹麦克朗、挪威克朗、瑞典克朗、澳门元、新西兰元、韩元、台币、马来西亚林吉特和卢布等18个币种的购汇业务。

(4) 所购外汇结算方式多样：可以按外汇局规定进行提钞，可转存本人汇户存款，可对外支付（汇款、汇票、旅行支票）或存入国际卡。

注：具体可兑换及结算的币种根据网点业务开办情况而不同，办理前请发送短信至95588或拨打当地95588客户服务热线咨询。

3. 服务渠道

(1) 客户可通过我行指定网点办理个人购汇业务。

(2) 客户可通过我行网上银行办理"小额购汇"业务，年度购汇最高额度为等值 5 万美元。

4. 操作指南

1) 境内个人当年累计购汇金额不超过等值 5 万美元

(1) 出示本人有效身份证件、完整填写购汇申请书后，即可用人民币换得外汇。

(2) 本人无法亲自办理的，可委托直系亲属代为办理，但需提供委托人和代办人的身份证件、亲属关系证明、委托授权书。

(3) 所购外汇资金可当时提现等值 10000 美元，其余资金可转存本人汇户存款、对外支付或存入国际卡。

2) 境内个人当年累计购汇超过 5 万美元年度总额

(1) 提供本人有效身份证件、标有明确真实费用金额的需求凭证（见表 6-1），经银行审核后可按实际需要外汇金额购买，无金额限制。

(2) 本人无法亲自办理的，可委托他人代为办理，但需提供委托人和代办人的身份证明、委托授权书。

(3) 所购外汇资金可当时提现等值 10000 美元，其余资金可转存本人汇户存款、对外支付或存入国际卡。

表 6-1 购汇项目及需提供的证明材料

购汇项目		需提供的证明材料
自费留学（包括所有自费出境学习、培训的人士）	自费留学人员购买第一学年或学期的学费（扣除奖学金部分）时	须提供因私护照及有效签证的原件和复印件、境外学校出具的录取通知书、费用证明（如无法提供录取通知书及费用证明原件的，可提供传真件或网上下载件，下同）办理
	自费留学人员购买第一学年或学期的生活费时	须提供因私护照及有效签证的原件及复印件、境外学校出具的录取通知书、学校/使馆或政府出具的生活费费用证明（原件、或传真件、或网上下载文件）办理
	自费留学人员购买第二学年或学期以后的学费时	须提供因私护照及有效签证复印件、相应年度或学期的费用证明办理
	自费留学人员购买第二学年或学期以后的生活费时	须提供因私护照及有效签证复印件、学生证等在读证明、学校/使馆或政府出具的生活费费用证明（原件、或传真件、或网上下载文件）办理
	须交纳一定金额人民币保证金后才能取得留学签证的	须提供因私护照、境外学校出具的录取通知书、学费证明、学校/使馆或政府出具的生活费费用证明（原件、或传真件、或网上下载文件）、身份证或户口簿
境外就医		因私护照及有效签证原件及复印件；境内医院出具的证明附医生意见以及境外医院出具的费用证明
境外培训		本人因私护照及有效签证（或签注）原件及复印件；境外培训费用证明
缴纳境外国际组织会费		持境外国际组织缴费通知、身份证或户口簿
境外邮购		持广告或定单等收费凭证、身份证或户口簿
境外直系亲属救助		有权部门或公证机构出具的亲属关系证明、有关救助的相关证明材料；本人身份证或户口簿
境外咨询		书面申请；本人真实身份证明；合同（协议）、发票（支付通知）、税务凭证
其他服务贸易费用		书面申请；本人真实身份证明；合同（协议）、发票（支付通知）、税务凭证
货物贸易及相关费用		书面申请；本人真实身份证明；进口货物报关单、合同（协议）、发票（支付通知）
其它非持信用卡在境外消费或支出的补购外汇		书面申请；本人身份证明；境外经常项下的消费或支出的有关证明材料。个人应在返回境内后 2 个月内在银行办理

5. 境外个人购汇

(1) 境外个人当日累计购汇不超过等值 500 美元（含）的，凭本人有效身份证件直接办理。

(2) 境外个人若曾经在我行或他行结汇、或持境外发行的银行卡在国内银行的 ATM 办理过人民币取款,则可凭"本人有效身份证件+原结汇凭证"或"本人有效身份证件+外卡在 ATM 上的取款凭条",将未用完的人民币换回外币,但兑回申请日至原结汇凭证(包括外卡在 ATM 的取款凭条)标明的结汇日期不得超过 24 个月。

(3) 境外个人在境内取得的经常项目合法人民币收入,凭本人有效身份证件和有交易额的相关证明材料(含税务凭证,如按我国规定无需纳税的,可不提供税务凭证)可办理购汇。比如提供境内公司雇佣合同、收入明细和税务凭证。

(4) 境外个人转让所购境内商品房取得的人民币资金欲购汇汇出的,客户需持下列证明材料到商品房所在地国家外汇管理局外汇管理部审核,银行凭外管局审批件办理购汇和汇出手续:①购汇申请书;②商品房转让合同;③房屋权属转让的完税证明文件。

6. 网银小额购汇

(1) 凡持工行多币种账户,并已开通网上银行的境内个人均可通过网银办理小额购汇业务。

(2) 网银个人购汇以客户为单位,实行年度交易限额控制,年度购汇最高额度为等值 5 万美元。

7. 温馨提示

为保障有用汇需求的客户能够及时换汇,我行特安排部分指定网点为个人客户提供节假日及周末购汇的服务。详情请发送短信至 95588 或拨打当地 95588 客户服务热线咨询。

8. 责任声明

本页面内容仅供参考,具体业务办理标准以中国工商银行当地分行规定为准。为节约客户的时间,应在办理相关手续前详细咨询当地工商银行。

模块总结

外汇业务是商业银行开展的业务之一,主要是以外币作为服务对象。商业银行开展的外币业务主要包括外汇存款、外汇贷款、外汇汇款、国际结算和结售汇业务等,每一种业务都有其特点。外币业务方便了外汇交易及外汇结算。

简答题

(1) 商业银行开展的外汇业务主要目的是什么?

(2) 商业银行外币业务的种类有哪些?简述每一种的特点。

(3) 外币业务的主要对象有哪些?

情景题

活动分组,以 5 人作为银行柜员,以人民币和没有作为外币办理的主要货币,另外安排学生分别办理外汇存款、外汇贷款、外币兑换、外币贴现等业务操作,老师指导,其他学生作为评判和学习者,共同提高外汇业务知识水平。

 实验 外汇业务操作

1. 实验目的

(1) 了解外汇的售汇操作。

(2)了解外汇的结汇操作。
(3)了解外汇的代客套汇操作。
(4)了解外汇贷款业务操作。

2．实验工具

深圳国泰安银行综合柜面业务 CS5.0。

3．实验过程

1）开设个人结算账户

根据银行对外汇业务的要求，办理外汇业务需要办理外汇结算账户，因此，在对外汇开户阶段办理外汇结算账户，外汇结算账号开户界面如图 6.1 所示，在【账户性质】栏上选择【个人结算账户】选项，选择【提交】按钮后，系统自动给出账号，如图 6.2 所示。

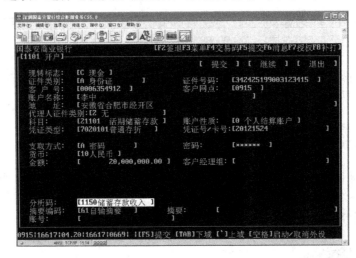

图 6.1　外汇个人结算账户【开户】界面

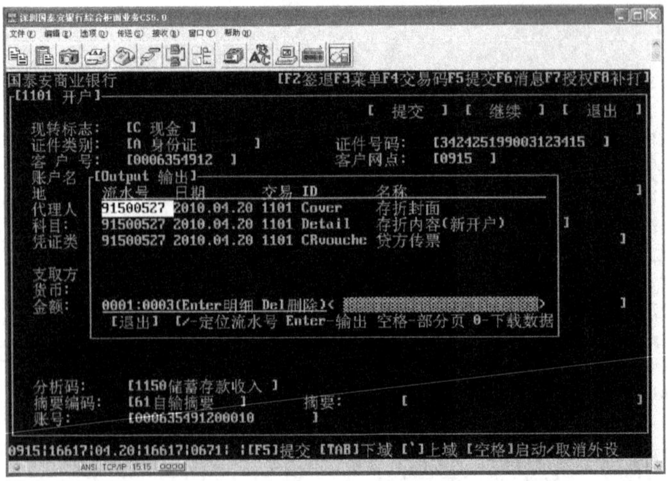

图 6.2　外汇个人结算账户【开户】成功界面

个人结算账户开户成功后，还需要开设外汇账户，这里以李中为例进行外汇账户开户，如图 6.3 所示，在【货币】栏选择【美元】选项，【钞汇标志】栏（甲钞、甲汇、乙钞、乙汇、丙钞、丙汇）选择【丙汇】[1]选项，输入金额，选择【提交】按钮，完成外汇账户开户操作。

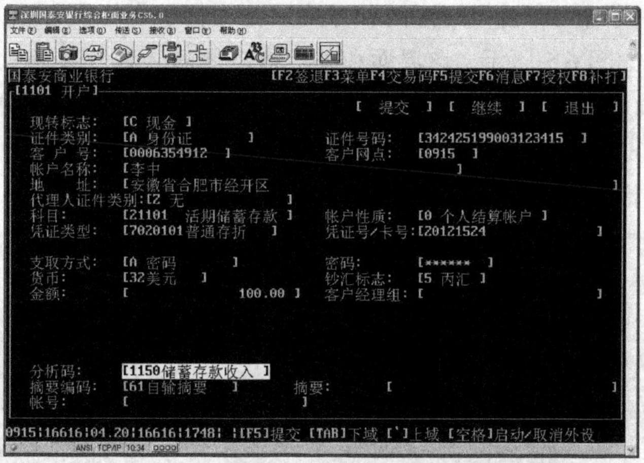

图6.3 外汇个人结算账户开【外汇账户】界面

2）外汇售汇

开设结算账户后，就可以进行外汇的相关操作了，进入国泰安商业银行综合柜面业务CS5.0，如图6.4所示，输入借方账号（人民币账号），系统自动显示借方信息，如图6.4所示的账户名称为李老三。设置汇率（标准、特定）、卖价（钞买价、汇买价）、币种（港币、英镑、美元、欧元、日元）、钞汇标志（现钞、现汇）、凭证类型、凭证号码、售汇种类（贸易、非贸易、资本、系统内、其他）、贷方账号（输入贷方账号后，系统自动展示贷方户名，如图6.4所示）、水单控制（不控制、本行水单，如果不控制，则不需要输入水单号码，本行水单则必须输入水单号码）、摘要（自输摘要、核准件编号、其他、工资、旅差费用、伙食餐费、备用金、加工杂费、还款、借款）等，选择【提交】按钮，完成外汇售汇操作。

图6.4 【外汇售汇】操作界面

---

[1] 企事业单位在中国境内的银行外（汇）币存款称为甲种存款，分甲钞、甲汇；外国人在中国境内的银行外（汇）币存款称为乙种存款，分乙钞、乙汇；中国公民在中国境内的银行外（汇）币存款称为丙种存款，分丙钞、丙汇。现汇是账面上的外汇，它的转移出境不存在实物形式的转移，可以直接汇出，只是账面上的划转。现汇支取现钞时，由于汇入方已经承担了运输费，因此现汇可以支取等额的现钞。

3）外汇结汇

外汇结汇分为个人结汇和公司结汇两种方式，在银行综合柜面可以办理外汇结汇操作，登录综合柜面软件，如图 6.5 所示，该界面和外汇售汇界面一致，参考"2）外汇售汇"设置。如选择买入账号为 000635491200020，名称为李中的个人结算账户，选择外币为港币，金额为 20，卖出账号为 000635570600010，名称为程志远的账号，如图 6.6 所示，选择【提交】按单位，完成外汇结汇操作。

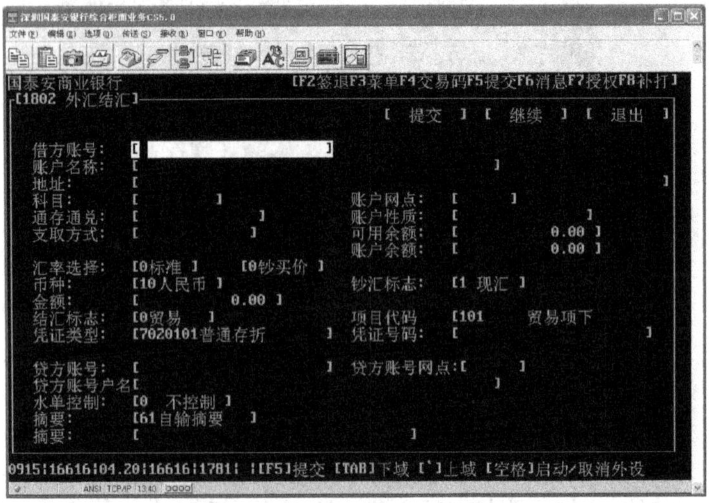

图 6.5 【外汇结汇】界面

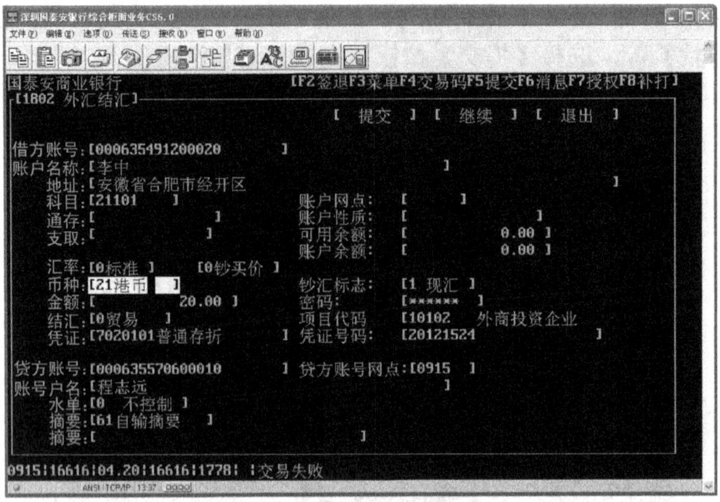

图 6.6 【外汇结汇】输入结果显示界面

4）代客套汇

代客套汇界面如图 6.7 所示，银行充当了中间人角色。在界面上输入转出账号为 000635491200020，系统显示账户名称等信息，设置汇率、币种（接上一步，系统自动选择港币）、钞汇标志（现汇、现钞）、金额、凭证类型、转入账号、汇率选择等，选择【提交】按钮，系统完成代客套汇交易操作。

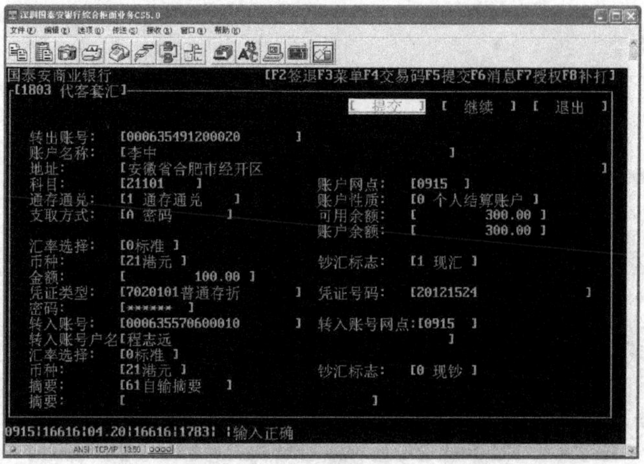

图 6.7 【代客套汇】界面

5)外币兑换计算器

外汇兑换计算器可以实现港币、英镑、美元、欧元、日元、人民币等币种之间的兑换操作,如图 6.8 所示,在【兑入币种】栏选择币种名称(人民币、港币、英镑、美元、欧元、日元),设置钞汇标志(现钞、现汇)、兑入金额(需要兑换的币种金额,如 100 元人民币)、兑出币种(选择和兑入币种一样,如图 6.8 所示仍然选择人民币)、钞汇标志,选择【提交】按钮或者按 F5 键,系统完成兑换计算[②]。

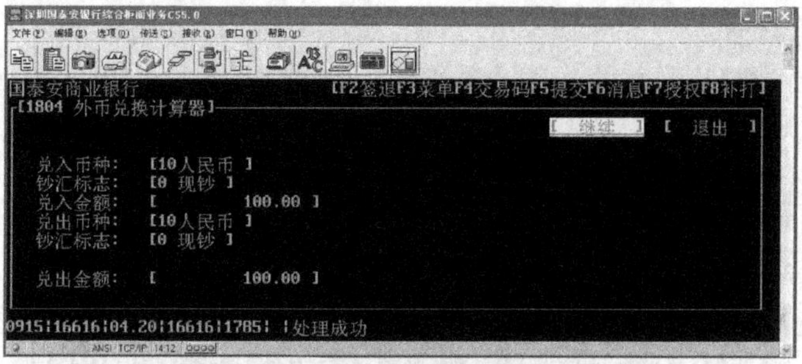

图 6.8 【外汇兑换计算器】界面

6)外币找零计算器

外币找零计算器是外币兑换成人民币的计算工具,如图 6.9 所示,选择外币币种、钞汇标志,输入外币金额,选择【提交】按钮,系统完成外币找零计算。

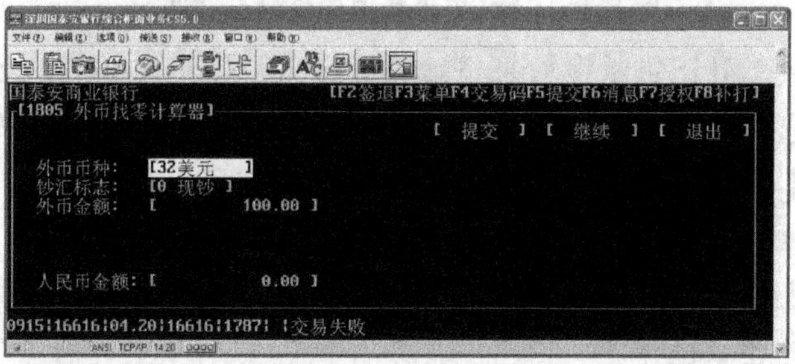

图 6.9 【外币找零计算器】界面

---

② 系统自动链接到外汇汇率表,自动计算币值。

7）外币贷款业务

外币贷款界面如图 6.10 所示，系统提供了外汇贷款借据录入、外汇贷款发放、外汇贷款还款、外汇贷款展期、外币不良贷款结转、外币贷款呆账核销等功能。

图 6.10　【外币贷款】界面

（1）外币贷款借据录入。如图 6.11 所示，输入合同号（需要和银行联网才能确定合同号，模拟系统可以随意输入合同号）、结算账号，按 Enter 键后系统自动显示户名。选择贷款类别（贷款类别有很多选项，如贴现、转贴现、短期打包放款信用贷款、出口押汇、进口押汇等共50 个选项），设置货币、钞汇标志、补充天数、票据种类、票据号码、发放金额、贷款利率、到期日等，选择【提交】按钮，系统自动显示贷款借据号码。③

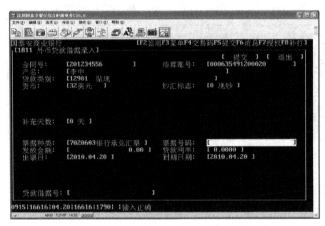

图 6.11　【外币贷款借据录入】界面

（2）外币贷款发放。外币贷款发放是贷款合同录入的下一步操作，如图 6.12 所示，输入合同号、结算账号，选择贷款类别（和合同录入贷款类别一致）、货币，输入贷款金额、贷款借据号，选择【提交】按钮，系统自动显示贷款的相关信息。

（3）外币贷款还款。如图 6.13 所示，设置还款方式（转账、现金）、贷款借据号、凭证类型、凭证号、还款账号、利随本清、货币、还本金额、还息金额、合同号等，选择【提交】按钮，完成外币贷款的还款操作。

---

③ 本处没有显示的原因是系统还没有链接到银行网站，无法自动读取实时的汇率。

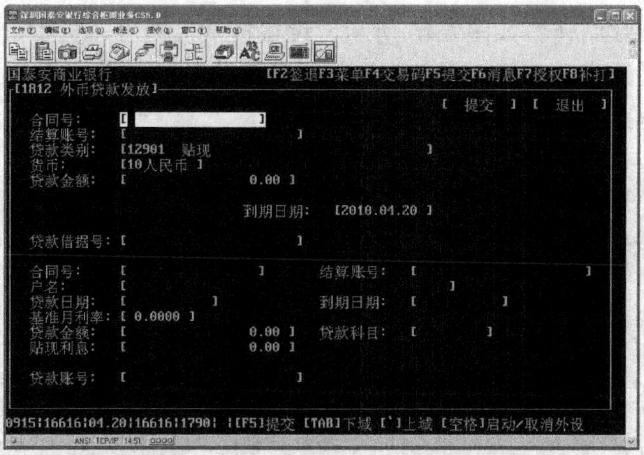

图 6.12 【外币贷款发放】界面

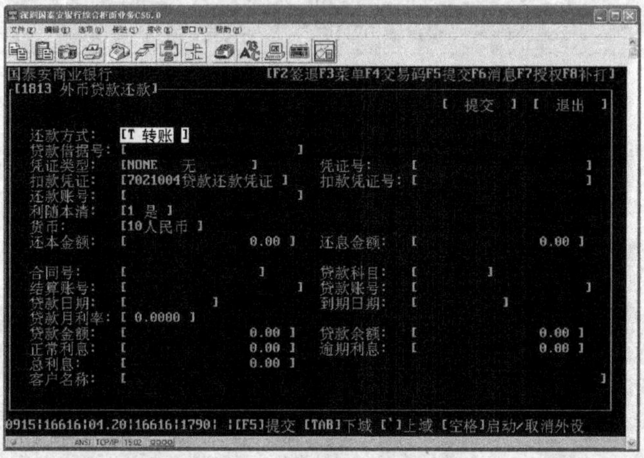

图 6.13 【外币贷款还款】界面

（4）外币贷款展期。外汇贷款有时候不能及时归还，需要延长还款的时间，这就需要外币贷款的展期操作。如图 6.14 所示，设置贷款借据号、货币、贷款余额、原到期日和新到期日，选择【提交】按钮，系统显示贷款的信息。

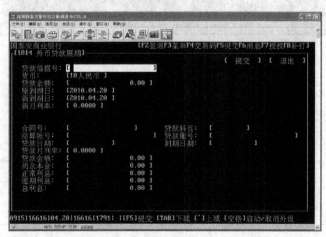

图 6.14 【外币贷款展期】界面

（5）外币不良贷款结转。如图 6.15 所示，设置贷款借据号、货币、结转金额、逾期类型和结转日期，选择【提交】按钮，系统自动显示不良贷款的相关信息。

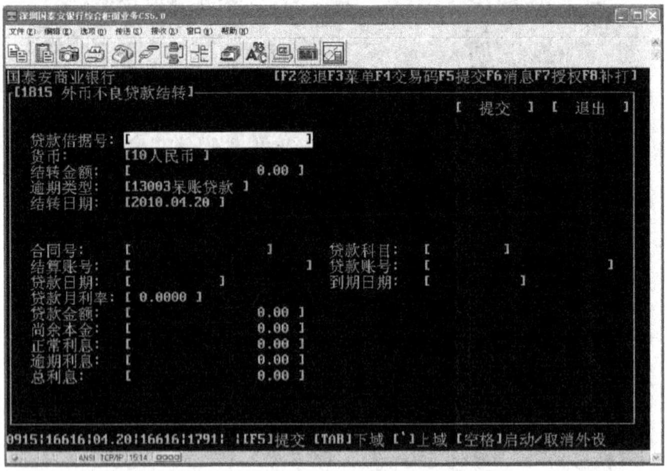

图 6.15 【外汇不良贷款结转】界面

（6）外币贷款呆账核销。如图 6.16 所示，设置贷款借据号、货币和核销金额，选择【提交】按钮，系统显示呆账相关信息，完成呆账核销操作（该操作需要更高一级的授权）。

图 6.16 【外币贷款呆账核销】界面

4．实验报告

完成实验，写实验报告，包括实验目的、实验过程等，完成表 6-2。

表 6-2 实验操作记录

外汇售汇				
售出名称		账号	金额	
币种		买入账号	名称	
备注				

续表

外汇结汇					
售出名称		账号		金额	
币种		买入账号		名称	
备注					
代客套汇					
转出账号		名称		金额	
币种		转入账号		金额	
备注					
外汇贷款					
合同号		结算账号		贷款类别	
币种		金额		到期日	
展期		结转时间		核销时间	
实验过程					
实验总结					
指导教师			学生		

5．思考练习

（1）独立完成外汇售汇、外汇结汇、代客套汇柜员操作。

（2）进行外币贷款业务，会进行外币贷款借据的录入、外币贷款的发放、外币贷款的还款、外币贷款的展期、外币不良贷款结转、外币贷款的呆账核销相关操作。

（3）掌握外汇存款的分类、单位外汇存款的种类、单位活期外汇存款的操作流程，掌握个人实行外汇买卖的交易方式。

模块七

中间业务

ZHONGJIAN YEWU

【知识目标】

（1）了解代收业务、代付业务、特殊业务的内涵。
（2）了解银行开展代收业务、代付业务、特殊业务的种类。
（3）了解代收业务、代付业务的适用范围。

【技能目标】

（1）掌握代收业务、代付业务、特殊业务的条件。
（2）掌握代收业务、代付业务、特殊业务的操作。

7.1 代收业务

面对日益激烈竞争的银行市场,各银行业务创新不断,各种代收业务成为创新的突破点。

【导入案例】

建行的代收业务创新

随着外资银行相继登陆中国,国内银行业竞争加剧,银行业积极开展业务创新,各种中间业务如雨后春笋一般,纷纷出现。

建行聊城分行个人银行部、电子银行中心、东城支行上下联动开展营销工作,2013年3月23日,建行聊城分行联通话费代缴费系统在手机银行、网上银行及"悦生活"全景化生活服务缴费平台同步开通,填补了该行在电信收费方面的空白。2013年建行聊城分行进一步加大在水电煤、话费、有线电视收视费、学杂费、交通罚款、保险续费、彩票站点生活服务应用方面推广银行代收业务。

(资料来源:http://finance.sdchina.com/show/2592907.html)

【知识准备】

代收业务是指银行按照与委托单位及缴款单位(个人)的协议,根据委托单位提供的清单或缴款单位(个人)提供的缴款凭证,由银行代理委托单位收取款项的业务,主要包括代收水费、电费、煤气费、交通罚款,代扣电话费、代收学费、代收订报费、代收住房公积金、代收房租、代收工商管理费、代收技术监督费、代收外管局罚没款及其他代收行政罚没款等。

代收业务的对象包括支票、票据、有价证券和商品凭证等。

代收支票款项是客户收到其他银行的支票,委托自己的开户银行代为收款。

票据代收业务是银行接受客户的委托,负责收取票据款项。

有价证券代收业务是客户把有价证券交给银行,委托银行代收利息与股息等。

商品凭证代收业务是卖方把货物给买方运送出去以后,把有关发货的商品凭证交给银行,委托银行代收款项,在异地和国际贸易中广泛采用商品凭证代收业务,而且这种业务往往与放款业务有密切联系。当客户把凭证提交银行请求代收时,一般就能及时从银行取得贷款;当银行收回贷款后,再用贷款偿还贷款。如果客户请求代收时并没有申请贷款,银行就可以占用代收过程中的资金。

【课堂讨论】

代收业务是银行开展的一项重要中间业务。结合本节所学的知识,浅略谈谈银行代收业务的重要性。

【拓展阅读】

建设银行代收业务介绍

1. 代收业务主要功能
(1) 依据管理部门相关规定,委托单位与我行签订协议,我行根据委托单位提供代收业务。

(2) 委托单位及缴款单位（个人）与我行签订协议，我行根据委托单位提供清单进行扣款。
(3) 委托单位与我行签订协议，我行根据缴款单位（个人）提供的缴款凭证进行收款。

2．代收业务特点
(1) 支持全国范围内的代收业务。
(2) 支持批量及单笔收款。
(3) 支持实时、定时、预约收款。
(4) 支持全额、部分收款。
(5) 支持对清单户名校验。

3．相关收费及成本
手续费。

4．客户收益
(1) 可以缩短收款时间，提高客户代收业务效率和资金使用效率。
(2) 提高业务安全性，降低差错率。

5．服务时间
(1) 网上银行系统服务时间为：周一到周五（节假日除外）5×24 小时。
(2) 重要客服系统服务时间为：周一到周五（节假日除外）8:30—19:00（重要客户服务系统上的银关通功能服务时间为 7×24 小时）。
(3) CCBS 系统服务时间：代理交易提供 7×24 小时支持，银行柜台服务以会计柜台营业时间为准，各种渠道服务以渠道公布时间为准。

6．适用客户群体
全体对公客户。

7．适用币种
CCBS 系统在开立结算账户时提供币种参数化控制，目前提供的主要币种有：人民币、英镑、港币、美元、瑞士法郎、新加坡元、瑞典克朗、丹麦克朗、挪威克朗、日元、加拿大元、澳大利亚元、欧元。办理代收代付业务时，代理交易不做币种控制，上述币种均可进行代收代付业务处理。

7.2 代付业务

【导入案例】

代付业务始于 2009 年。迫于信贷规模受限，银信合作、票据贴现被严格控制，2011 年以来，通过代付获取放贷资金的做法被商业银行尤其是中小银行广泛使用。

据估计，2011 年全年代付业务增长了 4000 亿~5000 亿元，截至年末总规模约 1 万亿元，占到了银行贷款的 2%。根据各国有银行 2011 年 3 季度末季报显示，按同业拆出余额增幅排名见表 7-1。

表 7-1　国有银行同业拆出资金和增幅

机构名称	拆出资金余额/亿元	较年初增长余额/亿元	增幅
农业银行	2347	1394	146.27%
中国银行	3021	1651	120.51%
工商银行	1156	507	78.12%
交通银行	931	135	16.96%
建设银行	668	29	4.54%

根据股份行和城商行 2011 年 3 季度末季报显示，兴业银行攻势最为凌厉，中信银行居于第二位，浦发、招行、光大、北京银行等，均超过 150 亿元，见表 7-2。

表 7-2　同业拆出资金增幅排名

机构名称	拆出资金余额/亿元	较年初增长余额/亿元	增幅
兴业银行	1682	1471	697.16%
中信银行	1445	959	197.33%
浦发银行	614	302	96.79%
北京银行	421	196	87.11%
光大银行	408	170	71.43%
招商银行	815	226	38.37%

【知识准备】

代付业务又称代理同业委托付款业务，中资银行类金融机构（即"委托行"）根据其客户的申请，以自身的名义委托他行提供融资，他行在规定的对外付款日根据委托行的指示先行将款项划转至委托行账户上，委托行在约定还款日偿还他行代付款项本息。其类别包括国内信用证结算项下、国内保理项下、票据类的代付，代付业务流程如图 7.1 所示。

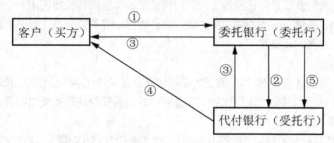

图 7.1　代付业务流程

第一步：① 客户提出申请。
第二步：② 以自身名义委托他行提供融资。
第三步：③ 受托行在规定的对外付款日根据委托行的指示将款项划转至委托行账户上。（或）④ 受托行直接付款给委托行客户。
第四步：⑤ 委托行在约定还款日偿还他行代付款项本息。

【课堂讨论】

代付业务是商业银行开展的一项中间业务，近几年来，商业银行代付业务蓬勃发展。开展代付业务给商业银行带来了哪些好处？谈谈你对商业银行开展代付业务的认识。

【拓展阅读】

建设银行海外代付业务介绍

1. 产品名称：海外代付（REFINANCING）
2. 产品摘要

在进口业务中，出口商要求即期付款，或给予客户的延期付款期限不够，作为进口商，客户希望合理的延期付款期限，以顺利完成进口资金周转。针对客户的这个需求，建设银行提供了产品解决方案——海外代付，帮助客户提前取得进口货物，并延期支付进口应付款项。

3．产品简介

海外代付是我行根据进口商资信状况，在进口商出具信托收据并承担融资费用的前提下，由我行境内分行指示海外银行代进口商在信用证、进口代收、T/T 付款等结算方式下支付进口款项所提供的短期融资方式。

4．服务功能

建设银行可办理信用证、进口代收、T/T 付款等全部国际结算方式项下的代付业务。

建设银行可委托海外银行或其他银行代客户支付进口应付款项，以满足客户的进口需要。

建设银行可根据客户的资金回流时间，为客户提供最佳的海外代付期限。

5．产品优势

（1）降低融资成本。海外代付业务也称买方付息贴现业务，客户作为买方，一般情况下需支付的费用低于国内同期贷款的利息支出，从而降低客户的融资成本。

（2）付款方式具有竞争力。在三大国际结算方式项下，客户可以给予境外出口商即期付款的条件，使客户在商务谈判中更具竞争力。

（3）减少资金占用。建设银行为客户办理了海外代付，使客户达到对外即期付款，而实际延期支付的效果。客户可以不用自有资金就取得信用证、进口代收、T/T 付款项下单据，尽快提货进入生产、加工、销售程序，销售完货物后用销售款项来偿还建设银行的付代款项，减少自有资金占用。

（4）延长销售周期。在建设银行为客户提供最佳海外代付期限的情况下，客户可以获得充裕的时间完成销售，待销售款项回笼后再归还贷款。

6．建设银行的优势

（1）可在信用证、进口代收、T/T 汇款三大国际结算方式项下代客户支付进口款项。

（2）有强大的境外分行和国外代理行优势，保证客户对世界任何地方的支付需要。

7．办理条件/程序

（1）客户需提供进口支付的文件，包括进口合同、代理进口合同（如需）、正本进口付汇备案表（如需）、正本发票（如有）等。如果客户是首次申请信托收据额度，还需提供企业基本材料、财务信息、经营情况等资料。

（2）当进口项下单据到达时，客户需要提供：《信托收据》（如需）、《海外代付申请书》、内销的商务合同（如有）等申请办理海外代付。

（3）待客户销售款项回笼或资金周转回流后即用于归还海外代付款项，或者到期用其他资金归还海外代付款项。

（资料来源：http://www.ccb.com/cn/corporate/international/refinancing.html）

 7.3 特殊业务

【导入案例】

小王最近碰到烦心事了，有线电视费用到期了，有线电视公司已经催缴费用了。晚上，小王像往常一样，准备登录网上银行进行缴费，可是，在登录网上银行时，却忘记了网上银行的密码。左试右试，结果系统被密码保护了，登录不上。这下可急坏了小王，如果有线电视费再不交的话，就要被停止，这让家里的老年人就少了一项娱乐活动了。

你能给小王出出主意，解决这个问题吗？

【知识准备】

特殊业务是为了满足客户、有权机关或内部管理的需要,在储蓄基本业务之外对账户进行特殊处理的业务。

特殊业务重点在于管理账户,完善柜台业务的功能,满足客户多样化的业务需求。

1. 查询

查询指客户、有权机关或储蓄机构内部对系统内的某一存款账户或已清户账户的相关信息的调阅和查看,以及营业网点和各级管理信息的查询。

根据不同的业务主体,查询分为4类:客户查询、司法查询(协助查询)、内部查询和信息查询。

储蓄机构及其工作人员对客户的账户情况负有保密责任,且不得代任何单位和个人查询储蓄存款,国家法律、行政法规另有规定的除外。

2. 止付

止付是指因普通柜员操作错误造成客户分户账余额有误、未能及时纠正错误或由于急付款等原因而采取的一种将客户账户内全部资金或部分资金暂时锁定的一种交易。止付包括账户止付和限额止付两种。时段存款证明、存单质押等交易导致账户处于止付状态,不属于这里所指的止付交易。

止付交易只能因银行内部差错、急付款而办理,柜员不得应客户的要求办理止付交易。特殊情况下要求办理止付的,需通过法律主管部门审核。

账户止付:是将客户分户账进行全额止付,账户止付期间客户不得再办理使分户账余额减少的业务,同时也不得办理个人存款证明、存单质押等业务。

限额止付:是将客户分户账余额错误金额部分进行止付,剩余部分可继续办理现金支取和资金转出等使分户账余额减少的业务。

3. 挂失

挂失是客户遗失存折、存单、绿卡、挂失申请书等凭证,或遗忘密码、丢失预留印鉴时,向储蓄机构提出申请,储蓄机构根据客户的挂失请求,在一定期限内对客户账户进行止付的处理。

挂失的分类:按有效期及后续处理方式不同分为正式挂失、临时挂失;按挂失事项分为凭证挂失、密印挂失、凭证密印双挂失。

4. 取消

取消交易是指普通柜员处理窗口账务性业务(转账交易除外)或开户时输入账户信息(包括客户姓名、存款期限和起息日等)出现差错,在客户账户尚未发生其他账务类交易的前提下,经客户在柜台进行授权后将该笔交易全额取消,把账户余额等信息恢复为差错交易执行前的状态的一种修正交易。取消交易必须经客户授权,其中有密户必须凭客户密码授权。

取消交易只能为纠正普通柜员操作出现差错而办理,除前述原因之外,普通柜员不得应客户要求办理取消交易。

被取消交易应为该账户当日所做的最后一笔成功的账务类交易。取消交易只能在原交易受理网点由办理该笔交易的普通柜员办理。

5. 冲正

冲正交易是指普通柜员或自助设备处理账务性业务出现差错，在客户已离开的情况下，对该笔差错交易进行处理，把账户余额修改为正确金额的一种修正交易。

冲正交易只能为纠正普通柜员操作或自助设备出现差错而办理，不得应客户要求办理冲正交易。

发现差错交易后，应及时与客户联系，告知差错情况和处理措施。无法联系上客户时，对于差错交易发生时的情况有监控录像的，应延长此监控录像保存时间，以利于与客户发生纠纷时取证。保存时间各省可自定，原则上至少应保存到此客户再次到柜台办理业务后，寄送对账单的，至少寄送过两次账单后。

普通柜员发现差错后可以在差错交易发生日当天办理冲正，也可以在以后发现差错时办理冲正交易。但冲正交易必须自差错交易发生日起31天（含）内办理，超过31天有效期的只能对该交易进行其他处理。

每笔交易只能办理一次成功的冲正交易，因冲正交易操作错误而导致冲正交易有误且可能造成资金风险的，要对该账户办理限额止付，并于次日采取其他处理措施。

对取消交易、被取消交易、冲正交易、被冲正交易不可办理取消交易。账户清户后不能再办理冲正交易。

6. 账户信息修改

发现账户信息差错后，网点应立即与客户取得联系，客户姓名、支票类存款起息日输入错误的，应要求客户尽快带原凭证到开户网点办理账户信息修改。存款期限和通知存款品种输入错误的，应与客户协商后决定是否修改账户信息，客户认可当前账户信息的，不对当前账户信息进行修改，并将情况手工记录在凭单的背面；客户不认可当前账户信息的，应要求客户尽快带原凭证到开户网点办理账户信息修改。

7. 密码维护

客户在网点申请维护账户密码时，应填写《密印申请书》，并提供相关账户对应的有效实名证件和凭证。客户维护密码必须由本人办理。

8. 冻结、扣划

1）概念内涵

协助冻结是指储蓄机构依照法律的规定以及有权机关冻结的要求，在一定时期内禁止个人提取其存款账户内的全部或部分存款的行为。

协助冻结分为账户冻结和账户部分冻结。账户冻结是将客户分户账进行全额锁定，账户冻结期间客户不得办理任何使分户账余额减少的业务，同时也不得办理存款证明等业务；账户部分冻结的，其被冻结余额不得办理任何账务类交易。

协助扣划是指储蓄机构依照法律规定以及有权机关扣划的要求，将个人存款账户内的全部或部分存款资金划拨到指定账户的行为。

协助扣划分为全额扣划（等同扣划清户）和部分扣划，按规定计付利息或不计利息。

可对个人账户提出冻结的有权机关为：人民法院、税务机关、海关、人民检察院、公安机关、国家安全机关、军队保卫部门、监狱、走私犯罪侦查机关、工商行政管理机关（只能办理暂停结算）、中国证券监督管理委员会及其派出机构。

可对个人账户提出扣划的有权机关为：人民法院、税务机关、海关。

2）基础规定

冻结在存款人账户开户县（市）内任一联网网点或该一级支行（县市机构）办理，解冻结在原受理网点办理；扣划在存款人账户开户县（市）内任一联网网点办理。

在网点办理冻结、解冻结和扣划时均须支局长授权，在一级支行（县市机构）办理冻结、解冻结时须部门主管授权。

有权机关要求办理协助冻结或扣划交易时，对个人存款账户不能提供账号的，网点应当要求有权机关提供该个人的有效实名证件号码或其他足以确定该个人存款账户情况的信息。

两个以上有权机关对同一单位或个人的同一笔存款采取冻结或扣划措施时，网点应当协助最先送达协助冻结、扣划存款通知书的有权机关办理冻结、扣划手续。

两个以上有权机关对协助冻结、扣划的具体措施有争议的，网点应当按照有关争议机关协商后的意见办理。

营业网点在接到协助冻结、扣划存款通知书后，不得再扣减应当协助执行的款项用于收贷收息，不得向被查询、冻结、扣划单位或个人通风报信，帮助隐匿或转移存款。

被冻结存款的客户对冻结提出异议，邮政储蓄经办人员应告知该客户与做出冻结决定的有权机关联系。

有权机关在冻结、解冻结工作中发生错误，其上级机关直接做出变更决定或裁定的，支局接到变更决定书或裁定书后，应当予以办理。

3）协助冻结处理要求

支局协助有权机关进行冻结，凭法律主管部门送达的《协助有权机关查询、冻结、扣划存款审查单》具体执行冻结操作，冻结结束后将执行结果及《协助有权机关查询、冻结、扣划存款审查单》一并反馈法律主管部门；需在一级支行（县市机构）进行的冻结操作，由法律主管部门审查后，由相关业务部门做冻结处理。

办理协助冻结业务时，支局经办人员应当核实以下证件和法律文书。

（1）有权机关执法人员的工作证件。

（2）有权机关县团级以上机构签发的协助冻结存款通知书，法律、行政法规规定应当由有权机关主要负责人签字的，应当由主要负责人签字。

（3）人民法院出具的冻结存款裁定书或其他有权机关出具的冻结存款决定书。

冻结个人存款的期限最长为 6 个月，期满后可以续冻；有权机关应在冻结期满前办理续冻手续。逾期未办理续冻手续的，账户自动解冻结；冻结的效力从冻结手续办结之时开始，但冻结期限 6 个月从冻结手续办结的第二天起算。

4）协助扣划处理要求

网点协助有权机关进行扣划，凭法律主管部门送达的《协助有权机关查询、冻结、扣划存款审查单》具体执行协助扣划操作，扣划结束后将执行结果及《协助有权机关查询、冻结、扣划存款审查单》一并反馈法律主管部门。

办理协助扣划业务时，支局经办人员应当核实以下证件和法律文书。

（1）有权机关执法人员的工作证件。

（2）有权机关县团级以上机构签发的协助扣划存款通知书，法律、行政法规规定应当由有权机关主要负责人签字的，应当由主要负责人签字。

9. 急付款

急付款是当储蓄交易受理方或储蓄全国中心计算机系统（含网络）出现故障、且连续 4 个小时以上无法正常处理业务，但账户的开户方省中心计算机系统正常时，在客户账户开户中心确认止付的情况下，用手工方式为客户办理取款业务的一种应急服务行为。急付款可在省内办理或跨省办理，办理省内急付款时由各一级分行下发通知，办理跨省急付款由总行下发通知。

急付款业务由交易网点、交易网点所属一级支行（县市机构）、一级分行和开户方一级分行共同办理。一级支行（县市机构）可指定部分异地业务量较大且具备通信条件的网点办理急付款业务，并公告网点名称、地址和联系电话。

10. 其他特殊业务

1）身份证件维护

客户变更有效实名证件时，应由本人在省内任一联网网点办理，提供存款凭证、原账户对应的有效实名证件和新的有效实名证件。若原账户对应的有效实名证件已被发证机关收回的，应提供相关机构证明。修改居民身份证的须通过联网核查系统确认客户真实身份，对于身份证号码由 15 位变更为 18 位的，可不再要求客户提供发证机关证明。

2）补登折

客户凭存折在省内办理续存、支取、转账、清户等交易时，若该账户有未登折明细，则自动补登折后打印本笔交易；客户也可在省内任一联网网点或自助设备办理补登折手续。

超过 92 天的未登折明细均压缩打印，所有收入类、支取类交易分别合并打印汇总明细。最近 92 天的交易明细不压缩，单独打印。

一本通内未登折明细不压缩打印。

客户打印已压缩的存折交易明细，可持存折在省内任一联网网点办理。

3）换折

因存折打印行数已满或存折损坏不能继续使用时，客户可在账户开户省内任一联网网点办理换折手续。

换折不改变原开户信息。新存折明细页先打印换折日期、操作员号，若有未登折明细，继续打印未登折明细。

若一本通办理随机换折，无须输入存折余额，需将原存折上所有子账户的交易记录重新打印在新折上。

4）单据、凭证打印

因打印机故障造成凭单、收据、申请书等不能使用的，可办理"重打单据"交易。"重打单据"时只能对本柜台最后一笔成功交易的单据重打。重新打印的单据上同时打印重打标志"★"。

存折/单不能重打。存折/单打印不清的，由普通柜员手工补写清楚，加盖业务用个人名章。存折打印出现空行、移位的，由普通柜员红笔划销空行，加盖业务用个人名章。存折/单在打印时破损，可以办理随机换折/单，在破损的存折/单上加盖"作废"戳记。

模块总结

本模块主要介绍了银行开展的中间业务内容。随着银行竞争加剧,银行通过中间业务能够为银行带来大量的利润。银行开展的中间业务主要包括代收和代付业务。代收业务主要包括水费、电费、煤气费、交通罚款、代扣电话费、代收学费、代收订报费等;代付业务主要包括国内信用证结算项下、国内保理项下、票据类的代付业务。特殊业务主要是指银行提供的各种中间服务。

课后练习

简答题

(1)银行开展中间业务的目的有哪些?通过网络资料,查找银行中间业务在银行利润中的比率,说明银行中间业务在商业银行的作用。

(2)代收业务包括哪些种类?

(3)代付业务包括哪些内容,在日常生活中,你使用过银行的代付业务吗?谈谈你的使用感想。

情景题

(1)分3组:银行、公司和个人,分别就水费、电费、煤气费代收业务进行操作,了解银行开展代收业务流程。

(2)分3组:银行、公司和个人,分别就银行开展的代付业务进行操作,了解银行代付业务开展流程。

实验一 代收业务实验

1. 实验目的

(1)了解国税/地税代收操作。
(2)了解水费、电费、煤气费、有线电视费代收业务操作。
(3)了解代扣关系维护操作。

2. 实验工具

深圳国泰安银行综合柜面业务 CS5.0。

3. 实验过程

进入国泰安银行综合柜面业务 CS5.0,执行【中间业务 2】命令,或者输入数字 8,如图 7.2 所示,选择需要的选项进行试验操作。

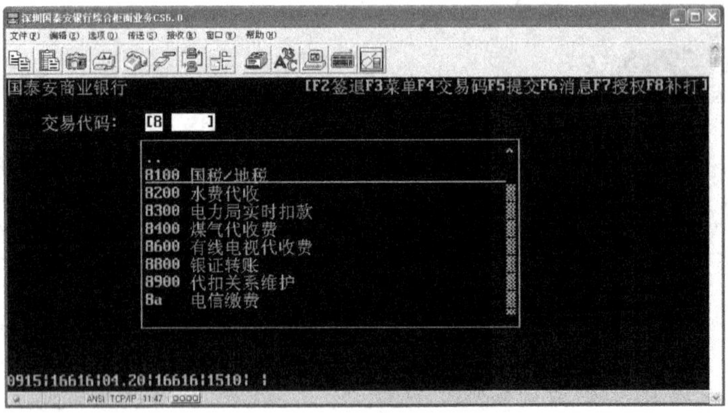

图 7.2 中间业务 2 界面

1）国税/地税

国税/地税界面如图 7.3 所示，该部分包括国税扣款信息查询、国税税票打印、已纳税记录查询（地税）、企业信息委托查询（地税）、打印完税证（地税）、打印完税证（基金）（地税）、输入票证和字轨（地税）、应打印税单清单（AB 类企业和基金）等操作。本部分以国税扣款信息查询为例进行操作介绍。

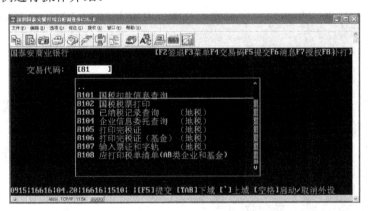

图 7.3 国税/地税界面

如图 7.4 所示，在【企业编号】栏输入企业营业执照号码，选择起始时间，选择【提交】按钮后，系统自动显示该企业的国税扣款信息。

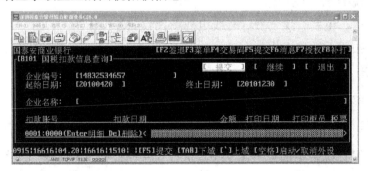

图 7.4 【国税扣款信息查询】界面

2）水费代收

进入国泰安商业银行综合柜面业务 CS5.0，执行【中间业务2】→【水费代收】命令，或者输入数字 82，如图 7.5 所示，包括代收水费缴款、打印水费凭据、水费信息查询、新旧客户号查询、现金缴费冲账等操作。

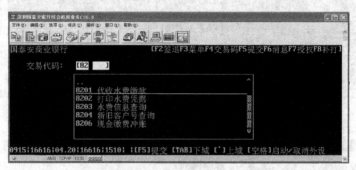

图 7.5　中间业务水费代收界面

（1）代收水费。进入代收水费缴款界面，如图 7.6 所示，选择地区编码①（市区、袍江、城南、东湖）、用户编码（水费缴费编码），系统自动显示用户名称，输入起缴日期和自来水费，选择【提交】按钮，系统自动完成水费缴纳。

图 7.6　【代收水费缴款】界面

（2）打印水费凭据。打印水费凭据为缴纳水费后，打印水费缴纳单据的凭证，输入数字 8202，如图 7.7 所示，选择地区编码、用户编码、凭证号码，系统打印凭证。

（3）水费信息查询。进入水费信息查询界面，如图 7.8 所示，选择地区编码和用户编码，系统显示用户名称，选择起始日期后，系统显示水费信息内容。

---

① 中间业务需要接入到第三方系统才能显示详细的地区。系统内为了操作方便，假设了 4 个地区选项。

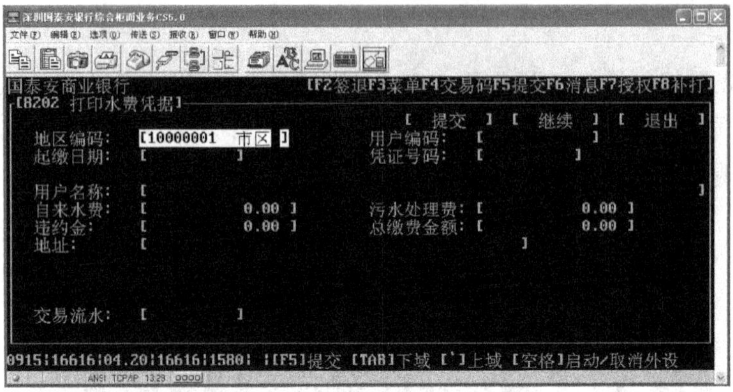

图 7.7 【打印水费凭证】界面

图 7.8 【水费信息查询】界面

（4）新旧客户号查询。用户更换了客户号后，系统可以查询新旧客户号，如图 7.9 所示，选择地区编码、旧用户号、新用户号，系统查询到新旧客户号的对比信息。

图 7.9 【新旧客户号查询】界面

（5）现金缴费冲账。如图 7.10 所示，选择地区编码、用户编码，输入被冲账的银行流水号、用户名称和自来水费，完成现金缴费冲账操作。

3）电费代收

商业银行可以代收电费，进入电力局实时扣款界面，如图 7.11 所示。界面上包括查询总欠费、查询指定年月次欠费、现金缴纳总欠费、打印电表明细数据、现金缴纳电费冲账、批量扣款查询、打印发票、作废发票、查询电费详细信息、查询流水、批量扣款收据打印等操作。

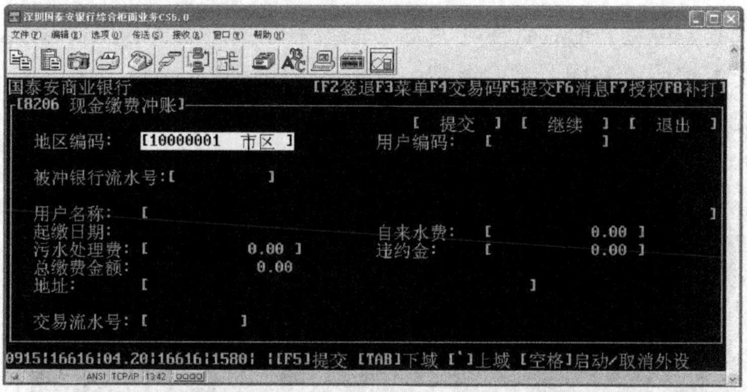

图 7.10 【现金缴费冲账】界面

图 7.11 电力局实时扣款界面

本部分将详细介绍查询总欠费、现金缴纳总欠费、打印电表明细数据、现金缴纳电费冲账、批量扣款查询等操作。

（1）查询总欠费。商业银行可以查询总的欠费情况，如图 7.12 所示，选择地区代码、电局户号，系统自动显示客户名称和客户地址，选择【提交】选项后，系统显示用户编码、计费年月、总金额、违约金等相关信息。

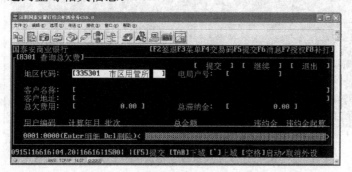

图 7.12 【查询总欠费】界面

（2）现金缴纳总欠费。现金缴纳总欠费是指用户到银行网点缴纳电费。进入界面，如图 7.13

所示,选择地区代码、电局户号、计算年月后,系统显示用户名称和欠费情况,完成数据的录入后,选择【提交】按钮就完成了现金缴费。

图 7.13 【现金缴纳总欠费】界面

(3)打印电表明细数据。商业银行可以通过电力局了解用户的电费数据,用户可以要求银行打印电表明细数据,如图 7.14 所示。

图 7.14 【打印电表明细数据】界面

(4)现金缴纳电费冲账。现金缴纳电费冲账如图 7.15 所示,选择地区代码、电局户号、计算年月和平台流水,选择【提交】按钮后系统能够进行现金缴纳电费冲账。

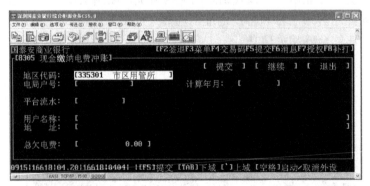

图 7.15 【现金缴纳电费冲账】界面

(5)批量扣款查询。进入批量扣款查询操作界面,如图 7.16 所示,选择地区代码、电局户号、起始日期和终止日期后,选择【提交】按钮,系统自动显示批量扣款查询结果。

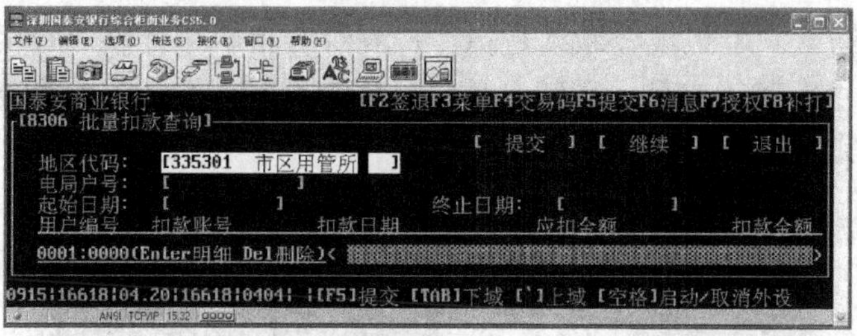

图 7.16 【批量扣款查询】界面

4）煤气代收费

煤气代收费界面如图 7.17 所示，可以进行查询基本信息、查询所有欠费、临柜现金缴款、打印收款收据、查询煤气流水等操作。

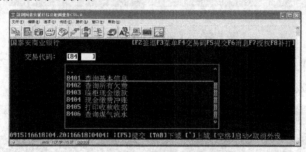

图 7.17 煤气代收费界面

本部分重点介绍查询基本信息、查询所有欠费、临柜现金收缴、现金缴费冲账操作。

（1）查询基本信息。查询基本信息界面如图 7.18 所示，选择单位编号（和前面部分相同，都是需要接入到第三方系统）、煤气户号、用户名称，银行代码由系统自动提供，确定后选择【提交】按钮，系统完成基本信息查询。

图 7.18 【查询基本信息】界面

（2）查询所有欠费。进入查询所有欠费界面，如图 7.19 所示，选择单位编号、煤气户号、用户名称、地址，选择【提交】按钮，系统自动显示该用户欠费情况。

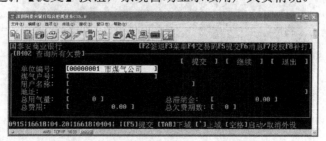

图 7.19 【查询所有欠费】界面

(3) 临柜现金缴款。临柜现金缴款是指客户到综合柜台进行煤气费用的缴费，如图 7.20 所示，选择单位编号、煤气户号，系统自动显示用户名称、总用气量和金额等相关信息，选择【提交】按钮，完成临柜现金缴款。

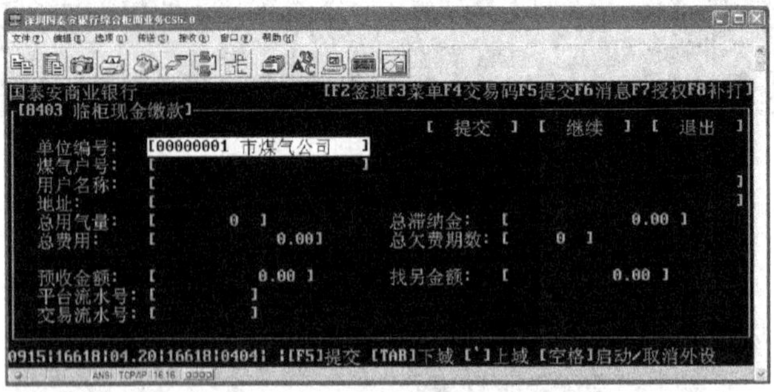

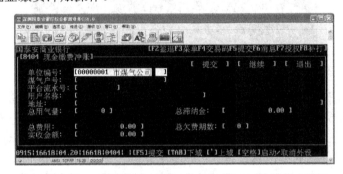

图 7.20　【临柜现金缴款】界面

(4) 现金缴费冲账。进入现金缴费冲账界面，如图 7.21 所示，选择合适的内容后选择【提交】按钮，完成现金缴费冲账操作。

图 7.21　【现金缴费冲账】界面

5）有线电视代收费业务

商业银行可以开展有线电视代收费业务，进入商业银行综合柜面业务 CS5.0 的有线电视代收费界面，如图 7.22 所示，系统提供了 8 个选项供选择：查询有线缴费信息、按姓名查询户号、按电话查询户号、有线现金缴费、有线现金缴费冲账、请求有线发票数据、补打代扣发票、作废代扣发票。

图 7.22　【有线电视代收费】界面

(1) 查询有线缴费信息。通过查询有线缴费信息操作，系统可以查看用户有线电视费用欠费情况，输入数字8601，如图7.23所示，选择单位编号、有线户号、截止日期，选择【提交】按钮，系统显示用户姓名等信息，可以查看用户有线电视缴费信息。

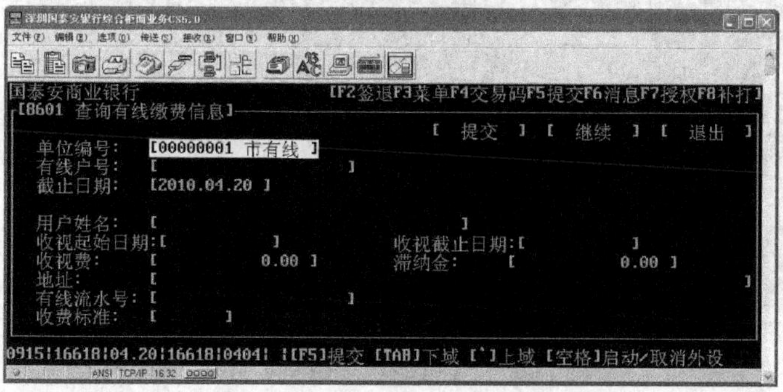

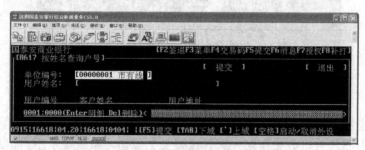

图7.23 【查询有线缴费信息】界面

（2）按姓名查询户号。系统能进行"按姓名查询户号"操作，柜员可以通过输入用户姓名查询到用户的有线电视户号情况，如图7.24所示。

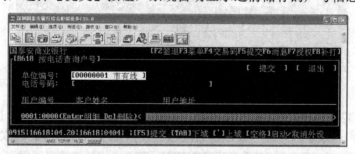

图7.24 【按姓名查询户号】界面

（3）按电话查询户号。系统能进行按电话查询户号操作，如图7.25所示，选择单位编号后，输入电话号码，选择【提交】按钮，系统自动显示之前储存的户号信息。

图7.25 【按电话查询户号】界面

（4）有线现金缴费。可以通过柜员窗口进行有线现金缴费，如图7.26所示，选择单位编号、有线户号、截止日期，系统自动显示有线电视相关费用，用户缴纳现金后，柜员完成有线电视费用收取工作。

（5）有线现金缴费冲账。缴纳有线电视费用后，柜员可以凭借缴费单进行现金缴费冲账操作，如图7.27所示，选择单位编号、有线户号、交易日期、银行流水号，系统显示用户姓名和缴费信息，选择【提交】按钮，完成有线现金缴费冲账操作。

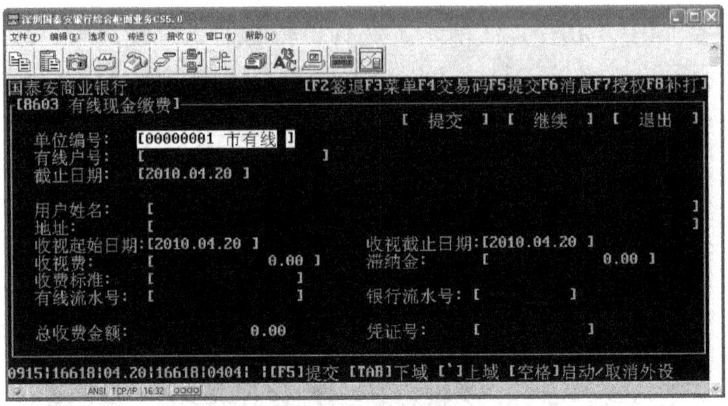

图 7.26 【有线现金缴费】界面

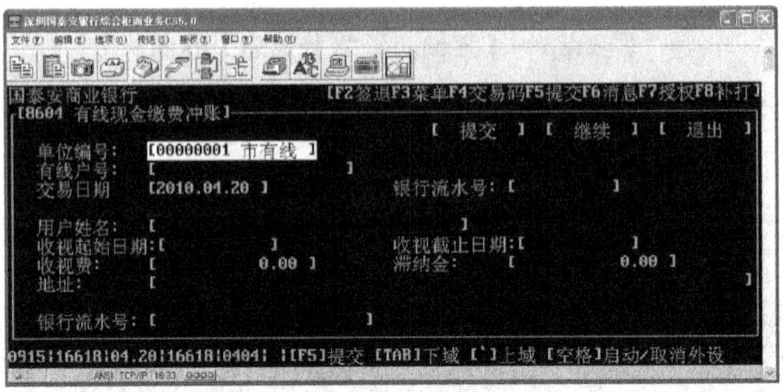

图 7.27 【有线现金缴费冲账】界面

（6）请求有线发票数据。用户可以要求柜员打印发票数据，柜员进入如图 7.28 所示界面，选择单位编号、有线户号、截止日期，选择【提交】按钮，系统显示用户信息。

图 7.28 请求有线发票数据界面

（7）补打代扣发票。用户如果需要重新打印有线电视缴费发票，柜员可以进入如图 7.29 所示界面，选择单位编号、有线户号、票据流水号和票据编码，系统打印发票数据信息。

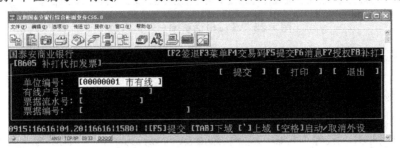

图 7.29 【补打代扣发票】界面

6) 代扣关系维护

代扣关系维护是指银行和代收部门之间的关系建立。如图 7.30 所示，系统提供了 3 项功能：建立对照关系、删除对照关系、查询对照关系。

图 7.30　代扣关系维护界面

（1）建立对照关系。建立对照关系是指银行和代收部门之间建立对照关系，如图 7.31 所示，在【业务编码】栏选择代收内容或者单位名称，在【单位编码】栏选择相应的单位编码，输入用户编码、账号、用户名称、地址等信息，选择【提交】按钮，系统完成对照关系的建立。

图 7.31　【建立对照关系】界面

（2）删除对照关系。银行也可以取消和其他单位的代收业务关系，进入如图 7.32 所示界面，在【业务编码】栏选择对照关系的名称（要和建立对照关系的业务编码一致），选择单位编码，系统显示用户编码，选择【提交】按钮，系统完成对照关系删除操作。

图 7.32　【删除对照关系】界面

（3）查询对照关系。系统提供查询对照关系操作，如图 7.33 所示，选择业务编码、单位编码和用户编码，选择【提交】按钮，系统显示用户对照关系信息。

图 7.33 【查询对照关系】界面

4．实验报告

进行实验操作后，完成实验报告，实验报告主要包括实验目的、实验工具、实验过程等选项。实验一操作记录见表 7-3。

表 7-3 实验一操作记录

国税/地税实验操作				
企业名称		交税时间		缴费金额	
备注					
水费操作实验				
用户名称		欠费时间		欠费金额	
备注					
电费操作实验				
用户名称		欠费时间		欠费金额	
备注					
煤气费操作实验				
用户名称		欠费时间		欠费金额	
备注					
有线电视费操作实验				
用户名称		欠费时间		欠费金额	
备注					
代扣关系维护操作				
单位名称		用户编码		用户名称	
备注					
实验总结					
指导教师			学生		

5．思考练习

（1）商业银行代收业务中，都没有向用户收取手续费，请问商业银行为什么开展代收业务呢？

(2)注册账号,完成水费、煤气费、有线电视费的代收实验操作。

(3)完成以"传媒电力有限公司"为单位的电费代扣关系的维护操作。

实验二　代付业务实验

1．实验目的

(1)了解批量代收代扣业务操作。

(2)了解银证转账操作。

(3)了解POS结算操作。

2．实验工具

深圳国泰安银行综合柜面业务CS5.0。

3．实验过程

1)批量代收代扣

批量代收代扣是指进行代收代扣时,可以批量处理相关业务。如图7.34所示,该界面包括批量代收代扣的合同录入、合同查询维护、批量录入、批量查询维护、批量合并、增加批量明细、批量明细维护、批量写磁打印查询、批量开户写磁打印、批量明细查询等操作。

图7.34　批量代收代扣界面

(1)合同录入。输入数字7101,如图7.35所示,选择代理类别(包括水费托收、电费托收、电话费代收、税款托收、电脑贷款、汽车贷款、养老金代收、其他托收、代发工资、其他托付、学费代收等选项)、代扣类型(普通、扣至最低余额、按编号顺序)、代理收付账号[②]是内部账号,否则选择【提交】按钮后系统弹出提示框,如图7.36所示。

---

② 代理收付账号只能是储蓄周转金的内部账号。

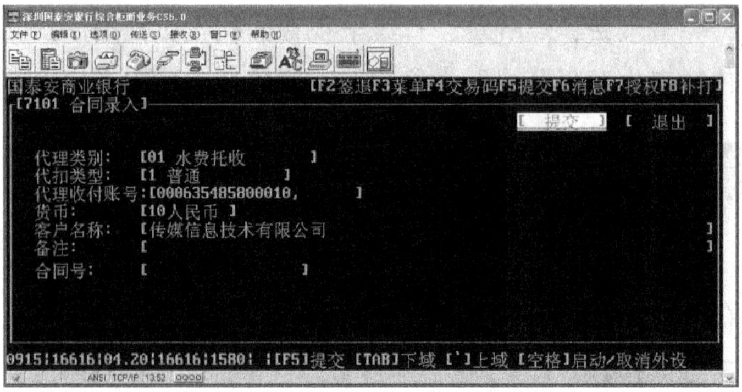

图 7.35 批量代收代扣中的【合同录入】界面

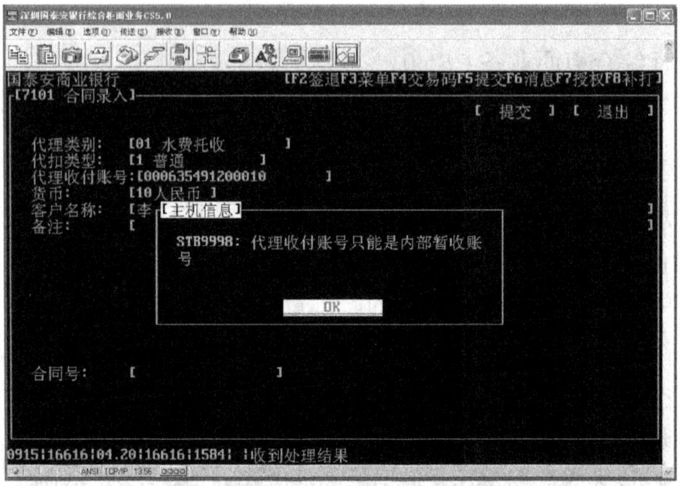

图 7.36 【合同录入】账号错误提示界面

输入数字 1620，如图 7.37 所示，选择科目号（407）、账号后缀（如 00002）、户名、起息日期、到期日期，选择【提交】按钮后，系统显示内部账户账号，如图 7.37 所示，账号为 909151047200002。

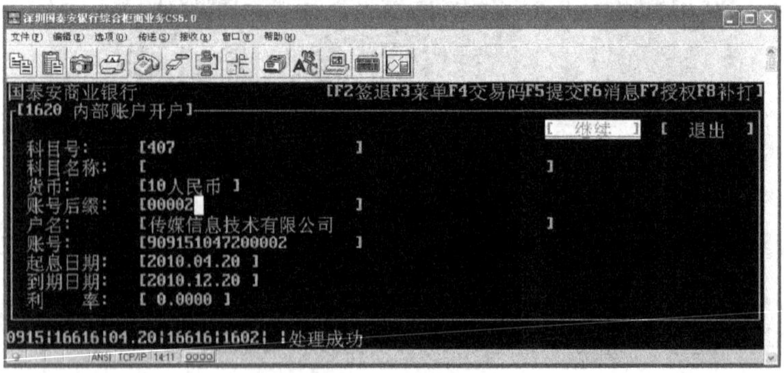

图 7.37 合同录入中的【内部账户开户】界面

在批量代收代扣合同录入界面上输入内部账号，如图 7.38 所示，系统自动显示合同录入的合同号码为 091500050。

图 7.38　批量代收代扣【合同录入】显示合同号界面

（2）合同查询维护。输入数字 7102，如图 7.39 所示，输入合同号 091500050，选择【提交】按钮，系统显示代收代扣合同信息，如图 7.40 所示。

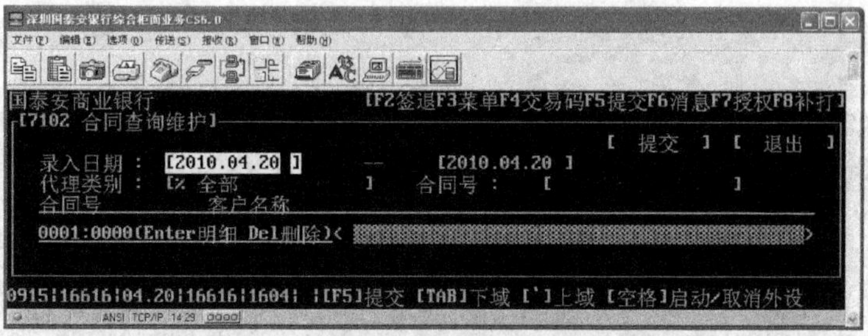

图 7.39　批量代收代扣【合同查询维护】界面

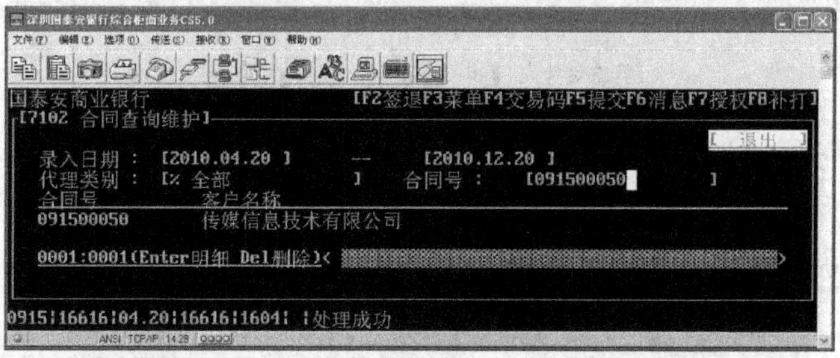

图 7.40　批量代收代扣【合同查询维护】结果界面

（3）批量录入。进入批量录入界面，如图 7.41 所示，输入代理合同号（同上一步获得的合同号），选择总笔数、总金额、批量明细来源（无来源、来源于批量），选择【提交】按钮，系统自动显示批量号，如图 7.42 所示，批量号为 0001。

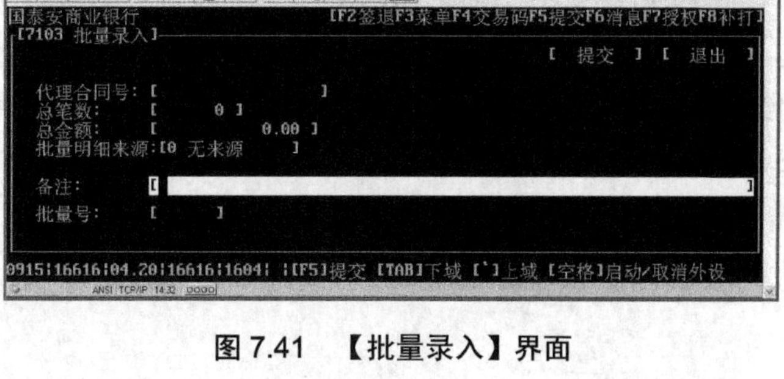

图 7.41　【批量录入】界面

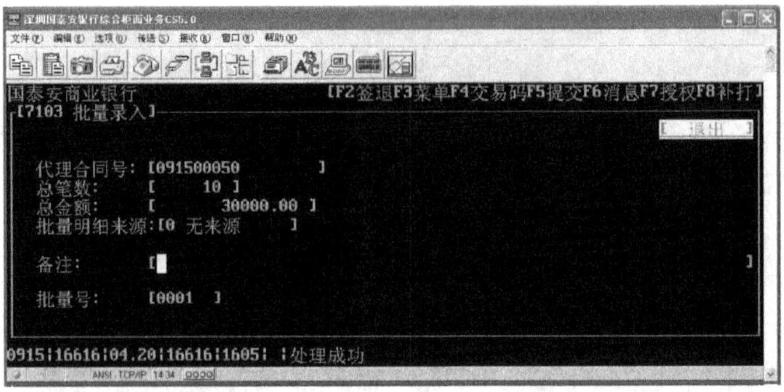

图 7.42 【批量录入】成功界面

(4) 批量查询维护。进入批量查询维护界面，如图 7.43 所示，输入合同号，系统显示批量信息，正是上一步的批量合同录入信息。

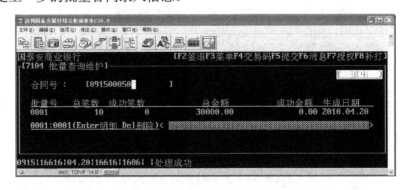

图 7.43 【批量查询维护】界面

(5) 批量合并。进入批量合并界面，如图 7.44 所示，选择代理合同号（如 091500050），选择批量号 1 和批量号 2，选择【提交】按钮，系统显示批量合并后笔数和合并后金额。

图 7.44 批量合并界面

(6) 增加批量明细。输入数字 7106，如图 7.45 所示，选择代理合同号、批量号、涉及对象账号（如本例选择是传媒信息技术有限公司的活期存款账户 000635485800010），系统自动显示账户名称，在【涉及金额】栏输入金额，但金额需小于批量合同的金额，如输入金额 20000，选择【提交】按钮，系统显示增加批量明细成功，如图 7.46 所示。

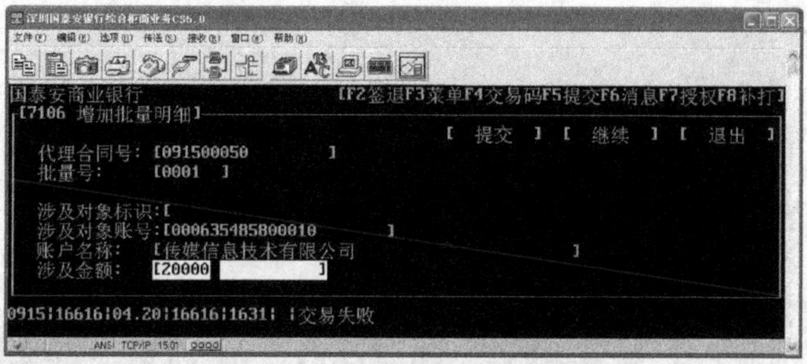

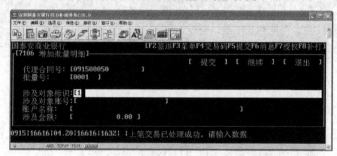

图 7.45 【增加批量明细】界面

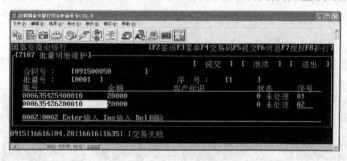

图 7.46 【增加批量明细】成功界面

(7) 批量明细维护。如图 7.47 所示,输入合同号和批量号,选择序号,系统显示需要增加的批量信息,输入账号、金额,选择【提交】按钮,系统完成批量明细的维护。

图 7.47 【批量明细维护】界面

2) POS 结算

进入 POS 结算操作界面,如图 7.48 所示,输入卡号、POS 中心交易流水号、原始交易日期、选择币种和交易金额,选择【提交】按钮,系统提示需要进一步核实该账号信息。

图 7.48 【POS 结算】界面

3) POS 结算查询

进入 POS 结算查询界面，如图 7.49 所示，输入卡号和交易日期，选择【提交】按钮，系统显示该卡号的交易信息。

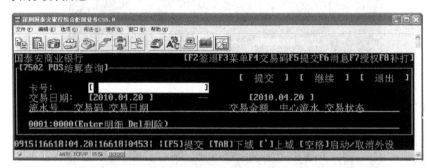

图 7.49 【POS 结算查询】界面

4) 银证转账

银证转账是指在银行和证券公司之间的转账，包括证券转银行、银行转证券、代收证券资金、代付证券资金、查询资金账户余额、打印资金账号等操作。

（1）证券转银行。输入交易码 8801，进入证券转银行界面，如图 7.50 所示，选择证券编号（海通证券、国泰证券、华泰证券、万联证券、金信人民路、金信百大证券公司），输入资金账号（证券公司给每个客户提供的资金账号）、资金密码、银行账号、身份证号，系统显示户名，选择交易金额，选择【提交】按钮，系统自动完成从证券公司到银行账户的转账工作。

图 7.50 【证券转银行】界面

（2）银行转证券。输入交易码 8802，如图 7.51 所示，银行转证券是证券转银行的相反操作，选择银行账号、证券编码，输入资金账号、身份证号、交易金额、银行密码等信息，选择【提交】按钮，系统完成从银行转账到证券账号的操作。

（3）代收证券资金。代收证券资金是指银行可以替证券公司代收客户的证券资金，如图 7.52 所示，选择证券编号、资金账号，输入身份证号和交易金额、资金密码等，选择【提交】按钮，系统完成证券资金代收操作。

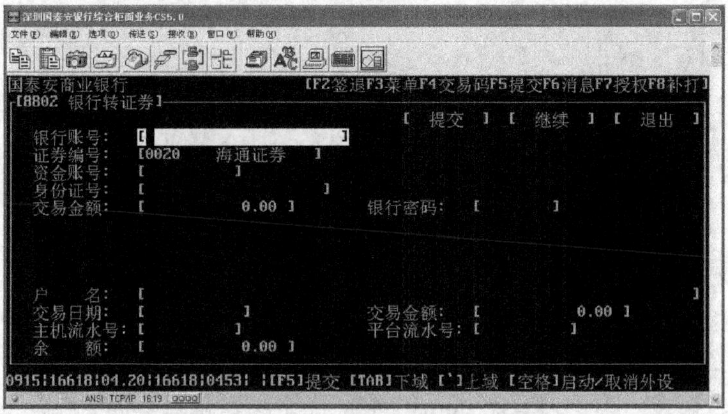

图 7.51 【银行转证券】界面

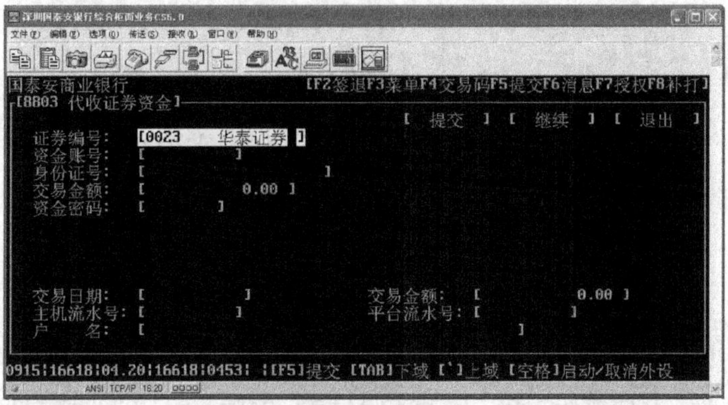

图 7.52 【代收证券资金】界面

(4) 代付证券资金。商业银行可以开展向证券资金账号代付资金业务，如图 7.53 所示，选择证券编号、资金账号，输入身份证号、交易金额，选择【提交】按钮，系统完成代付证券资金操作。

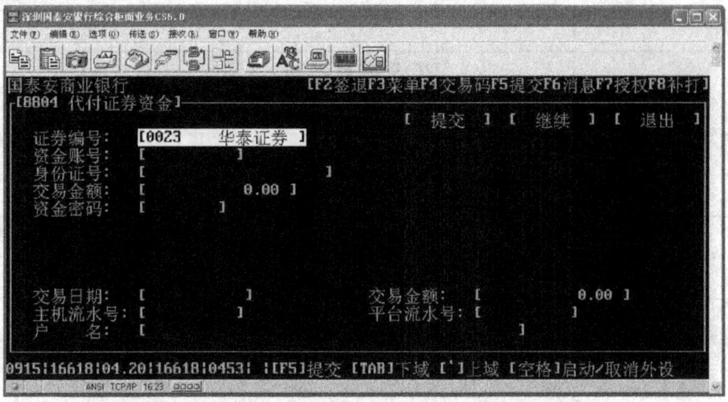

图 7.53 【代付证券资金】界面

(5) 查询资金账户余额。输入交易码 8805，查询资金余额，如图 7.54 所示，选择证券编号、资金账号，输入资金密码，系统自动显示资金账户余额，输入银行账户，可以查询银行账户余额。

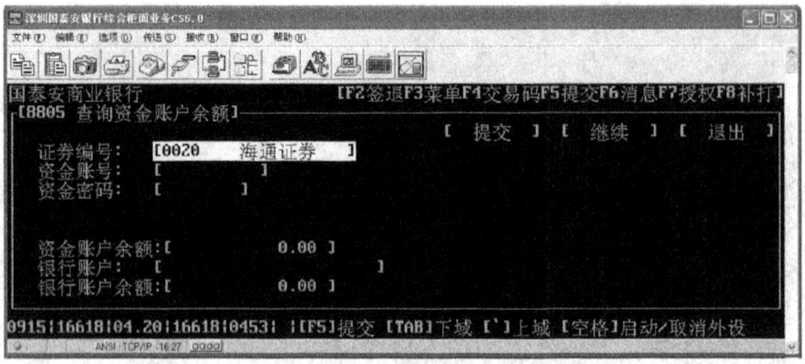

图 7.54 【查询资金账户余额】界面

(6) 打印资金账号。输入交易码 8806,进入打印资金账号界面,如图 7.55 所示,选择证券编号,输入账号、资金账号,选择【提交】按钮,系统自动打印资金账号。

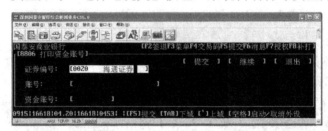

图 7.55 【打印资金账号】界面

4．实验报告

实验操作结束后,完成实验报告,包括实验目的、实验工具、实验过程等部分。完成表 7-4。

表 7-4 实验二操作记录

批量代扣实验					
代理类别		收付账号		合同号	
客户名称		批量号		批量金额和笔数	
备注					
POS 结算实验					
卡号		交易日期		交易金额	
备注					
银证转账实验					
银行账户		证券账号		银行转证券金额	
证券转银行金额		代收证券资金金额		代付证券资金金额	
备注					
实验总结					
指导教师			学生		

5．思考练习

(1) 银行代付业务主要包括哪些方面的内容?

（2）批量代收代扣业务有什么好处？

（3）POS 结算的主要流程是什么？

（4）完成批量代收代扣、POS 结算实验。

实验三 代理国债业务实验

1．实验目的

（1）了解代理国债实验操作。

（2）了解银联柜面通实验操作。

（3）了解 IC 卡售水业务实验操作。

2．实验工具

深圳国泰安银行综合柜面业务 CS5.0。

3．实验过程

1）代理国债

商业银行可以开展代理国债业务，输入交易码 7200，进入代理国债界面，如图 7.56 所示，该界面提供了 3 项操作：凭证式国债出售、凭证式国债兑付和凭证式国债查询。

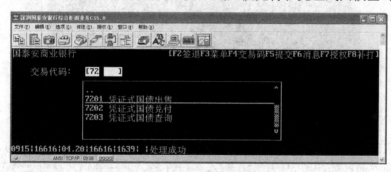

图 7.56 代理国债操作界面

（1）凭证式国债出售。凭证式国债出售需要商业银行账户资料。进入国泰安商业银行综合柜面业务软件，输入交易码 7201，选择现/转标志（现金、转账）、ID 类别，输入 ID 号（本例选择李老三的身份证号），按 Enter 键后系统自动显示该身份证号的账户名称和客户号，如图 7.57 所示。选择凭证类型、凭证号、期数、支取方式、金额和存期，选择【提交】按钮，系统自动显示账号等信息。

（2）凭证式国债兑付。凭证式国债兑付是指国债兑付成现金的过程。输入交易码 7202，如图 7.58 所示，选择现/转标志（现金、转账）、凭证类型（凭证式国债收款凭证、无），输入账号、凭证号、密码、本金和存期，选择【提交】按钮，完成凭证式国债的兑付操作。

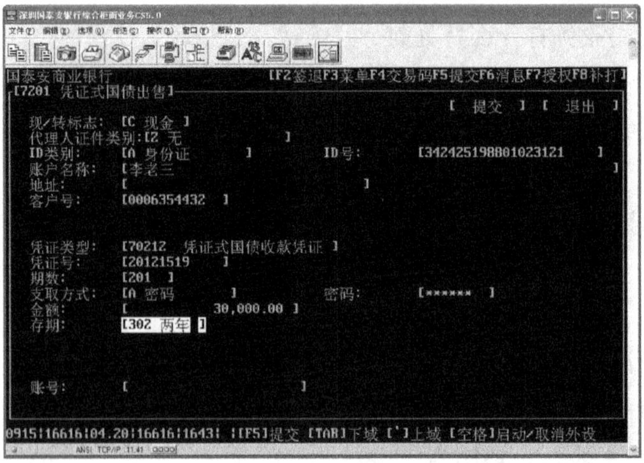

图 7.57 【凭证式国债出售】界面

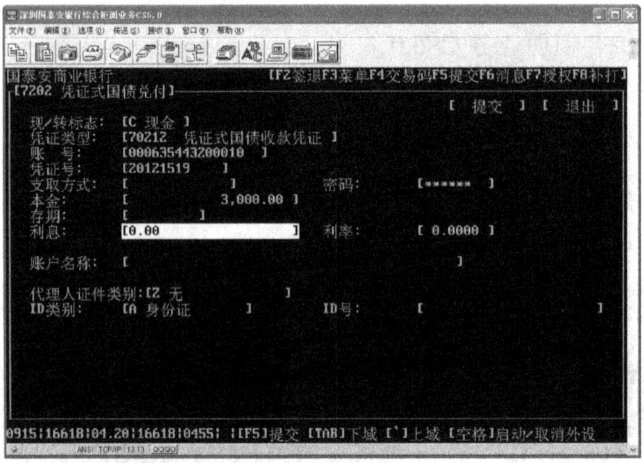

图 7.58 【凭证式国债兑付】界面

（3）凭证式国债查询。凭证式国债查询业务可以查询客户的国债购买信息，输入交易码 7203，进入查询界面，如图 7.59 所示，输入客户姓名、证件号码（身份证号）、凭证号码，选择【提交】按钮，系统自动显示凭证式国债凭证号、账号、金额、存期和开户日期等信息。

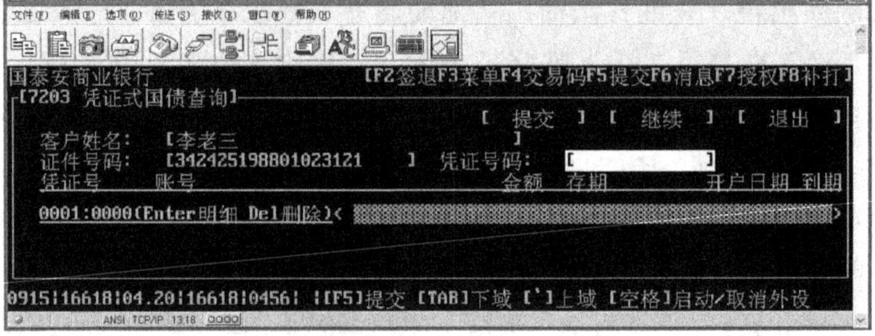

图 7.59 【凭证式国债查询】界面

2）银联柜面通

银联柜面通是指可以在本行查询到其他行开户账号情况，输入交易码 7300，进入银联柜面通界面，如图7.60所示，该界面包括账户余额查询、通存交易、通兑交易、本行转他行、他行转本行、现金汇划录入、现金汇划复核、电子汇划录入、电子汇划复核、银行卡通存撤销交易、本行转他行撤销交易、他行转本行撤销交易等操作。

图7.60　银联柜面通界面

（1）账户余额查询。银行柜员可以查看他行开户的账户的存款情况，如图7.61所示，输入他行卡号、密码，系统显示客户名和存款金额。

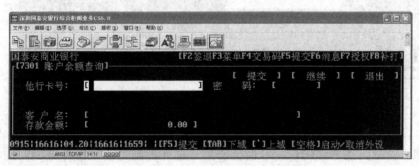

图7.61　【账号余额查询】界面

（2）通存交易。通存交易是指可以在本行办理他行开户的存折的存款业务，输入交易码7302，进入通存交易界面，如图7.62所示，输入他行卡号、存款金额、证件类别、证件号码，系统自动完成通存交易。

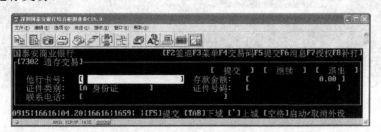

图7.62　银联柜面通通存交易界面

（3）通兑交易。通兑交易是可以在本行开展他行开户的存折的取款业务，输入交易码7304，进入通兑交易界面，如图7.63所示，输入他行卡号、密码，选择证件类别，输入证件号码、取款金额，选择【提交】按钮，系统完成通兑交易操作。

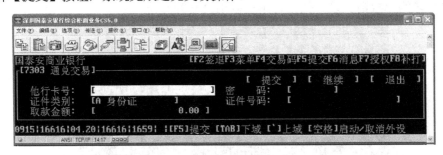

图7.63　银联柜面通通兑交易界面

（4）本行转他行、他行转本行。本行转他行是指本行卡上的金额转入他行卡上，输入交易码7304，如图7.64所示，输入他行卡号、密码和客户名，系统显示账户余额，选择【提交】按钮，系统完成本行转他行操作。

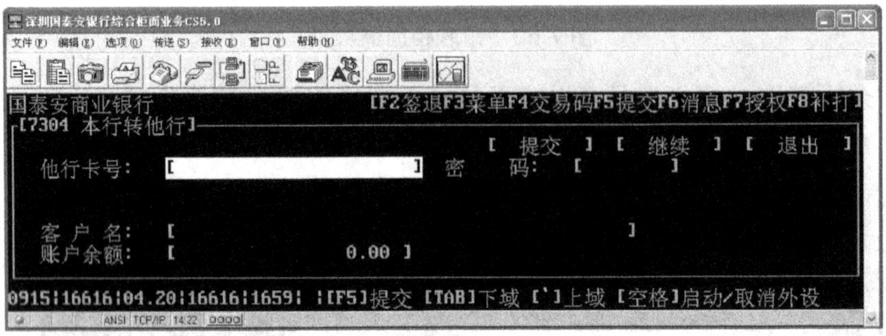

图7.64　【本行转他行】操作界面

他行转本行操作和本行转他行操作相似，输入交易码7305，如图7.65所示，输入他行卡号、取款日期、密码，选择现转标志、取款金额、证件类别，输入证件号码，选择【提交】按钮，完成从他行转本行操作。

图7.65　【他行转本行】操作界面

（5）现金汇划录入。如图7.66所示，输入转出卡号、密码、转账金额，选择现转标志、证件类别、输入证件号码、转入卡号，选择【提交】按钮，系统完成现金汇划录入操作。

图 7.66 【现金汇划录入】操作界面

3) IC 卡售水业务

如图 7.67 所示，IC 卡售水业务包括 IC 卡临柜售水、IC 卡信息查询、用户基本信息查询、售水业务查询、售水业务抹账、卡内购水量清零等操作。

图 7.67 IC 卡售水业务界面

（1）IC 卡临柜售水。IC 卡临柜售水是指银行开展售水业务，如图 7.68 所示，输入凭证号码、购水量、客户序号、购水次数等信息，选择【提交】按钮，完成 IC 卡临柜售水业务操作。

图 7.68 【IC 卡临柜售水】操作界面

（2）IC 卡信息查询。银行可以查询到 IC 卡信息，如图 7.69 所示，选择 IC 卡操作，系统自动读取客户序号、总用水量等信息。

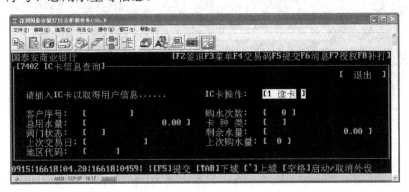

图 7.69　【IC 卡信息查询】界面

（3）用户基本信息查询。用户基本信息查询可以查询用户信息，系统提示插入 IC 卡，如图 7.70 所示，显示用户的基本信息。

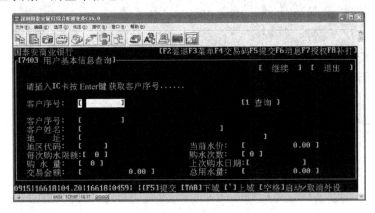

图 7.70　【用户基本信息查询】界面

（4）售水业务查询。插入 IC 卡，选择 IC 卡操作，如图 7.71 所示，系统显示购水量、交易金额等信息。

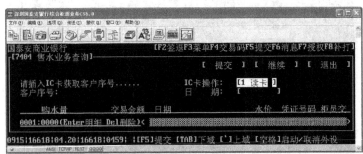

图 7.71　售水业务查询操作界面

（5）售水业务抹账。如图 7.72 所示，选择交易日期，输入柜员交易号、客户序号等信息，系统自动完成抹账操作。

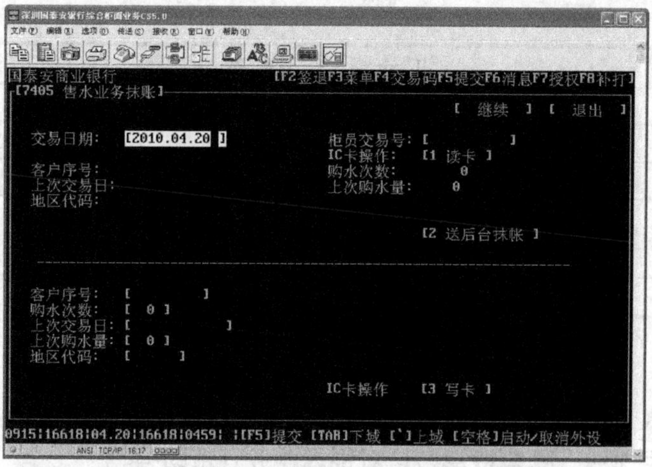

图 7.72 【售水业务抹账】操作界面

（6）卡内购水量清零。如图 7.73 所示，插入 IC 卡后，系统显示客户信息，选择 IC 卡操作为"清零"，系统完成卡内购水量清零操作。

图 7.73 【卡内购水量清零】操作界面

4．实验报告

实验操作结束后，完成实验报告，填写表 7-5。

表 7-5 实验三操作记录

代理国债实验					
客户名称		身份证号		客户号	
国债类型		支取方式		国债金额	
备注					
银联柜面通实验					
他行卡号		客户名称		余额	
存入金额		支取金额		转入他行金额	
转入本行金额		转出卡号		转出金额	
备注					

续表

IC 卡售水业务实验					
IC 卡号		客户序号		购水量	
金额		交易日期		总用水量	
备注						
实验总结						
指导教师			学生		

5．思考练习

（1）银行为什么开展代理国债业务？银行能从中获得哪些利益？

（2）银行银联柜面通有哪些特点？这对银行业务有帮助吗？

（3）完成银行开户操作，分别以开展代理国债、银联柜面通、IC 卡售水业务操作，完成实验报告表格。

模块八

结 算 业 务

JIESUAN YEWU

【知识目标】

（1）了解联行业务、银行汇票业务、同城结算业务、银行支票业务、银行卡业务、汇兑业务、委托收款、托收承付业务的概念。
（2）了解联行业务的适用条件。
（3）了解银行汇票业务的特点。
（4）了解同城结算业务的构成。
（5）了解银行支票的种类。
（6）了解银行卡的类型和区别。
（7）了解汇兑业务的分类。
（8）了解委托收款当事人的类型和托收方式。

【技能目标】

能进行联行业务、银行汇票业务、同城结算业务、城商行汇票业务、委托收款业务操作。

8.1 联行业务

【导入案例】

中国银行开平案例

中国银行开平案例是新中国最大的银行资金盗窃案,涉案金额 4.83 亿美元,折合人民币超过 40 亿元。

2001 年 10 月 12 日,中国银行为加强管理,将全国 1040 处电脑中心统一成一套系统,集中设置在 33 个中心。一联网,电脑中心反映出账目亏空 8000 万美元,很快就又飙升到 4.83 亿美元。通过对账目的分析,案发范围逐渐缩小到广东省,又锁定到江门市下属的开平市,2002 年春节刚过,由中纪委牵头,包括公检法、银行等各方面的人员,抽调了近 700 人的工作组进驻开平市。经查,开平支行连续 3 任行长许某、余某、许某 3 人相互勾结掩护,在 8 年时间内转移资金竟高达几十亿元。

如果不是联行,中行或许会蒙受更大的损失。虽然开平案例已经过去了好几年,但从开平案例中,我们还是了解到联行对银行发展的重要性,如果中行能及早实现联行业务,或者有可能不会发生开平案例。

【知识准备】

银行业务除了传统的存贷款业务外,还有结算业务。联行往来是银行达到转账结算目的的重要手段之一,联行往来的实质是银行构建的社会资金的邮递通道。

联行是银行系统内各行处在资金上具有往来关系的银行,联行往来是系统内所属银行的资金账务往来,它是由于银行间办理资金调拨、货币结算、相互间代收、代付款项等业务而引起的。

结算业务也就是社会资金的往来最终要体现在银行间的资金划拨上,资金结算业务的发生,必然要通过两个或两个以上的银行才能完成。如其往来双方同属一个银行系统,即同属一个总行的各个分支机构间的资金账务往来,我们称为联行往来。

对于共同隶属于一个总行的相互往来的两个银行来说,双方互称为联行,使用联行账户系统。

目前,我国有 6 大联行系统:中国人民银行、中国工商银行、中国农业银行、中国建设银行、中国银行、交通银行。

【课堂讨论】

结合联行业务相关知识,了解联行对银行发展的重要性,谈谈自己对联行业务的认识。

8.2 银行汇票业务

【导入案例】

汇票"简单化"交易

2007 年 3 月 10 日,北京金谷商贸有限公司购买北京世纪科贸中心总价为 15 万元的货物,北京科贸中心对金谷商贸有限公司的资信情况还不是很了解,因此要求以银行承兑汇票结算方式结清汇款。双方在签订合同交易时，在合同中注明采用银行承兑汇票进行结算。北京金谷有限公司按合同规定签发了银行承兑汇票，并经开户银行中国工商银行北京小街分理处承兑。金谷商贸有限公司将经过承兑的汇票交予北京世纪科贸中心。北京世纪科贸中心在汇票到期前委托资金的开户行中国工商银行科苑分理处收取款项，双方通过银行承兑汇票这种结算方式，顺利完成交易。

从以上案例可以看出，两家公司通过银行承兑汇票完成交易。两家公司之间为什么不直接用现金进行交易？银行承兑汇票进行交易的好处有哪些？需要注意哪些事项？

【知识准备】

1. 银行汇票

银行汇票是出票银行签发的，由其在见票时按照实际结算金额无条件支付给收款人或者持票人的票据（《支付结算办法》第五十三条）。

银行汇票资金清算是指入网机构签发银行汇票，并通过农信银中心完成汇票的解付以及出票社行与代理付款社行的资金清算。

银行汇票有 7 个必须记载事项：银行汇票的字样、无条件支付的承诺、出票金额、付款人名称、收款人名称、出票日期、出票人签章。

背书的基本规定：银行汇票可以背书转让，转让金额以实际结算金额为准。

不得转让的情况：（1）出票人在汇票上记载"不得转让"字样，汇票不得转让。（2）现金银行汇票不得背书转让。（3）未填写实际结算金额或实际结算金额超出出票金额的银行汇票不得背书转让。

2. 银行承兑汇票

1）银行承兑汇票含义

银行承兑汇票是出票人签发的，由开户银行承兑并约定在指定付款日期无条件支付确定金额给收款人或者银行承兑汇票持票人的一种票据类别。

银行承兑汇票是远期商业汇票的一种，它同银行汇票不是一个概念。企业之间使用银行承兑汇票，必须具有真实的交易关系或债权债务关系。银行承兑汇票可以流通转让。银行承兑汇票付款期限，最长不得超过 6 个月；银行承兑汇票的提示付款期限，自汇票到期日起 10 日。银行承兑汇票持票人应在提示付款期限内完成委托收款背书，并将银行承兑汇票和填制的进账单交开户银行，通过同城票据交换收妥后入账。承兑人为异地的，持票人可匡算邮程，提前通过开户银行办理委托收款。

银行承兑汇票持票人需要提前使用票据资金时，可以向开户银行申请银行承兑汇票贴现，在按银行承兑汇票贴现率贴付贴息后，余额即是所得资金。

2）银行承兑汇票特点

银行承兑汇票具有如下几个特点：无金额起点限制；第一付款人是承兑银行；出票人必须在承兑银行开立存款账户；付款期限最长为 6 个月；可以贴现；可以背书转让。

对出票人签发的商业汇票进行承兑是银行基于对出票人资信的认可而给予的信用支持。银行签发了承兑汇票就意味着银行对购货企业承付货款提供了担保。一旦汇票到期购货方无力支付货款，银行必须无条件替企业垫付资金。

从这个意义上讲，银行承兑汇票也是一种对外担保业务。银行承兑汇票是以真实的商品交易为基础，将信贷资金投放、收回与真实的商品销售紧密、完美结合在一起，是支付工具、信用工具、结算工具、融资工具完美的结合体。最早汇票的作用在于保证交易履约的安全，是一种保证结算付款的工具，随着市场主体对票据功能的不断挖掘，票据逐渐成为融资、信用工具。承兑银行按承兑金额万分之五收取手续费。

3）银行承兑汇票基本流程

银行承兑汇票基本流程一般如下。

（1）签订商品交易合同。

（2）送交资料申请承兑。

（3）报送上级审批。

（4）同意办理或不同意办理。

（5）签订承兑协议，盖章承兑并收费或退回有关资料。

（6）交付票据。

（7）到期收取票款。

（8）到期委托银行收款。

（9）发出票据及委托收款凭证。

（10）划回票款或拒绝付款。

3．城商行汇票

城市商业银行银行汇票使用经中国人民银行批准的，由城市商业银行资金清算中心颁布的统一标识的银行汇票凭证、统一印模的汇票专用章和统一的密押系统。清算中心负责城市商业银行银行汇票业务的资金清算。同时，为了增加城市商业银行银行汇票流通区域、提升票据功效，清算中心与中国工商银行签订了代理兑付协议，城市商业银行银行汇票可在中国工商银行全国各地的对公机构兑付。

2004年，经中国人民银行批准，城市商业银行资金清算中心已正式办理城市商业银行签发的银行汇票资金清算业务。8月20日起，上海银行、北京市商业银行等首批69家城市商业银行开始办理银行汇票签发和互为代理兑付业务。随着中国现代化支付系统的建设完成，各城市商业银行将通过由清算中心建设的城市商业银行银行汇票业务处理系统，依托中国现代化支付系统，处理银行汇票的移存、兑付业务，实行"签发移存、见票即付、及时清算、自律管理"，从而真正实现高效、快速、安全、准确的资金清算。

城市商业银行汇票处理系统依托属地经营的城市商业银行，为实现跨区域资金清算开辟了一条高效、快速、安全、准确的资金清算通道。城市商业银行汇票业务的开通，是全国城市商业银行在合作领域的一项巨大成功，彻底突破了全国各城市商业银行客户之间无法直接办理异地资金清算的"瓶颈"，对完善城市商业银行服务功能，提升服务层次，提高市场综合竞争力，谋求全国范围业务的大联合，具有积极的促进作用。

【课堂讨论】

在实际结算等活动中，银行汇票方便工商企业和银行之间的结算，促进经济的发展，谈谈你对银行汇票、承兑汇票及城商行汇票的认识。

【拓展阅读】

关于使用银行承兑汇票支付募集资金投资项目所需资金的公告

浙江赞宇科技股份有限公司

证券代码：002637　证券简称：赞宇科技　公告编号：2013-009

本公司及董事会全体成员保证信息披露内容的真实、准确和完整，没有虚假记载、误导性陈述或重大遗漏。

浙江赞宇科技股份有限公司（以下简称"公司"）第二届董事会第十九次会议于2013年3月28日召开，会议审议通过了《关于使用银行承兑汇票支付募集资金投资项目所需资金的议案》。为提高资金使用效率，降低资金使用成本，公司决定在募集资金投资项目实施期间，使用银行承兑汇票支付（或背书转让支付）募集资金投资项目中的应付工程款、设备采购及材料采购款项，并从募集资金专户划转等额资金补充流动资金。

1. 使用银行承兑汇票支付项目资金的操作流程

（1）根据募投项目相关设备、材料采购及基础设施建设进度，由项目部或采购部在签订合同之前征求财务部的意见，确认可以采取银行承兑汇票进行支付的款项，履行相应的审批程序后，签订相关合同。

（2）具体办理银行承兑汇票支付时，由项目部、采购部相关部门填制请款申请单，注明付款方式为银行承兑汇票，按公司《募集资金管理制度》规定的资金使用审批程序逐级审核，并由董事长签字后，财务部安排支付。

（3）财务部按月编制当月银行承兑汇票支付情况汇总明细表，每月月末报公司董事长审批，并抄送保荐代表人（若当月累计金额每达1000万元而未到月末时，应及时报公司董事长审批，并抄送保荐代表人），经公司董事长审批并且保荐代表人审核无异议后，财务部于次月5日前向募集资金专户监管银行提报办理募集资金置换手续。

（4）募集资金专户监管银行审核、批准后，将以银行承兑汇票支付的募投项目建设所使用的款项从募集资金账户中等额转入公司一般账户，用于补充流动资金。

（5）非背书转让支付的银行承兑汇票到期时，公司以自有资金支付到期应付的资金，不再动用募集资金账户的任何资金。

2. 对公司的影响

公司使用银行承兑汇票支付（或背书转让支付）募投项目资金，有利于提高募集资金的使用效率，符合股东和广大投资者利益。不影响公司募集资金投资项目的正常进行，不存在变相改变募集资金投向和损害股东利益的情况。

3. 保荐机构和保荐代表人的监督

保荐机构和保荐代表人对赞宇科技使用银行承兑汇票（或背书转让）支付募集资金投资项目建设款项的情况进行持续监督，每月月末保荐代表人对使用承兑汇票（或背书转让）支付募集资金投资项目建设款项的情况进行逐笔审核，经审核无异后，赞宇科技方可向募集资金专户监管银行提报办理募集资金置换手续。同时，保荐机构可通过现场核查、书面问询等方式行使监管权，赞宇科技和募集资金监管银行应当配合保荐机构的调查与查询。

4. 使用银行承兑汇票已支付募集资金投资项目建设款的情况及处理

公司自2012年1月1日至2012年12月31日已经使用银行承兑汇票支付募投项目建设款，根据天健审〔2013〕1717号鉴证报告，共计使用人民币12400223.19元，公司将先使用募集资金置换前期以银行承兑汇票（或背书转让）方式已支付的上述募投项目资金，共计人民币12400223.19元。

5. 独立董事意见

公司独立董事认为：公司使用银行承兑汇票支付募集资金投资项目所需资金有助于提高资金的流动性及使用效率，降低财务成本，符合公司和全体股东的整体利益，也不影响公司募投项目的正常运行，不存在变相改变募集资金投向和损害股东利益的情况，因此，同意公司使用银行承兑汇票支付募集资金投资项目所需资金以及使用募集资金置换前期以银行承兑汇票（或背书转让）方式已支付的募投项目资金。

6. 监事会意见

公司监事认为：公司使用银行承兑汇票支付募投项目应付工程款、设备采购及材料采购款，有利于进一步提高资金使用效率、降低资金使用成本、更好地保障公司及股东利益。不影响公司募投项目的正常进行，不存在变相改变募集资金投向和损害股东利益的情形。

一致同意公司在募集资金投资项目实施期间，使用银行承兑汇票支付（或背书转让支付）募集资金投资项目中的应付工程款、设备采购及材料采购款项，并从募集资金专户划转等额资金补充流动资金。并且同意公司使用募集资金置换前期以银行承兑汇票（或背书转让）方式已支付的募投项目资金。

7. 保荐机构意见

保荐机构经过审慎核查后认为：赞宇科技以募集资金偿还前期用银行承兑汇票垫付的募投项目投资款，已履行必要的审议程序。本保荐人同意公司自募集资金专户支取 12400223.19 元，用于偿还用银行承兑汇票垫付的募投项目投资款。

8. 备查文件

（1）《第二届董事会第十九次会议决议》。
（2）《第二届监事会第十二次会议决议》。
（3）《独立董事对第二届董事会第十九次会议相关事项发表的独立意见》。
（4）《齐鲁证券有限公司关于浙江赞宇科技股份有限公司以募集资金偿还前期用银行承兑汇票垫付的募投项目投资款事项的专项意见》。

特此公告。

浙江赞宇科技股份有限公司董事会
2013 年 3 月 28 日

8.3 同城结算业务

【导入案例】

警惕转账支票变身

山东济南某公司因业务往来，经常会收到下游公司转账支票等票据。蹊跷的是，该公司其他业务员每次上交的都是转账支票，而业务员刘某交的却是银行承兑汇票。该公司负责人怀疑刘某有可能收上来的是转账支票，却通过某种渠道将转账支票换成承兑支票上交给公司，自己从中牟利。公司负责人报案，让警方协助侦查刘某是否存在犯罪行为。

接案后，警方介入，刘某如实供述了自己转手转账支票并从中获利的事实。在 2010 年 9 月至 2011 年 7 月间，刘某先后 7 次利用承兑汇票顶替公司转账支票的方式，挪用其他公司支付的转账支票，与他人兑换承兑汇票累积 200 万余元，从中赚取 2% 的手续费，获得好处费 4 万余元。

转账支票和银行承兑汇票有何区别呢？为什么刘某需要将转账支票换成银行承兑汇票呢？谈谈你的见解。

【知识准备】

同城业务是指银行客户与同城他行开户的客户进行资金存取的业务。同城业务涉及到票据的交换，主要有提出、提入业务以及相应的资金清算。

同城结算业务一般包括以下内容。

（1）出票人：签发支票一方，也就是付款人。

（2）持票人：持有支票一方，也就是收款人。

（3）提出：将票据提交到人民银行清算中心进行跨行清算，分为提出借方和提出贷方。提出借方票据（如支票）收入资金，提出贷方（如电汇）付出资金。

（4）提入：银行将清算中心清分后的需本行处理的票据提回，也分为提入借方票据（资金付出）和提入贷方票据（资金收入）。

（5）票据交换：各银行网点将需要跨系统清算的票据提出，交到人民银行清算中心，清算中心统一集中起来后，将需要各行处理的票据分给各银行网点，并将各网点的借、贷方票据金额轧差汇总后进行资金清算。

【课堂讨论】

谈谈你对同城业务的各组成部分在同城业务中的地位或作用的理解。

【拓展阅读】

郑汴票据交换同城有望于2013年起实现

郑（州）汴（开封）票据交换同城作为郑汴金融同城工作的一部分，目前，人民银行郑州中心支行已组织人民银行开封市中心支行及相关商业银行完成网络联调和技术、业务测试，其他准备工作正在顺利推进，有望于2013年1月正式开通运行。

2012年9月，河南省人民政府印发《关于加快推进郑汴金融同城的通知》（豫政办〔2012〕119号），要求2013年1月1日起"实现转账支票等银行票据在郑州、开封两市辖区内按照同城方式使用"。在人民银行郑州中心支行的积极组织下，郑汴两地人民银行、商业银行经过调研论证，决定采用郑汴两地票据交换系统合并、停止运行开封市同城清算系统的方式，实现郑汴票据交换同城。据统计，开封市有10家银行的133个网点通过当地票据交换系统处理业务，2013年1月起，这些银行将接入郑州市票据交换系统，与郑州市25家银行之间的汇款、支票等业务往来将化异地为同城。

郑汴票据交换同城后，将使郑汴两地支付结算渠道更为畅通，客户可以多方面比较银行的服务价格、到账时间等因素选择合适的服务方式。开封市甲企业与郑州市乙企业的结算，既可以选择汇兑方式，也可以直接签发支票，发货方见票发货，极大便利交易双方的结算。从宏观层面看，郑汴票据交换同城将推动支票业务的发展，改善郑汴票据流通环境，加速社会资金周转，对推进郑汴一体化和郑汴经济的发展起到重要的实质作用。

（资料来源：中国人民银行网站）

8.4 银行支票业务

【导入案例】

空白支票"惹"的祸

甲公司在乙商店购买货物后，签发了一张空白转账支票交给乙商店，授权乙商店在1万元范围内补写金额。乙商店补写金额为2万元后将支票背书交给丙公司，丙公司系善意取得并支付了相应的对价。丙公司持票向甲公司的开户银行请求付款，银行经过审查，甲公司存款足额，支票上的签章与甲公司在银行预留的印文相符，于是就支付了2万给丙公司，后开户行将账目情况通知了甲公司，甲公司认为乙商店瞒着自己超越授权金融范围补写金融，应属无效，要求乙商店退回多写的1万元，但遭到拒绝。最后，甲公司将乙商店推上被告席。

如果你是乙商店老板，你应该如何做？谈谈你的想法。甲公司为什么要告乙商店呢？谈谈你的认识。你认为甲公司能要回损失的1万元吗？

【知识准备】

1. 银行支票概念

支票是出票人签发的,委托办理支票存款业务的银行在见票时无条件支付确定的金额给收款人或者持票人的票据。

2. 银行支票的类型

(1) 现金支票:印有"现金"字样的支票为现金支票。
(2) 转账支票:印有"转账"字样的支票为转账支票。
(3) 普通支票:未印有"现金"或"转账"字样的支票为普通支票。
(4) 划线支票(国内暂无此种支票):在普通支票左上角划两条平行线的支票为划线支票。

3. 银行支票核算

(1) 现金支票只能用于支取现金;转账支票只能用于转账;普通支票可以用于支取现金,也可以用于转账;划线支票只能用于转账,不得支取现金。
(2) 使用范围:2007年7月1日后在全国范围内流通。
(3) 支票的必须记载事项:①表明"支票"的字样;②无条件支付的委托;③确定的金额;④付款人名称;⑤出票日期;⑥出票人签章。

注意:支票的付款人为支票上记载的出票人开户银行;支票的金额、收款人名称,可以由出票人授权补记,未补记前不得背书转让和提示付款。

(4) 签发支票应使用炭素墨水或墨汁填写。
(5) 签发现金支票和用于支取现金的普通支票,必须符合国家现金管理条例的规定。
(6) 禁止签发空头支票、与预留印鉴不符的支票以及支付密码错误的支票,违者银行予以退票并按票面金额处以5%但不低于1000元的罚款,持票人有权要求出票人赔偿支票金额的2%的赔偿金,对屡次签发的,银行应停止其签发支票。
(7) 提示付款期为自出票日起10日,超过者,持票人开户银行不予受理,付款人不予付款。
(8) 支票丧失,可申请挂失。
(9) 转账支票可以背书转让。

 【课堂讨论】

银行支票分为不同的类型,每一种类型的支票对应于不同的使用和结算方式。参看扩展阅读材料谈谈你所见过的支票的使用方法。

 【拓展阅读】

空头支票简介

1. 空头支票的定义和表现形式

《中华人民共和国票据法》第87条规定:支票的出票人所签发的支票金额不得超过其付款时在付款人处实有的存款金额。出票人签发的支票金额超过其付款时在付款人处实有的存款金额的,为空头支票。

2. 空头支票的社会危害性

签发空头支票的危害是多方面的,第一,支票是一种信用凭证,其见票即付的特点使支票有近乎现金的功能,支票得不到兑现,如同一张假币,严重破坏社会信用环境。第二,支票是一种流通证券,空头支票的存在,必然妨碍票据的流通秩序。第三,空头支票无法兑现,直接损害持票人的利益,妨害持票人资金的调度使用，影响社会资金循环。第四，空头支票的存在，增加了支票存款银行和票据交换清算机构的工作量，却不能创造社会价值，浪费社会资源。

3．空头支票产生的原因

通过调查研究，产生空头支票的原因主要有以下一些方面。

（1）某些支票使用人故意签发空头支票或者签发与银行预留印鉴不符的支票，骗取财物；也有的空头支票出票人虽然不以骗取财物为目的，也通过空头支票的方式占压交易对手的资金。

（2）某些支票使用人信用意识较为淡薄，不严格遵守支票使用的有关法律制度，导致出现空头支票。例如，有的出票人签发支票作为交易的订金或预付款，当实际交易发生纠纷时，出票人就故意抽走账户内的存款，致使支票无法兑现，成为空头支票。很多中小企业的流动资金比较紧张，对自己资金的流动情况不能完全控制，当预计的应收款没有及时入账时，作为应付账款而签发的支票就很可能变成空头支票。有的支票存款户将自己的账户出租出借给他人使用，对自己的领用支票和账户放弃管理，很容易出现空头支票。

（3）有些出票人及其代理人疏忽大意或者对支票使用的规章制度不熟悉，误开空头支票或者与银行预留印鉴不符的支票。例如，有的企业有几个支票存款账户，分别有不同的银行预留印鉴，但是财会人员代理签发支票时，没有仔细甄别，导致不同账户的支票或印鉴混用。有的财会人员签发支票后，没有同时了解支票存款账户的余额变动情况，致使支票成为空头。还有，出票人误认为可以用公章代替财务专用章，或者以出票人的签名代替印鉴而出票。

（4）也存在一些支票存款人无法掌握的账户变动情况，导致其签发的支票成为空头的。例如，出票人已经知道账户需要补款，但是由于到银行办理业务时，排队时间过长，现金存入时已经过了退票时间。一些机关、部门如税务、社保、水电、电信等从出票人账户自动扣划款项，出票人未及时掌握账户变动情况。银行转账系统故障，使得出票人应收的转账支票入账时间拖延或其他应收账款未能按照预期到账等。

4．如何避免出现空头支票

（1）所有的票据使用人都需要树立较强的信用观，不以空头支票骗取他人财物或者占压他人资金。

（2）票据是一种有一定技术性的金融工具，适用的法律规范较多，因此出票人尤其是自然人、个体工商户的负责人、中小企业的财会人员应当认真学习票据使用的有关法律规章制度，准确掌握法律精神和具体制度，严格按照法律的规定填制、签发支票。

（3）在实施出票、背书等各种票据行为时，必须认真、细致，应当严格遵守票据的文义性、要式性的要求。要按照中国人民银行、支票存款银行要求的方式、文字、格式填写支票，认真核对支票上的各项记载内容，包括出票日期、出票人账号、付款银行、收款人名称、出票金额大小写、出票人的签章、背书人签章和日期等。在核对签章时，除了核对所使用的印鉴是否与银行预留印鉴相符外，还要注意印鉴有无缺损变形等情况。

（4）密切注意支票签发和支票存款账户的变动情况。支票的提示付款日期较短，只有10天，实践中，支票背书转让的情况和次数都比较少，因此，出票人尤其是企业的财会人员应密切注意所签发的支票总金额及支票存款账户的余额变动情况，避免出现账户余额不足的情况。

（资料来源：中国人民银行网站）

8.5 银行卡业务

【导入案例】

信用卡丢失引发的纠纷

2009年，张某向同市的某A银行领用了一张信用卡。但在2011年5月23日上午10时，在某商场购物的张某因为人多拥挤不慎将尚有3万多元的信用卡丢失。发现这一情况后，张某立即赶往A银行，并在上午

11 点办好了挂失手续。

但一周后张某去该行办理新卡时却发现他的信用卡账户内仅余 20000 元。经过张某和银行对各特约商家交来的消费单据仔细查找后发现，这不知去向的 10000 元分别为 4 笔交易所消费：①发生于 5 月 23 日中午 12 点，消费 3000 元；②发生于 5 月 23 日下午 3 点，消费 2800 元；③发生于 5 月 24 日上午 10 点，消费 2000 元；④发生于 5 月 24 日中午 12 点，消费 2200 元。经银行确认，以上消费行为系被他人冒充使用。

张某认为，银行应该赔偿其全部的经济损失 10000 元，理由是上述交易的发生都是在其向银行办理了挂失之后。但是银行不同意，只愿意赔偿张某 2200 元。银行的理由是根据张某持有的信用卡的章程，持卡人遗失信用卡的，凡是书面挂失前以及信用卡挂失起到挂失后 24 小时内，信用卡遗失的经济损失由持卡人承担，所以，5 月 24 日上午 11 点前发生的 7800 元经济损失应该由张某自己承担。张某与银行争执不下，最终张某将该行告上了法庭，要求银行承担其在信用卡挂失后遭受的共计 10000 元的经济损失。

法院会判银行支付 10000 元还是 2200 元？谈谈你的看法。

【知识准备】

1．银行卡含义

银行卡是指由商业银行（或者发卡机构）发行的具有支付结算、汇兑转账、存取储蓄、循环信贷等全部或部分功能的支付工具或信用凭证。

2．银行卡的功能

银行卡的功能有支付结算、汇兑转账、存取储蓄、循环信贷、个人信用、综合服务等。

3．银行卡的分类

银行卡的分类见表 8-1。

表 8-1　银行卡分类

分类标准	银行卡种类
清偿方式	信用卡、借记卡
结算币种	人民币卡、外币卡、双（多）币卡
发行对象	单位卡（商务卡）、个人卡
信息载体	磁条卡、芯片卡（智能卡、IC 卡）
资信等级	白金卡、金卡、普通卡等不同等级
流通范围	国际卡、地区卡
持卡人地位和责任	主卡、附属卡

（1）借记卡：无透支功能，"先存款，后消费"，包括：转账卡（含储蓄卡）、专用卡、储值卡。

（2）贷记卡（又称信用卡），按是否交存备用金分为准贷记卡和贷记卡两类。

准贷记卡：是指持卡人须先按发卡银行的要求交存一定金额的备用金，当备用金账户余额不足支付时，可在发卡银行规定的信用额度内透支的信用卡。兼具贷记卡和借记卡的部分功能，一般需要交纳保证金或提供担保人，使用时先存款后消费，存款计付利息，在购物消费时可以在发卡银行核定的额度内进行小额透支，但透支金额自透支之日起计息，欠款必须一次还清，无免息还款期和最低还款额。

贷记卡的核心特征：消费信用、循环信贷。

贷记卡是指发卡银行给予持卡人一定的信用额度，持卡人可在信用额度内先使用、后还款的信用卡。"先购买，后结算交钱"。发卡行给每个信用卡账户设定一个"授信限额"。

（3）联名卡：通常集理财与投资于一身，例如公积金联名卡不仅可以查询公积金账户信息、当作公积金缴存凭证，还可以用于储蓄存款、取款。

借记卡、准贷记卡、贷记卡（信用卡）的主要区别见表 8-2。

表 8-2 借记卡、准贷记卡、贷记卡（信用卡）的主要区别

银行卡 项目	借记卡	准贷记卡	贷记卡
申办条件	不进行资信审查，使用前需存款	视各发卡银行规定，需进行必要的资信审查，对符合申请条件的方予发卡；根据各行不同规定，可免担保人、免保证金等	视各发卡银行规定，需进行必要的资信审查，对符合申请条件的方予发卡及核定信用额度；根据各行不同规定，可免担保人、免保证金等
用款方式	存多少，用多少，不能透支	先存款，后消费，可以透支	先消费，后还款
免息还款期	无	无	20～60 天（根据各章程规定而定）
信用额度	无	有	有
预借现金	无	有	有
循环信用	无	无	有
消费方法	凭密码	凭密码或签名	凭密码或签名
存款利息	有	有	无

【课堂讨论】

你手中有几种性质的银行卡？请熟悉其主要功能。信用卡有储蓄功能吗？

 8.6 汇兑业务

【导入案例】

警方侦破 20 亿余元非法跨境汇兑案

2012 年 7 月，上海市公安局打掉了一个盘踞在上海、广东等地的特大地下钱庄网络，抓获葛某等多名犯罪嫌疑人，此案累计交易金额达人民币 20 余亿元。

比如，身在中国的谢先生想将 15 万人民币兑换成美元汇给在美国读书的儿子，而在美国的张先生想将 2 万美元打工收入兑换成人民币汇入国内。葛某只需要将谢先生的人民币打入张先生在国内指定的银行账户，将张先生的美元打入谢先生指定的境外账户就能实现资金"偷渡"。双方资金的差额部分再由其他客户或地下钱庄进行拆借、补足，汇率折算的差价就是葛某的利润所在。由于客户间互不相识，葛某会要求他们分多次相互划拨到指定银行账户中，仅有利润部分经过多次转移最终划入其自身账户内，交易隐蔽性极强。

自 2010 年 7 月至案发，犯罪嫌疑人葛某伙同他人招揽有购买或出售外汇需求的客户，通过指使售汇客户根据约定的汇率，将外汇先行汇入购汇客户提供的境外银行账户内，再指使他人或直接要求购汇客户，将相应的人民币汇入售汇客户指定的境内银行账户等手法，非法从事跨境汇兑业务，累计交易金额达人民币 20 亿余元，葛某从中非法获利达 200 万余元。同时，沪粤苏浙等地警方也一举抓获、控制涉案人员 20 余名，捣毁地下钱庄窝点 4 个，冻结 30 余个涉案账户内的资金 2000 万余元，将这一特大地下钱庄网络连根拔起。目前，葛某等人因涉嫌非法经营罪已被公安机关依法移送检察机关审查起诉。

（资料来源：http://bank.cngold.org/c/2012-07-24/c1229488.html）

从葛某的犯罪过程可以看出，地下钱庄在我国还有一定的市场，交易人在考虑到风险的情况下仍然选择地下钱庄，这说明相比于银行，地下钱庄肯定有吸引人的地方，你认为地下钱庄吸引交易者的地方有哪些？银行在这方面需要改进哪些服务？

【知识准备】

1. 汇兑业务概念

汇兑是汇款人委托银行将其款项支付给收款人的结算方式。单位和个人的各种款项的结算，均可使用汇兑结算方式。汇兑又称"汇兑结算"，是指企业（汇款人）委托银行将其款项支付给收款人的结算方式。这种方式便于汇款人向异地的收款人主动付款，适用范围十分广泛。

2. 汇兑业务分类

1）信汇

信汇是汇款人向银行提出申请，同时交存一定金额及手续费，汇出行将信汇委托书以邮寄方式寄给汇入行，授权汇入行向收款人解付一定金额的一种汇兑结算方式。

2）电汇

电汇是汇款人将一定款项交存汇款银行，汇款银行通过电报或电传给目的地的分行或代理行（汇入行），指示汇入行向收款人支付一定金额的一种汇款方式。

在这两种汇兑结算方式中，信汇费用较低，但速度相对较慢，而电汇具有速度快的优点，但汇款人要负担较高的电报电传费用，因而通常只在紧急情况下或者金额较大时使用。另外，为了确保电报的真实性，汇出行在电报上加注双方约定的密码；而信汇则不须加密码，签字即可。

【课堂讨论】

汇兑业务的不同形式有着不同的应用，如果你选择汇兑业务，你将根据哪些内容来决定不同的汇兑方式？谈谈你的见解。

【拓展阅读】

安全便利办转账

一笔资金从一个地方转移到另一个地方，有两种方式：一是直接携带现金，一是办理转账。办理转账有以下几种方式可供选择。

（1）网上银行。如今许多商业银行纷纷开设网上银行，推出网上资金转账业务。只要开通网上银行业务，就能方便地享受网上资金转账服务。这项业务的好处是不必出家门，不必去银行柜台，方便而快捷，特别适合那些现金流动频繁的人士。

（2）自动柜员机（ATM）。银行的自动柜员机除了开通查询、取款等业务外，有些还设有存款和转账功能。如果要将款项划转给他人，只需知道对方的银行卡卡号就足够了。

（3）电子汇兑。如果要将手中的存款划转到其他账户，可以利用银行的电子汇兑业务。无论收款人在同城还是异地，在本行或是他行开立账户，带着存折或借记卡到开户银行的网点通过办理电子汇兑业务，即可将银行账户的款项直接转入对方银行账户中。

（4）跨行通存通兑。跨行通存通兑业务是人民银行在小额支付系统平台上开放的一项便民服务功能。这项业务开通后，只要在一家银行开立了存折或银行卡账户，就可以在其他银行之间（即使不是开户的银行）方便地办理存款、取款和转账业务。比如存折或银行卡是工商银行的，也可以到农业银行去办理存款、取款和转账业务。2006年12月，这项业务已经在山东全省开通，将逐步在全国开通，实现真正意义上的全国通存通兑。

（资料来源：中国人民银行网站）

8.7 委托收款、托收承付业务

【导入案例】

托收结算引发的纠纷

2009年5月，我国A公司同南美客商B公司签订合同，由A公司向B公司出口货物一批，双方商定采用跟单托收结算方式了结贸易项下款项的结算。我方的托收行是A银行，南美代收行是B银行，具体付款方式是D/P 90天。①但是到了规定的付款日，对方毫无付款的动静。A银行而后得知，全部单据已由B公司承兑汇票后，由当地代收行B银行放单给B公司。

于是A公司在A银行的配合下，聘请了当地较有声望的律师对代收行B银行因其将D/P远期作为D/A方式承兑放单的责任，向法院提出起诉。当地法院以惯例为依据，主动请求我方撤诉，以调解方式解决该案例。经过双方多次谈判，该案终以双方互相让步而得以妥善解决。

案例分析

在这一案例中托收统一规则《URC522》与南美习惯做法是有抵触的。据《URC522》第7条a款：托收不应含有凭付款交付商业单据指示的远期汇票；b款：如果托收含有远期付款的汇票，托收指示书应注明商业单据是凭承兑交付款人（D/A）还是凭付款交付款人（D/P），如果无此项注明，商业单据仅能凭付款交单，代收行对因迟交单据产生的任何后果不负责任；c款：如果托收含有远期付款汇票，且托收指示书注明凭付款交付商业单据，则单据只能凭付款交付，代收行对于因任何迟交单据引起的后果不负任何责任。

在进行委托收款时，需要了解委托双方生活习惯，了解双方银行的制度，以免造成不必要的麻烦。

【知识准备】

1. 托收概念

托收（Collection）是出口商开立汇票，委托银行代收款项，向国外进口商收取货款或劳务款项的一种结算方式。

2. 托收当事人

托收当事人有4个，主要责任如下：

（1）委托人（Principal），又称出票人，一般是出口商，主要是行使与进口商签订的合同上的条款，履行与银行签订的委托收款的合同。

（2）寄单行（Remitting Bank），又称托收行，是委托代收款项的银行，主要是按照委托人的要求和国际惯例进行业务处理。

---

① D/P 90是先交单，90天后付款的交易方式。

(3) 代收行（Collecting Bank）。代收行是在进口地的代理人，根据托收行的委托书向付款人收款的银行。

(4) 付款人（Drawee），一般是进口商。主要是支付款项的人。

3. 托收方式

托收按是否附带货运单据分为光票托收和跟单托收两种。前者是指出口商仅开具汇票而不附带货运单据的托收，后者是指在卖方（出口商）所开具汇票以外，附有货运单据的托收。跟单托收又可进一步分为承兑交单（D/A）和付款交单（D/P）。承兑交单即出口商（或代收银行）向进口商以承兑为条件交付单据；付款交单则是出口商（或代收银行）以进口商付款为条件交单。

1) 光票托收

光票托收（Clean Collection），指汇票不附带货运票据的一种托收方式。主要用于货款的尾数、样品费用、佣金、代垫费用、贸易从属费用、索赔以及非贸易的款项。

2) 跟单托收

(1) 跟单托收的定义：跟单托收（Documentary Collection），是汇票连同商业单据向进口行收取款项的一种托收方式，有时为了避免印花税，也有不开汇票，只拿商业单据委托银行代收的情况。

(2) 跟单托收的种类：

① 即期付款交单（Document against Payment at Sight）：俗称 D/P at Sight，指开出的汇票是即期汇票，进口商见票，只有付完货款，才能拿到商业单据。

② 远期付款交单（Document against Payment of Usance Bill）：出口商开出远期汇票，进口商向银行承兑于汇票到期日付款交单的付款交单方式。

③ 承兑交单方式（Document against Acceptance）：俗称 D/A，代收银行在进口商承兑远期汇票后向其交付单据的一种方式。

【课堂讨论】

委托收款涉及不同的当事人，这就给委托收款产生了资金风险，委托方和托收方如何才能化解风险呢？谈谈你对此的见解，也可以查看拓展阅读上对委托收款合同条款的界定。

【拓展阅读】

委托收款协议书

委托方：_____（简称"甲方"） 　　受托方：_____（简称"乙方"）

住所：_____　　住所：_____

电话：_____　　电话：_____

传真：_____　　传真：_____

甲乙双方按照诚实信用原则，依据《中华人民共和国律师法》《中华人民共和国民法通则》和《中华人民共和国合同法》及其他法律、法规的有关规定，经友好协商就甲方委托乙方收款事宜达成以下条款，共同遵照执行。

第一章 委托事项

第一条 甲方委托乙方的事项为：委托收款。

1. 甲方委托乙方采取合法手段及措施，妥善解决_____拖欠甲方_____元的债务问题，依法维护甲方的合法权益。

2. 甲乙双方约定，乙方的代理方式为：□非风险代理；□风险代理。

第二章 双方保证

第二条 甲方保证。

1. 其委托乙方的收款事项不得违反国家相关法律法规，不得侵害他人的合法权益。

2. 向乙方提供委托收款真实、全面的背景情况，以及有效的线索。

3. 在本协议有效期内，未经乙方书面同意不得再委托第三方，否则视同乙方已履行本协议义务，甲方应按本协议规定向乙方支付履约费用及佣金。

4. 在本协议有效期内，未经乙方书面同意不得和被调查人达成任何与本协议目的相悖的协议或安排，否则视同乙方已履行本协议义务，甲方应按协议向乙方支付履约费用及佣金。

5. 未经乙方书面同意，不得向被调查人泄漏乙方身份及本协议内容。

6. 积极配合乙方的工作，根据乙方的需要及时提供相关信息资料及支持帮助。

第三条 乙方保证。

1. 自本协议签订日起，在委托收款取得实质性进展时应及时向甲方通报。

2. 对甲方委托的委托收款及在调查过程中知悉的甲方的商业秘密进行保密。

第三章 费用及支付

第四条 甲方按如下规定向乙方支付代理佣金。

1. 非风险代理：甲方应于合同签订日向乙方支付前期费用_____元，代理佣金按债权金额的_____%支付。

2. 风险代理：甲方应于收到债款后当日向乙方支付代理佣金，佣金按收回金额的_____%支付。

第四章 合同生效及解除

第五条 本协议自甲乙双方签字盖章之日起生效。

第六条 如出现下列情况，乙方有权单方面解除本协议。

1. 甲方违反其在第二条中的保证与承诺，使本协议无法或难以继续履行。

2. 甲方委托的委托收款难以确认。

第七条 如出现下列情形时，甲方有权单方面解除本协议。

乙方违反其在第三条中的保证与承诺，使本协议无法或难以继续履行。

第五章 违约条款

第八条 如任一方（"违约方"）违反本协议规定的义务，违约方在收到另一方（"守约方"）要求纠正其违约行为的书面通知之日，应立即停止其违约行为，并在_____日内赔偿守约方因此受到的所有损失。如违约方继续进行违约行为或不履行其义务，守约方除就其所有损失而获得违约方赔偿外，亦有权单方面终止本协议。

第九条 甲方违反其在本协议第二条中的保证与承诺，无权要求乙方退还佣金，并应承担乙方因此而遭受的损失。

第十条 乙方违反其在本协议第三条中的保证与承诺，乙方应向甲方退还佣金；并应承担甲方因此而遭受的损失。

第十一条 乙方因本协议第六条规定事由单方面解除本协议收取的前期费用不予退还。

第十二条 甲方若不能按规定时间向乙方支付佣金，每逾期一天应向乙方支付____‰的滞纳金。

第十三条　因不可抗力致本协议无法履行的，双方都不承担责任。

第六章　争议解决

第十四条　如果甲乙双方就本合同发生纠纷应协商解决，协商不成任何一方均有权向_____申请仲裁或提起诉讼。

第七章　其他

第十五条　本协议未尽事宜，由甲乙双方协商解决。

第十六条　本协议附件为合同的有效组成部分，具有同等法律效力。

第十七条　本协议一式两份，双方各执一份，具同等法律效力。

甲方（盖章）：_____　　　乙方（盖章）：_____

甲方代表：_____　　　乙方代表：_____

签订时间：_____

模块总结

本模块主要介绍银行开展的结算业务内容。银行结算业务主要包括联行业务、银行汇票业务、同城结算业务、银行支票业务、银行卡业务、汇兑业务和委托收款业务，每种业务都有其自身的特点。

课后练习

简答题

（1）联行业务有哪些主要内容和特点？

（2）银行汇票业务有哪些类型，每一种类型有哪些特点？

（3）阐述银行同城结算业务的特点。

（4）阐述银行支票业务内容和特点。

（5）阐述银行开展的汇兑业务类型和特点。

（6）银行开展的委托收款组成部分有哪些？委托方式有哪些？

情景题

（1）将学生分成3组：出票人、持票人、承兑行，在相关老师的指导下进行银行承兑汇票操作，熟悉银行承兑汇票流程。

（2）将学生分成4组：汇款人、收款人、委托行、付款行，由相关老师指导模拟汇兑业务相关流程。

（3）将学生分成4组：出票人、托收行、代收行、付款人，由相关老师指导模拟委托收款和托收承付相关业务流程。

实验一　联行业务实验

1. 实验目的

（1）了解联合业务往账录入。

(2)了解联行业务往账复核。
(3)了解联行业务查询操作。

2.实验工具

深圳国泰安银行综合柜面业务 CS5.0。

3.实验过程

进入国泰安银行综合柜面业务 CS5.0,执行【结算业务】→【联行业务】,或者直接输入交易码 55,如图 8.1 所示,包括 3 部分内容:往账录入、往账复核、联行业务查询。

图 8.1 联行业务界面

1)往账录入

进入往账录入界面,或者直接输入交易码 5501,如图 8.2 所示,在【付款户账号】栏输入付款户账号,如本例输入 000635491200010,系统自动显示付款户名为"李中",选择货币、输入收款户账号和收款户户名(这里的收款户户名需要手动输入,系统不自动显示),选择【提交】按钮,系统显示交易成功,如图 8.3 所示。

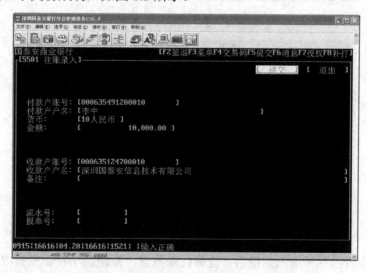

图 8.2 联行业务的【往账录入】界面

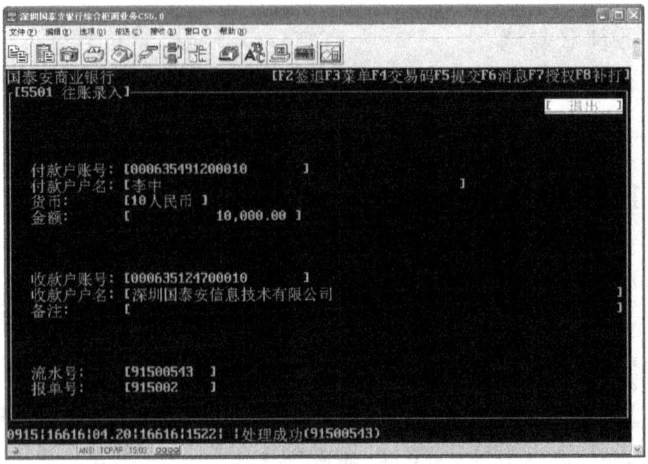

图 8.3 【往账录入】成功界面

2）往账复核

往账复核是对联行账号之间的交易进行审核，进入往账复核界面，如图 8.4 所示，输入报单号，输入图 8.3 上的报单号 915002、付款户账号，系统自动显示付款户户名，输入往账复核的金额。选择【提交】按钮，系统显示如图 8.5 所示，提示系统柜员不能自己复核自己。

图 8.4 【往账复核】界面

图 8.5 【往账复核】系统提示界面

以银行网点主管的账号进入系统后，选择往账复核，系统显示往账复核成功，如图 8.6 所示（注意图 8.5 和图 8.6 的区别，图 8.5 上显示的是柜员 16616，而图 8.6 上显示的是柜员 16651）。

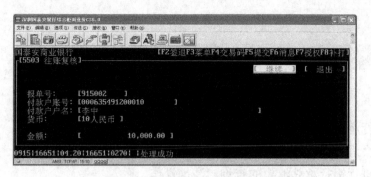

图 8.6 【往账复核】操作成功界面

3）联行业务查询

联行业务查询可以查看联行保单的付款情况，如图 8.7 所示，在相应栏目内输入需要的信息，选择【提交】按钮，系统自动显示联合业务信息，包括付款账号、付款名称等内容。

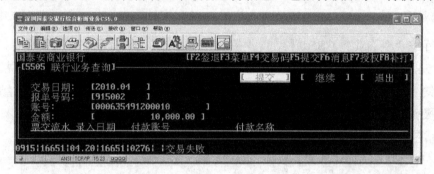

图 8.7 【联行业务查询】界面

4．实验报告

完成实验后，填写实验报告，包括实验目的、实验工具、实验过程，完成表 8-3。

表 8-3　实验一操作记录

付款名称		付款账号	
货币		金额	
收款名称		收款账号	
流水号		保单号	
实验过程			
实验总结			
指导老师签字		学生签字	

5．思考练习

（1）联行业务的主要作用是什么？

（2）以两个账号为主，开展联行业务操作，完成联行业务实验。

实验二 银行承兑汇票实验

1．实验目的

（1）了解银行承兑汇票的签发操作。

（2）了解和会进行银行承兑汇票的到期付款操作。

（3）了解和进行银行承兑汇票的查询、注销操作。

（4）了解银行承兑汇票查询书录入、核销操作。

2．实验工具

深圳国泰安银行综合柜面业务 CS5.0。

3．实验过程

进入银行综合柜面业务 CS5.0【结算业务】栏目，选择【银行承兑汇票】栏目，或者直接输入交易码 51，如图 8.8 所示，界面包括承兑汇票签发、承兑汇票到期付款、承兑汇票查询、承兑汇票注销/核销、承兑汇票查询/复书录入、承兑汇票查询书核销、承兑汇票查询/复书查询、交易等操作。

1）承兑汇票的签发

图 8.8 银行承兑汇票操作界面

承兑汇票是两个单位之间直接签发的一种汇票，如图 8.9 所示，输入承兑协议（可以随意输入一组数字），票据种类（系统自动给出）、汇票号码（可以先随意输入一个，如果不对，系统自动提示正确的号码，需要连接入银行系统网站），这里随意输入汇票号码为 20121216，输入付款账号、单位名称、收款单位名称后，选择【提交】选项，系统提示汇票号码输入错误，如图 8.10 所示（可以在【现金凭证领用】栏目进行设置，交易码为 1301）。在输入正确后，选择【提交】按钮，系统提示承兑汇票签发成功，如图 8.11 所示。

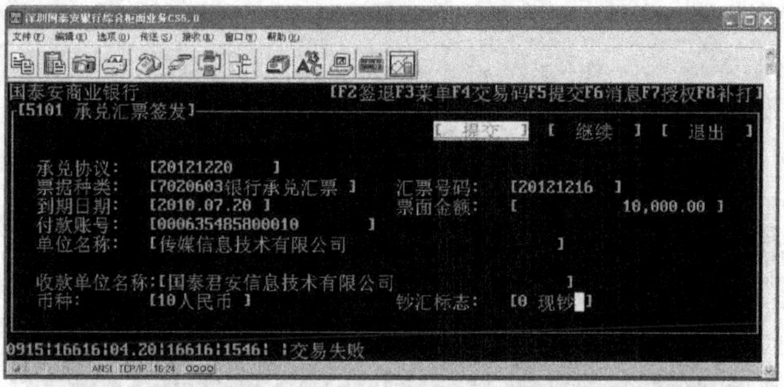

图 8.9 【承兑汇票签发】界面

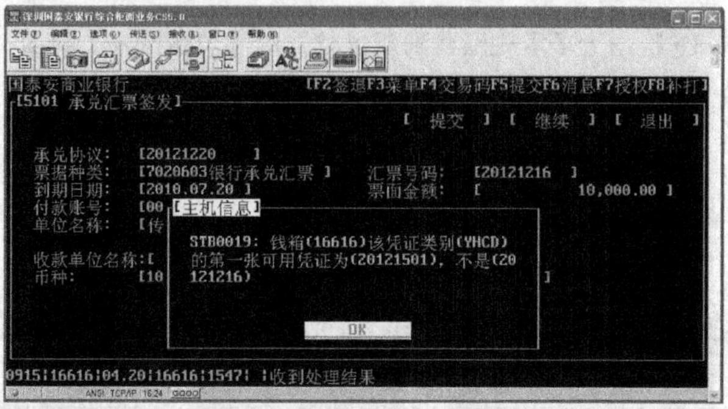

图 8.10 【承兑汇票签发】系统提示出错界面

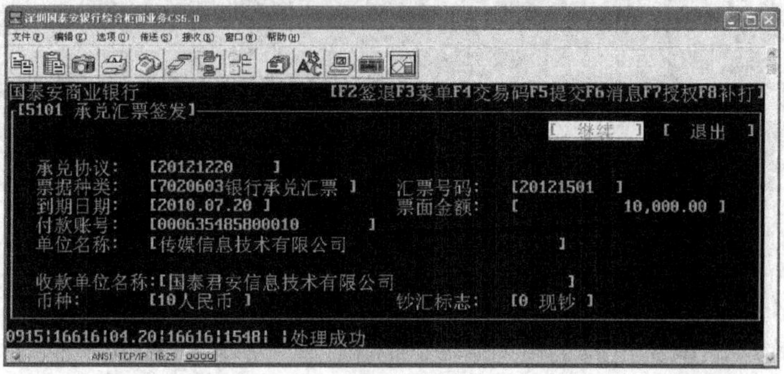

图 8.11 【承兑汇票签发】操作成功界面

2）承兑汇票到期付款

承兑汇票到期后，需要兑付现金。进入深圳国泰安银行综合柜面业务 CS5.0，如图 8.12 所示，输入汇票号码和票面金额，选择【提交】按钮，系统显示如图 8.13 所示的授权界面，需要更高一级的主管才能授权。

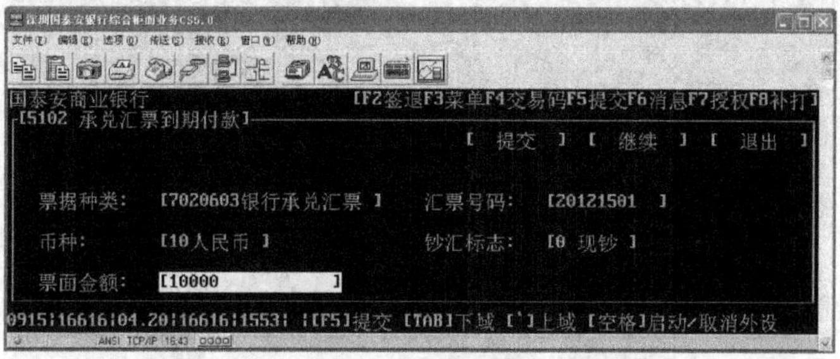

图 8.12 【承兑汇票到期付款】界面

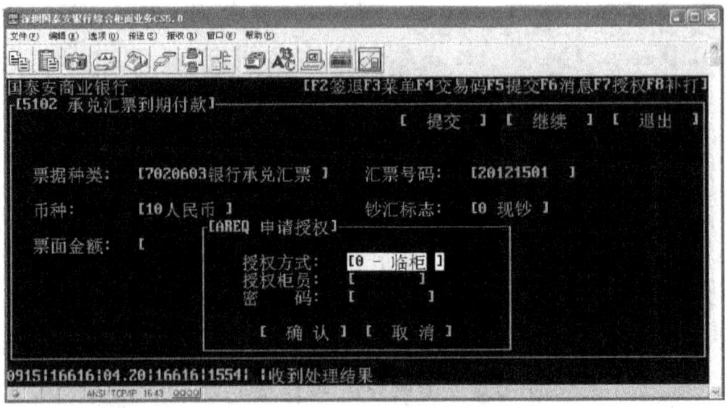

图 8.13 【承兑汇票到期付款】的【申请授权】界面

3）承兑汇票查询

综合柜面业务提供了承兑汇票查询功能，进入查询界面，如图 8.14 所示，输入汇票号码，选择到期日期，输入申请账号、票面金额、签发时间，选择【提交】按钮，系统显示该承兑汇票的相关内容。

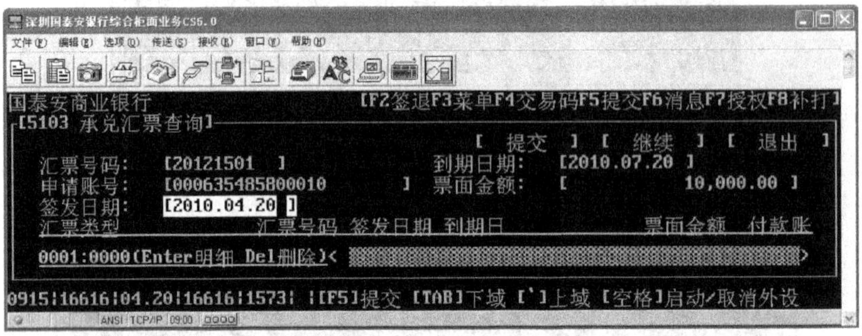

图 8.14 【承兑汇票查询】界面

4）承兑汇票注销/核销

汇票到期付款后，承兑汇票需要注销或核销。进入深圳国泰安银行综合柜面业务 CS5.0 的【承兑汇票注销/核销】界面，如图 8.15 所示，输入汇票的出票时间、汇票号码、票面金额，系统自动显示该承兑汇票的相关信息，如承兑协议、申请人账号、申请人名称、收款人名称等，选择【提交】按钮，完成承兑汇票注销操作。

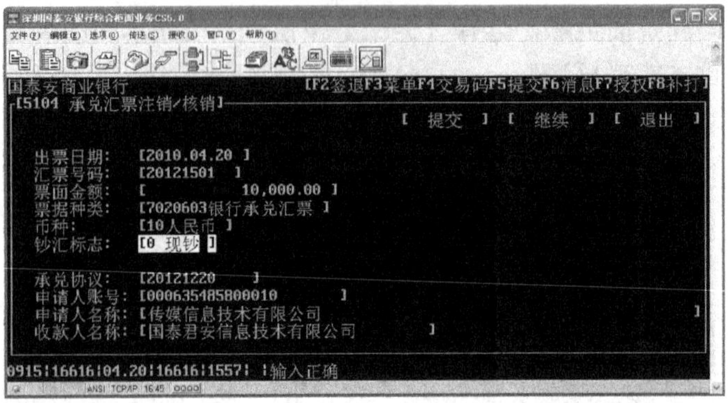

图 8.15 【承兑汇票注销/核销】界面

5）承兑汇票查询/复书录入

承兑汇票的查询/复书录入界面如图 8.16 所示，输入承兑号码（如 20121501），选择类型（查询、查复）、出票日期、汇票到期日，输入票面金额、出票人全称、收款人全称等，选择【提交】按钮，系统显示汇票相关信息。

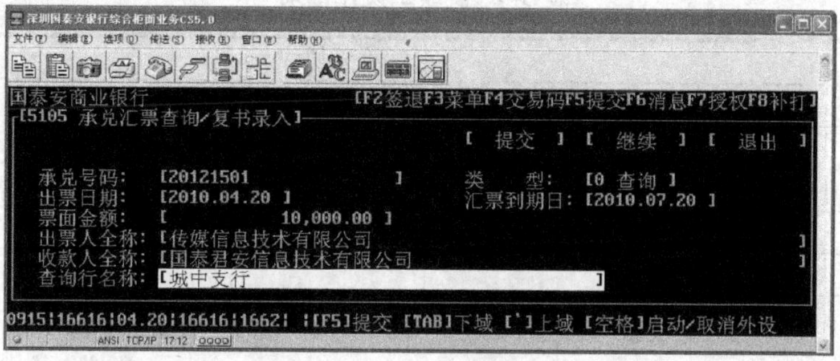

图 8.16 【承兑汇票查询/复书录入】界面

6）承兑汇票查询书核销

如图 8.17 所示，完成承兑汇票查询书核销录入日期、查询编号（系统自动给出）、承兑号码、出票日期、汇票到期日、票面金额、出票人全称、收款人全称、查询行名称等设置后，选择【提交】按钮，系统完成承兑汇票查询书核销操作。

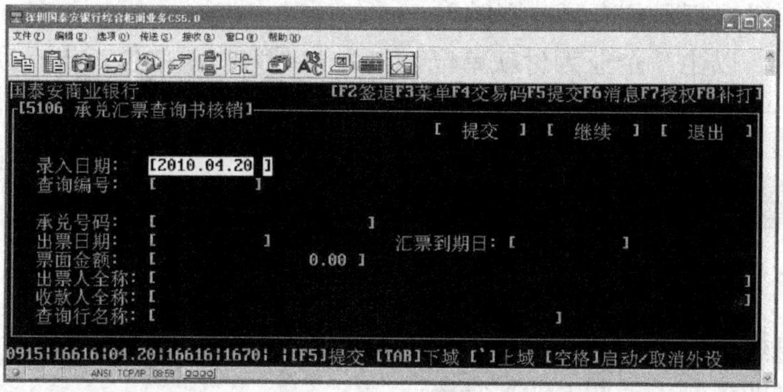

图 8.17 【承兑汇票查询书核销】界面

7）承兑汇票查询/复书查询

承兑汇票查询/复书查询界面如图 8.18 所示，选择录入日期、查询号码、承兑协议、签发日期、到期日期和票面金额，选择【提交】按钮，系统自动查询汇票相关信息。

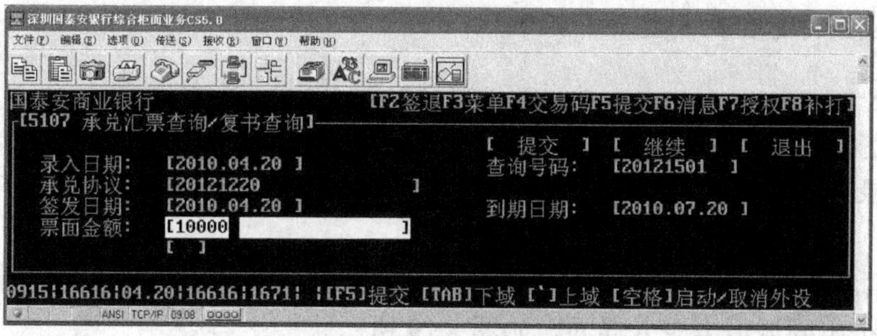

图 8.18 【承兑汇票查询/复书查询】界面

4．实验报告

完成实验操作后，撰写实验报告，主要包括实验目的、实验工具、实验过程等部分，完成表 8-4。

表 8-4　实验二操作记录

票据种类		承兑协议	
汇票号码		金额	
收款名称		开始日期	
到期日期		汇票金额	
付款账号		单位名称	
收款单位			
实验过程			
实验总结			
指导老师签字		学生签字	

5．思考练习

（1）银行汇票的主要服务对象是哪些？

（2）银行汇票对银行业务有哪些影响？

（3）完成开户，以生产企业为付款单位，电力公司为收款单位，进行银行承兑汇票的签发和核销操作。

实验三　同城结算实验

1．实验目的

（1）熟悉同城结算相关业务。

（2）了解同城业务录入、同城业务复核。

（3）了解同城业务退票、同城提出借报暂缓入账、同城提出借报单笔入账、同城提出借报批量入账。

（4）了解同城业务查询、同城业务删除、同城交易全部查询。

2．实验工具

深圳国泰安银行综合柜面业务 CS5.0。

3．实验过程

1）同城业务录入

同城业务录入包括提出同城借方录入、提出同城贷方录入、提入同城借方录入和提入同城贷方录入。

（1）提出同城借方录入。进入深圳国泰安银行综合柜面业务 CS5.0，在交易代码处直接输入 5011，进入提出同城借方录入界面，如图 8.19 所示。

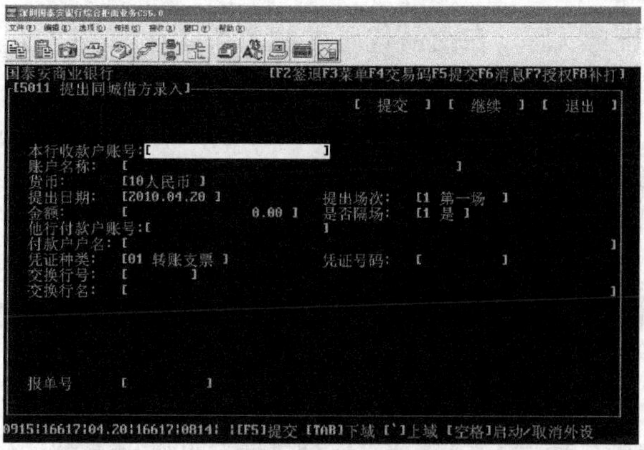

图 8.19 【提出同城借方录入】界面

柜员需要输入本行收款户账号、提出日期、金额、他行付款户账号、付款户户名、凭证号码、交换行号，需要选择货币、提出场次、是否隔场、凭证种类。

在输入信息之前，柜员需要知道本行收款户账号以及他行付款户账号（现实中，客户都会直接将本行收款户账号和他行付款户账号告知柜员）。开立本行收款账户的步骤如下。（他行付款账户的开立步骤是一样的）

在交易代码处输入 2100，进入【开客户】栏目，如图 8.20 所示。

在【开客户】栏目输入内容。

在【ID 类别】栏选择【A 身份证】选项，按 Tab 键移动光标，在【ID 号】栏输入"110111199801012222"，在【ID 号重复】栏继续输入"110111199801012222"，在【客户称谓】栏选择【B 女士】选项，在【客户名称】栏输入"金蛋糕"，在【联系电话】栏输入"05652222222"，在【地址】栏输入"中国安徽省合肥市滨湖新区"，在【邮政编码】栏输入"230601"，柜员可以根据客户的具体情况录入其他栏目内容，按 Tab 键移动光标到【提交】按钮处，按 Enter 键（或按 F5 键直接进行提交），如图 8.21 所示，显示开客户成功，客户号为 0006356206。

图 8.20 【开客户】界面

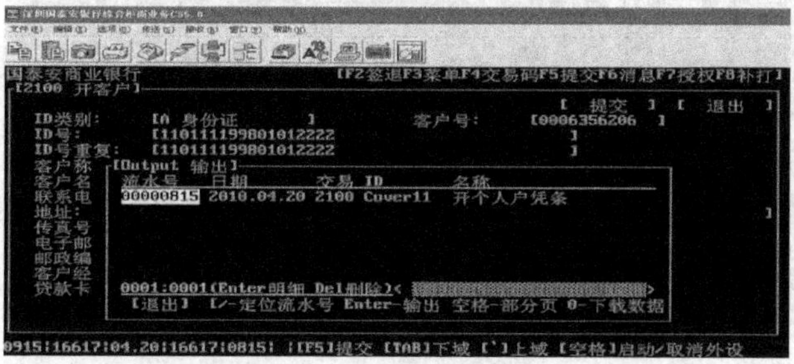

图 8.21 【开客户】成功界面

柜员完成客户号的开立以后，在交易代码处输入"1101"，进入开户界面。【现转标志】栏选择【C 现金】选项、【证件类型】栏选择【A 身份证】选项、【证件号码】栏输入"110111199801012222"，按 Tab 键，系统自动显示【客户号】栏内容，按 Enter 键进行确认，按 Tab 键移动光标，系统自动显示【账户名称】、【地址】栏内容。

【代理人证件类型】栏选择【无】选项、【科目】栏选择【21101 活期储蓄存款】选项、【账户性质】栏选择【0 个人结算账户】选项、【凭证类型】栏选择【7020101 普通存折】选项、【凭证号/卡号】栏随意输入 8 位数，如"20123333"、【支取方式】栏选择【A 密码】选项、【密码】栏输入"888888"，需要输入两次，【金额】栏输入"10000000"。

选择【提交】按钮，系统弹出【凭证号/卡号】栏应该输入"20121611"的提示框，如图 8.22 所示。按 Enter 键返回界面，按 Tab 键移动光标到【凭证号/卡号】栏，输入"20121611"，直接按 F5 键提交，如图 8.23 所示，开户成功，账号为 000635620600010。

注意：000635620600010 账号是在 0915 部门（城中支行）16617 网点开立的，在同城结算实验中，将把 000635620600010 账号作为"他行付款户账号"。由于是同城结算实验，我们将以 0900 部门（天平支行）的 18826 网点下所开的账号 000635622200010 作为"本行收款户账号"。

图 8.22 【开户】凭证号提示界面

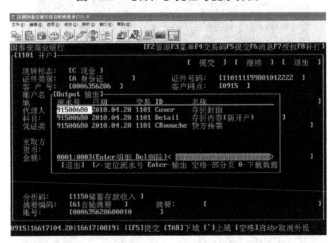

图 8.23 【开户】成功界面

知道"本行收款户账号"和"他行付款户账号"后,进入提出同城借方录入界面。

在【本行收款户账号】栏输入"000635622200010",按 Tab 键移动光标,系统自动显示账户名称,按 Tab 键在【金额】栏输入"10000",在【他行付款户账号】栏输入"000635620600010",在【付款户户名】栏输入"金蛋糕",在【凭证号码】栏随意输入 8 位数字(如"20123333"),在【交换行号】栏输入"01",按 Tab 键移动光标,系统自动显示【交换行名】栏为"结算测试行",按 F5 键提交录入信息,如图 8.24 所示。系统处理成功后,显示报单号为"900020"。

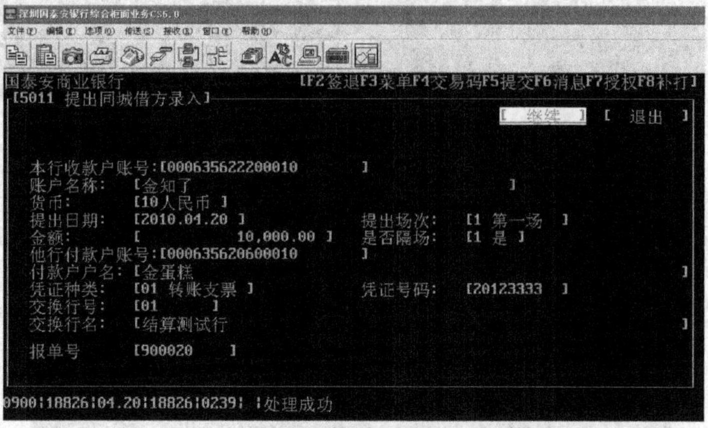

图 8.24 提出同城借方录入成功界面

(2)提出同城贷方录入。在【本行付款户账号】栏输入"000635622200010",在【账户名称】栏输入"金知了",在【金额】栏输入"10000",在【他行收款户账号】栏输入"000635620600010",在【收款户户名】栏输入"金蛋糕",在【凭证号码】栏随意输入 8 位数字,如"20123331",在【交换行号】栏输入"01",按 Tab 键移动光标到【提交】按钮,按 Enter 键,如图 8.25 所示。系统显示处理成功,报单号为"900021"。

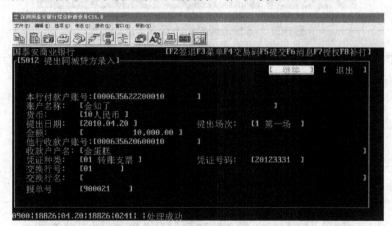

图 8.25 提出同城贷方录入界面

(3)提入同城借方录入。在交易代码处输入"5013",进入提入同城借方录入界面,如图 8.26 所示。

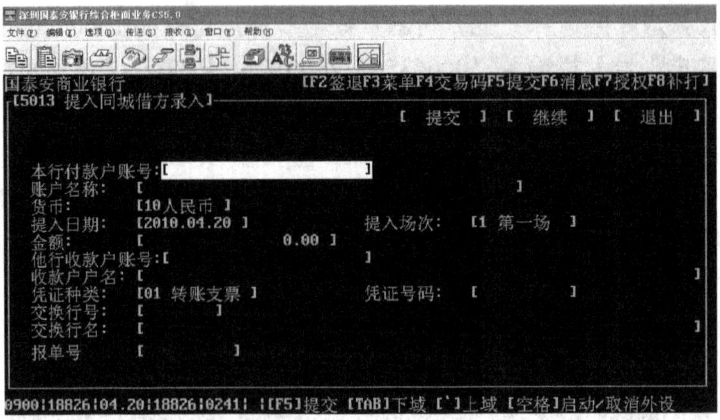

图 8.26 【提入同城借方录入】界面

在【本行付款户账号】栏输入"000635622200010",在【账户名称】栏输入"金知了",在【金额】栏输入"10000"、在【他行收款户账号】栏输入"000635620600010"、在【收款户户名】栏输入"金蛋糕"、在【凭证号码】栏输入"20133332"、在【交换行号】栏输入"01",移动光标到【提交】按钮,按 Enter 键,如图 8.27 所示,系统处理成功,报单号为"900022"。

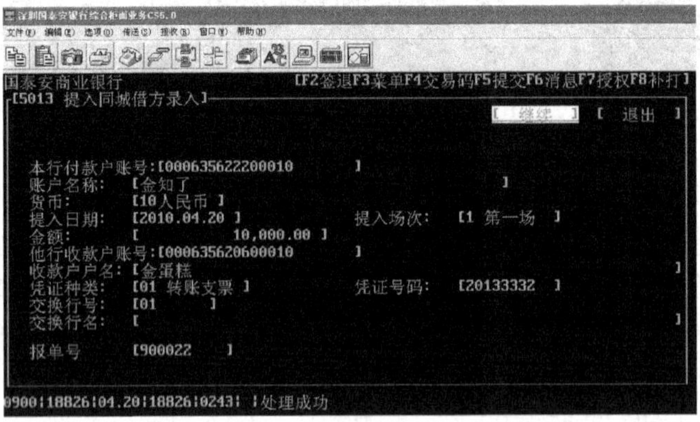

图 8.27 【提入同城借方录入】成功界面

(4)提入同城贷方录入。在交易代码处输入"5014",进入提入同城贷方录入界面,如图 8.28 所示。

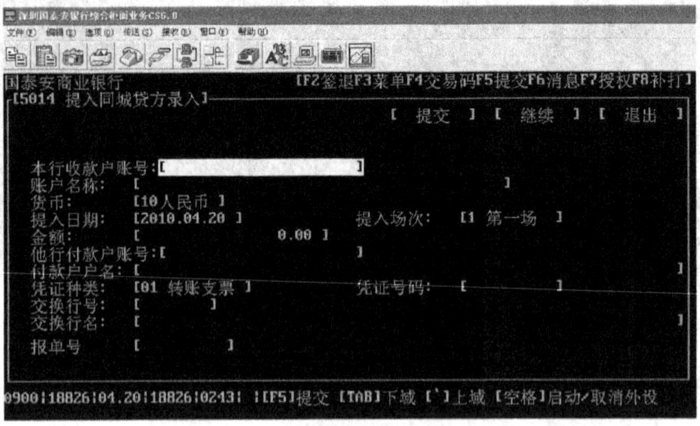

图 8.28 【提入同城贷方录入】界面

在【本行收款户账号】栏输入"000635622200010"、在【账户名称】栏输入"金知了"、在【金额】栏输入"10000"、在【他行付款户账号】栏输入"000635620600010"、在【付款户户名】栏输入"金蛋糕"、在【凭证号码】栏输入"20133334",在【交换行号】栏输入"01",按Tab键移动光标到【提交】按钮,按Enter键,如图8.29所示。

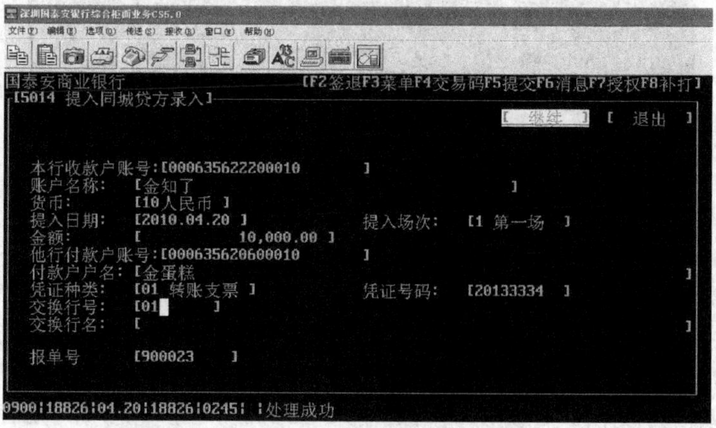

图8.29 【提入同城贷方录入】成功界面

2) 同城业务复核

同城业务复核包括提出同城借方复核、提出同城贷方复核、提入同城借方复核、提入同城贷方复核等操作。同城业务复核应由另一操作员完成,复核无误后该笔款项完成预记账。因此使用"0900"部门(天平支行)下的"18827"网点进行同城业务复核操作。

(1) 提出同城借方复核。在交易代码处输入"5021",进入提出同城借方复核界面,如图8.30所示。

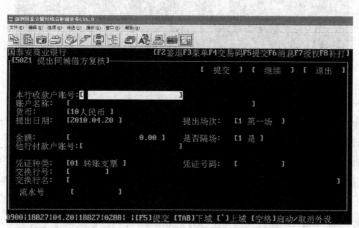

图8.30 【提出同城借方复核】界面

在【本行收款户账号】栏输入"000635622200010",在【金额】栏输入"10000",在【他行付款户账号】栏输入"000635620600010",在【凭证号码】栏输入"20123333",在【交换行号】栏输入"01",按Tab键移动光标到【提交】按钮,按Enter键,系统执行提出同城借方复核操作。

(2) 提出同城贷方复核。在交易代码处输入"5022",进入提出同城贷方复核界面,如图8.31所示。

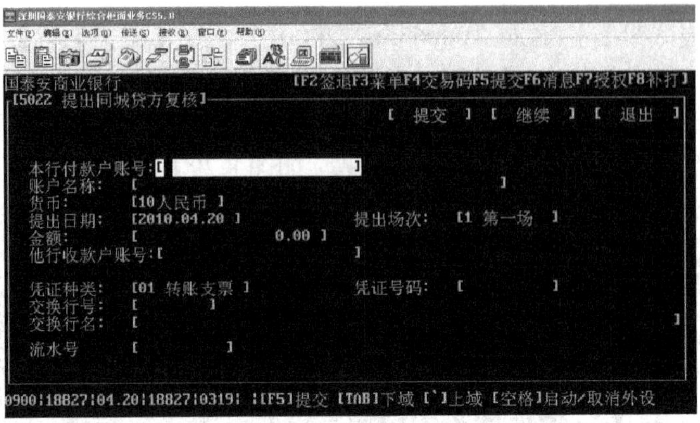

图 8.31 【提出同城贷方复核】界面

在【本行付款户账号】栏输入"000635622200010",在【金额】栏输入"10000",在【他行收款户账号】栏输入"000635620600010",在【凭证号码】栏输入"20123331",在【交换行号】栏输入"01",按 F5 键提交,系统执行提出同城贷方复核操作。

(3) 提入同城借方复核。在交易代码处输入"5023",进入提入同城借方复核界面,如图 8.32 所示。

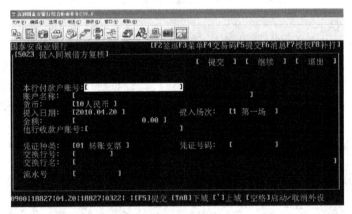

图 8.32 【提入同城借方复核】界面

在【本行付款户账号】栏输入"000635622200010",在【金额】栏输入"10000",在【他行收款户账号】栏输入"000635620600010",在【凭证号码】栏输入"20133332",在【交换行号】栏输入"01",按 F5 键提交,系统执行提入同城借方复核操作。

(4) 提入同城贷方复核。在交易代码处输入"5024",进入提入同城贷方复核界面,如图 8.33 所示。

在【本行收款户账号】栏输入"000635622200010",在【金额】栏输入"10000",在【他行付款户账号】栏输入"000635620600010",在【凭证号码】栏输入"20133334",在【交换行号】栏输入"01",按 F5 键提交,系统执行提入同城贷方复核操作。

3) 同城业务退票

同城业务退票包括提入同城借方退票、提出同城贷方退票、提出同城借方退票、提入同城贷方退票。

(1) 提入同城借方退票。在交易代码处输入"5031",进入提入同城借方退票界面,如图 8.34 提示。

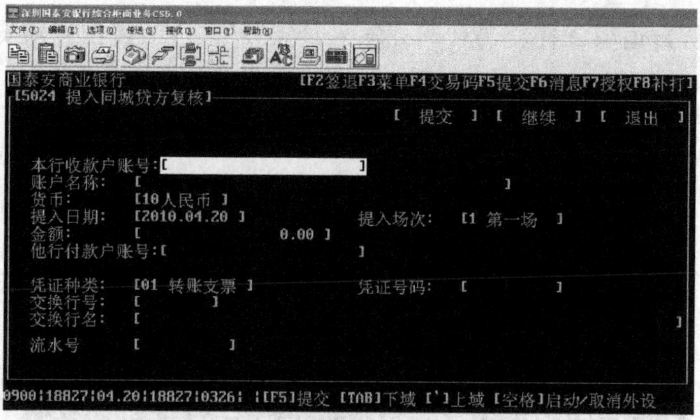

图 8.33 【提入同城贷方复核】界面

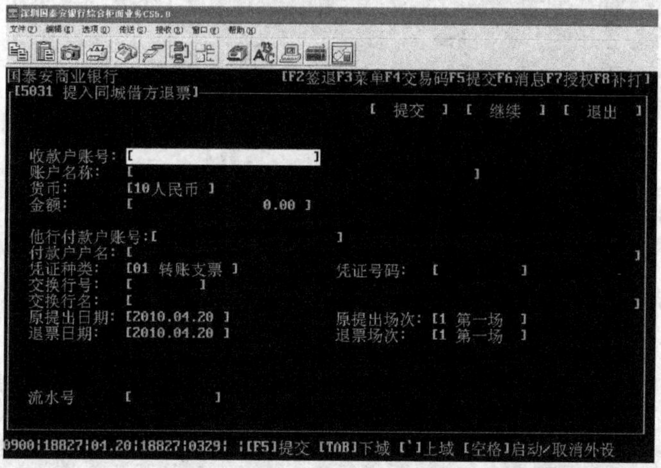

图 8.34 【提入同城借方退票】界面

在【收款户账号】栏输入"000635622200010",在【金额】栏输入"10000",在【他行付款户账号】栏输入"000635620600010",在【付款户户名】栏输入"金蛋糕",在【凭证号码】栏输入"20123333",在【交换行号】栏输入"01",按 F5 键提交,如图 8.35 所示。系统处理成功,自动生成流水号为"90002181"。

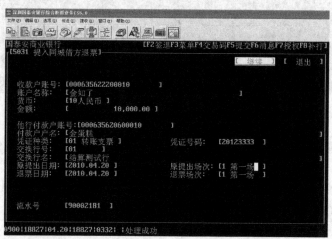

图 8.35 【提入同城借方退票】处理成功界面

（2）提出同城贷方退票。在交易代码处输入"5032"，进入提出同城贷方退票界面，如图8.36所示。

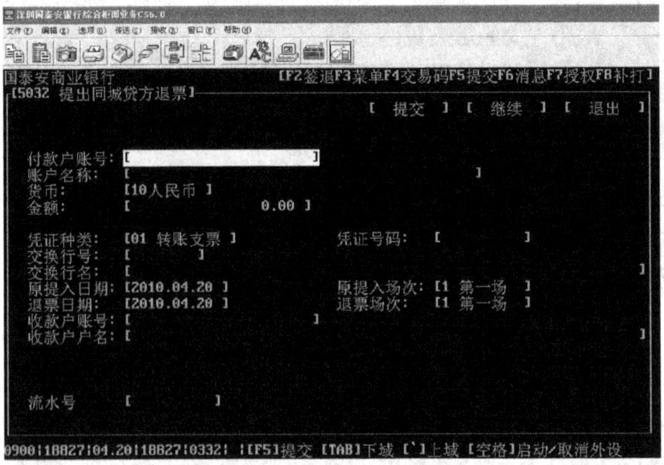

图8.36 【提出同城贷方退票】界面

在【付款户账号】栏输入"000635622200010"，在【金额】栏输入"10000"，在【凭证号码】栏输入"20123331"，在【交换行号】栏输入"01"，在【收款户账号】栏输入"000635620600010"，在【收款户户名】栏输入"金蛋糕"，按F5键提交，如图8.37所示。系统处理成功，显示流水号为"90002182"。

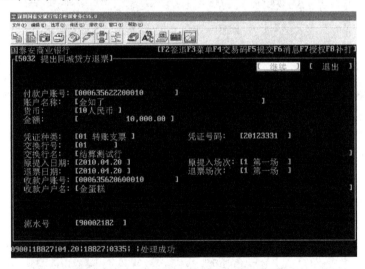

图8.37 【提出同城贷方退票】处理成功界面

（3）提出同城借方退票。在交易代码处输入"5033"，进入提出同城借方退票界面，如图8.38所示。

在【本行付款户账号】栏输入"000635622200010"，在【金额】栏输入"10000"，在【凭证号码】栏输入"20133332"，在【交换行号】栏输入"01"，在【他行收款户账号】栏输入"000635620600010"，在【收款户户名】栏输入"金蛋糕"，按F5键提交，如图8.39所示。系统显示处理成功，显示流水号为"90002183"。

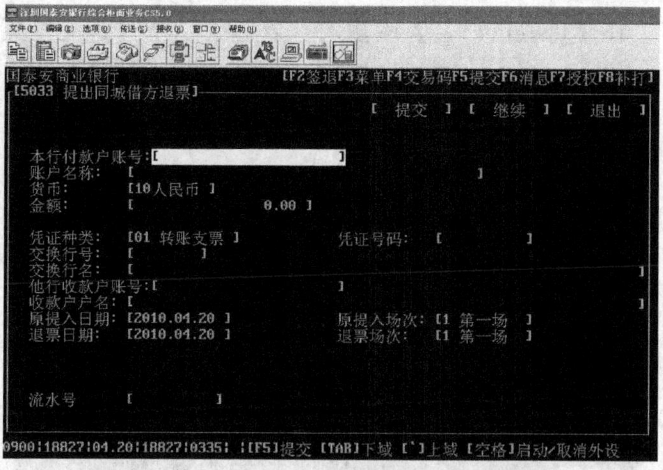

图 8.38 【提出同城借方退票】界面

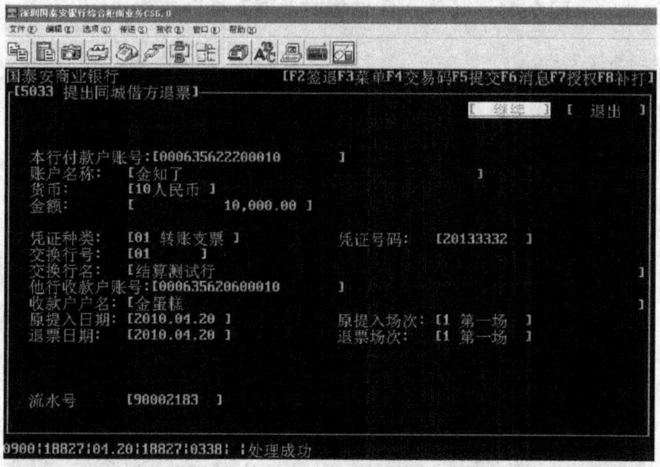

图 8.39 【提出同城借方退票】处理成功界面

(4) 提入同城贷方退票。在交易代码处输入"5034",进入提入同城贷方退票界面,如图 8.40 所示。

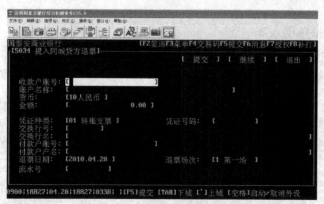

图 8.40 【提入同城贷方退票】界面

在【收款户账号】栏输入"000635622200010",在【金额】栏输入"10000",在【凭证号码】栏输入"20136666",在【交换行号】栏输入"01",在【付款户账号】栏输入

"000635620600010",在【付款户户名】栏输入"金蛋糕",按 F5 键提交,如图 8.41 所示,提示处理成功。

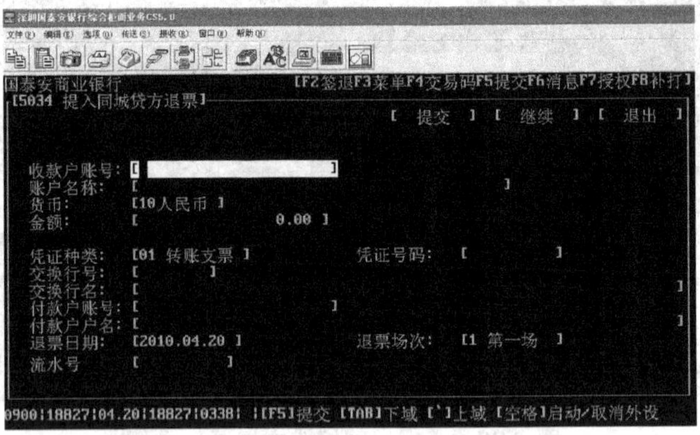

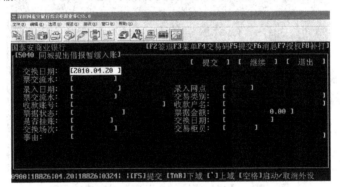

图 8.41 【提入同城贷方退票】处理成功界面

4)同城提出借报暂缓入账

在交易代码处输入"5040",进入同城提出借报暂缓入账界面,如图 8.42 所示。

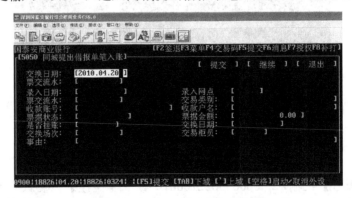

图 8.42 【同城提出借报暂缓入账】界面

在【交换日期】栏、【票交流水】栏输入内容,按 F5 键提交,系统执行同城提出借报实行暂缓入账操作。

5)同城提出借报单笔入账

在交易代码处输入"5050",进入同城提出借报单笔入账界面,如图 8.43 所示。

图 8.43 【同城提出借报单笔入账】界面

在【交换日期】栏、【票交流水】栏输入合适的内容,按 Tab 键移动光标或者按 F5 键直接提交,系统执行同城提出借报单笔入账操作。

6)同城提出借报批量入账

在交易代码处输入"5060",进入同城提出借报批量入账界面,如图 8.44 所示。结合上述实验操作,选择【提交】按钮,如图 8.45 所示,系统显示处理成功,流水号为"90002188"。

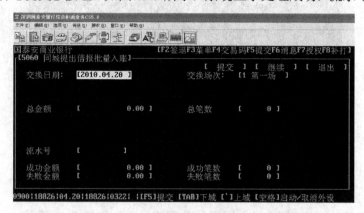

图 8.44 【同城提出借报批量入账】界面

图 8.45 【同城提出借报批量入账】处理成功界面

7)同城业务查询

在交易代码处输入"5070",进入同城业务查询界面,如图 8.46 所示。

图 8.46 【同城业务查询】界面

在【交换日期】栏输入日期,在【交换场次】栏选择交换场次,在【账号】栏输入账号,在【金额】栏输入金额，在【报单类型】栏选择报单类型，按 F5 键提交，如图 8.47 所示。

图 8.47 【同城业务查询】操作提示界面

8）同城业务删除

在交易代码处输入"5080"，进入同城业务删除界面，如图 8.48 所示。

图 8.48 【同城业务删除】界面

在【录入日期】栏输入日期，在【票交流水】栏输入票交流水，按 F5 键提交，系统将会执行同城业务删除操作。

9）同城交易全部查询

在交易代码处输入"5090"，进入同城交易全部查询界面，如图 8.49 所示。

图 8.49 【同城交易全部查询】界面

在【录入日期】栏输入日期，在【报单状态】栏选择合适的状态。这里采用系统默认的录入日期，默认的【全部】选项，按 F5 键提交，如图 8.50 所示，系统显示查询到的全部同城交易。

图 8.50 【同城交易全部查询】结果界面

4．实验报告

（1）统计实验中的"提出同城借方录入""提出同城贷方录入""提入同城借方录入"和"提入同城贷方录入"操作输入的数据信息，填写表 8-5。

表 8-5 实验三操作记录

名称	本行收款户账号	金额	他行付款户账号	付款户户名	凭证号码	交换行号	交换行名	报单号
提出同城借方录入								
提出同城贷方录入								
提入同城借方录入								
提入同城贷方录入								

（2）更换实验条件，模拟"同城业务录入""同城业务复核""同城业务退票""同城提出借报暂缓入账""同城提出借报单笔入账""同城提出借报批量入账""同城业务查询""同城业务删除""同城交易全部查询"等操作。

5．思考练习

（1）思考"本行收款户账户"和"他行收款户账户"性质，为什么是个人活期储蓄账户？

（2）调查本地区同城交易、票据清分情况，它对区域一体化有哪些作用？

实验四 城商行汇票实验

1．实验目的

运用深圳国泰安银行综合柜面业务 CS5.0 软件熟悉城商行汇票交易，包括签发录入、签发复核、汇票兑付、汇票销号、汇票挂失、汇票解挂、汇票查询、查复编押和查复核押。

2．实验工具

深圳国泰安银行综合柜面业务 CS5.0。

3．实验过程

【城商行汇票交易】栏目包括【签发录入】【签发复核】【汇票兑付】【汇票销号】【汇票挂失】【汇票解挂】【汇票查询】【查复编押】和【查复核押】等子栏目。

1）签发录入

在交易代码处输入"5201"，进入签发录入界面，如图 8.51 所示。

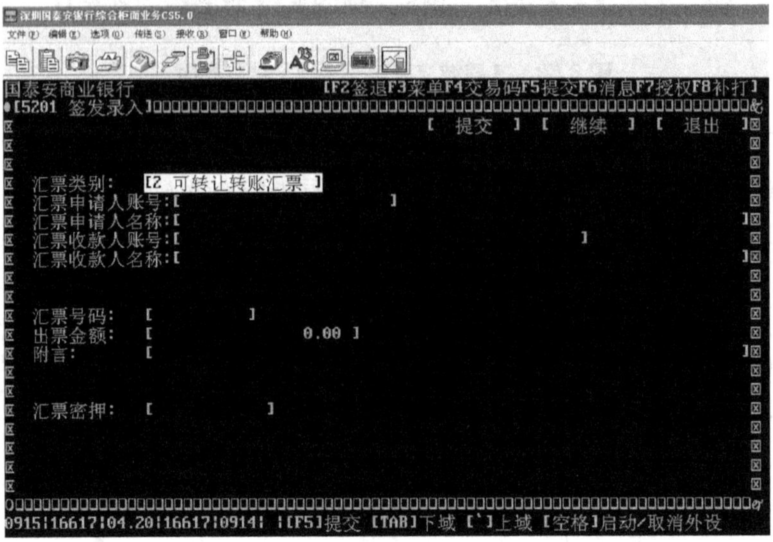

图 8.51 【签发录入】界面

【汇票类别】栏包括【2 可转让转账汇票】选项、【3 非转让转账汇票】选项和【1 现金汇票】选项，选择【2 可转让转账汇票】选项。

在【汇票申请人账号】栏输入"000635655900010"，按 Tab 键移动光标，系统自动显示【汇票申请人名称】栏为"金紫"，在【汇票收款人账号】输入"000635656700010"，在【汇票收款人名称】栏输入"金黑"，在【汇票号码】栏随意输入 8 位数字，如"20123333"，在【出票金额】栏输入"10000"，按 Tab 键移动光标到【提交】按钮处，按 Enter 键，系统自动对输入信息进行处理。

2）签发复核

在交易代码处输入"5202"，进入签发复核界面，如图 8.52 所示。

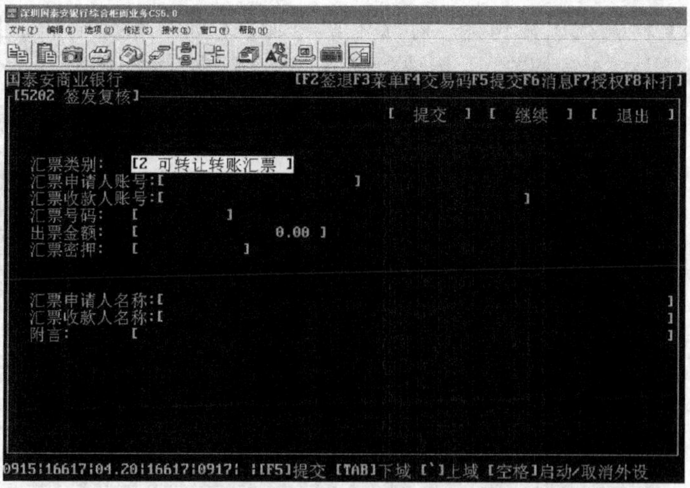

图 8.52 【签发复核】界面

签发复核界面主要实现对签发录入的信息进行复核。以签发录入的信息为例，柜员可进行如下操作：在【汇票类别】栏选择【2 可转让转账汇票】选项，在【汇票申请人账号】栏输入"000635655900010"，在【汇票收款人账号】栏输入"000635656700010"，在【汇票号码】栏、【出票金额】栏、【汇票密押】栏、【汇票申请人名称】栏、【汇票收款人名称】栏、【附言】栏输入相应的内容，按 Tab 键移动光标到【提交】按钮处（或按 F5 键直接进行提交），系统对签发录入信息进行复核。

3）汇票兑付

在交易代码处输入"5203"，进入汇票兑付界面，如图 8.53 所示。

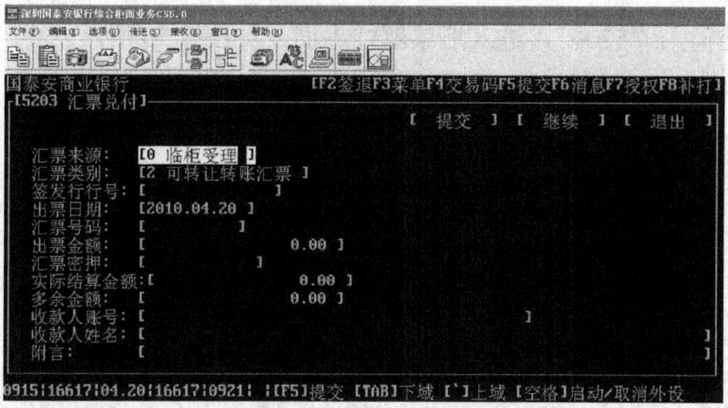

图 8.53 汇票兑付界面

【汇票来源】栏包括【0 临柜受理】选项、【1 交换受理】选项、【2 未用注销】选项、【3 挂失兑付】选项、【4 逾期兑付】选项，这里选择【0 临柜受理】选项。

【汇票类别】栏包括【2 可转让转账汇票】选项、【3 非转让转账汇票】选项、【现金汇票】选项，这里可选择【2 可转让转账汇票】选项。

在【签发行行号】栏输入签发行行号，在【出票日期】栏输入出票日期，在【汇票号码】栏输入汇票号码、在【出票金额】栏输入出票的金额，在【汇票密押】栏、【实际结算金额】栏、【收款人账号】栏等输入相应内容，按 F5 键进行提交，系统实现汇票兑付功能。

4）汇票销号

在交易代码处输入"5204"，进入汇票销号界面，如图 8.54 所示。

在【出票日期】栏输入出票日期，在【汇票号码】栏输入汇票号码，按 Tab 键移动光标进行提交（或者直接按 F5 键提交），系统对输入的汇票号码进行销号。

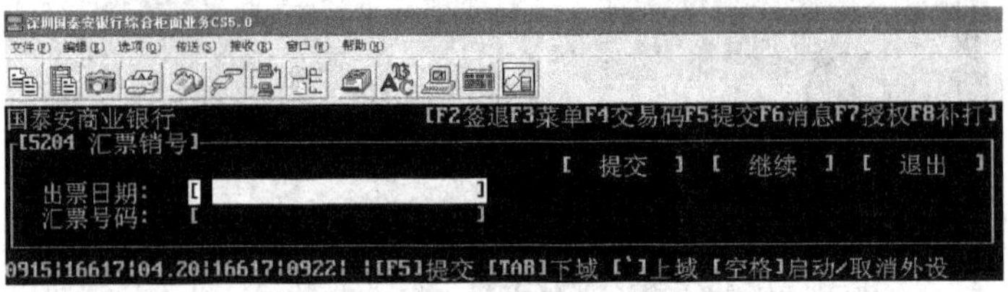

图 8.54 【汇票销号】界面

5）汇票挂失

在交易代码处输入"5205"，进入汇票挂失界面，如图 8.55 所示。

图 8.55 【汇票挂失】界面

在【出票日期】栏输入日期，在【汇票号码】栏输入汇票号码，按 Tab 键移动光标到【提交】按钮处提交（或者按 F5 键直接提交），系统对汇票进行挂失处理。

6）汇票解挂

在交易代码处输入"5206"，进入汇票解挂界面，如图 8.56 所示。

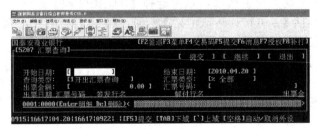

图 8.56 【汇票解挂】界面

在【出票日期】栏输入出票日期，在【汇票号码】栏输入汇票号码，按 Tab 键移动光标到【提交】按钮处提交（或者按 F5 键直接提交），系统对挂失的汇票进行解挂。

7）汇票查询

在交易代码处输入"5207"，进入汇票查询界面，如图 8.57 所示。

图 8.57 【汇票查询】界面

汇票查询界面提供模糊查询汇票功能。柜员可以根据需要在【开始日期】栏、【结束日期】栏、【出票金额】栏、【汇票号码】栏输入内容，或者在【查询类型】栏和【汇票类型】栏选择合适的选项，按 Tab 键移动光标到【提交】按钮处提交（或者按 F5 键直接提交），系统会显示汇票查询历史信息。

8）查复编押

在交易代码处输入"5208"，进入查复编押界面，如图 8.58 所示。

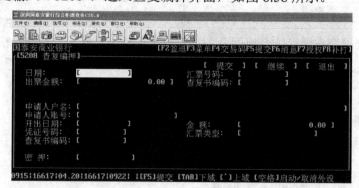

图 8.58 【查复编押】界面

在【日期】栏、【汇票号码】栏、【出票金额】栏、【查复书编码】栏输入内容，系统会自动显示其余内容，按 Tab 键移动光标到【提交】按钮处提交（或者按 F5 键直接提交），系统对汇票进行查复编押。

9）查复核押

在交易代码处输入"5209"，进入查复核押界面，如图 8.59 所示。

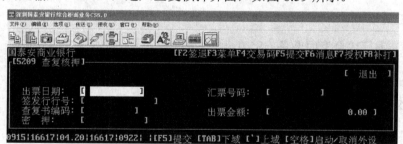

图 8.59 【查复核押】界面

在【出票日期】栏、【汇票号码】栏、【签发行行号】栏、【查复书编码】栏输入内容，按 Tab 键移动光标到【提交】按钮处提交（或者按 F5 键直接提交），系统进行查复核押。

4．实验报告

（1）根据【签发录入】栏目的操作，填写表 8-6。

表 8-6 实验四操作记录

栏目	输入信息
汇票类别	
汇票申请人账号	
汇票申请人名称	
汇票收款人账号	

续表

栏目	输入信息
汇票收款人名称	
汇票号码	
出票金额	
附言	
汇票密押	

（2）运用深圳国泰安银行综合柜面业务 CS5.0，进行签发录入、签发复核、汇票兑付、汇票销号、汇票挂失、汇票解挂、汇票查询、查复编押、查复核押等操作，熟悉需要输入的栏目。

5．思考练习

（1）思考城商行汇票兴起的原因。

（2）谈谈你对城商行未来发展的见解。

实验五 委托收款实验

1．实验目的

运用深圳国泰安银行综合柜面业务 CS5.0，熟悉委托收款下的委托收款发出登记、委托收款接收登记、委托收款发出核销、委托收款接收核销、委托收款发出查询、委托收款接收查询等操作。

2．实验工具

深圳国泰安银行综合柜面业务 CS5.0。

3．实验过程

1）委托收款发出登记

在交易代码处输入"5301"，进入委托收款发出登记界面，如图 8.60 所示。

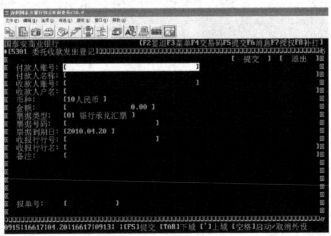

图 8.60 【委托收款发出登记】界面

在【付款人账号】栏输入"000635655900010"（提示：账号为活期储蓄账号），在【付款人名称】栏输入"金紫"，在【收款人账号】栏输入"000635656700010"（提示：账号为活期储蓄账号），按 Tab 键移动光标，系统自动显示【收款人户名】栏内容。

在【金额】栏输入"10000"，在【票据类型】栏选择【01 银行承兑汇票】选项、在【票据号码】栏输入"20123333"（随便输入 8 位数字），在【票据到期日】栏输入"2010.04.20"，在【收报行行号】栏输入"18826"，在【收报行行名】栏输入"天平支行"，移动光标到【提交】按钮处按 Enter 键提交（或者按 F5 键直接提交），如图 8.61 所示。

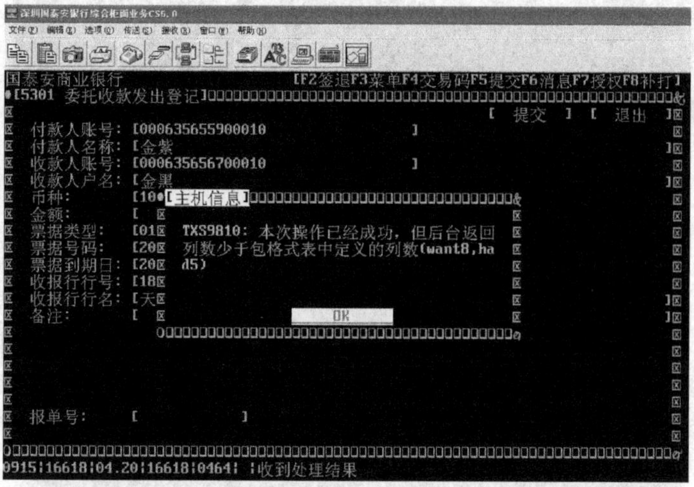

图 8.61 【委托收款发出登记】处理成功界面

2）委托收款发出查询

在交易代码处输入"5305"，进入委托收款发出查询界面，如图 8.62 所示。

图 8.62 【委托收款发出查询】界面

该界面提供了委托收款发出查询功能，输入条件，可以进行相关的模糊查询，按 F5 键提交，进行委托收款发出查询，如图 8.63 所示，用户可以查询到委托收款发出的历史信息。实际操作中可以通过【登记号】栏、【登记日期】栏、【金额】栏、【收款账号】栏内容的输入和【状态】栏的选择，进行特定一笔委托收款发出查询操作。

3）委托收款发出核销

在交易代码处输入"5303"，进入委托收款发出核销界面，如图 8.64 所示。

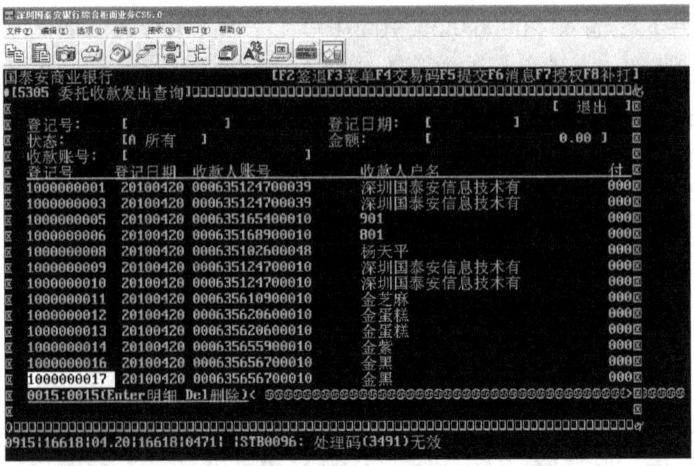

图 8.63 【委托收款发出查询】历史信息界面

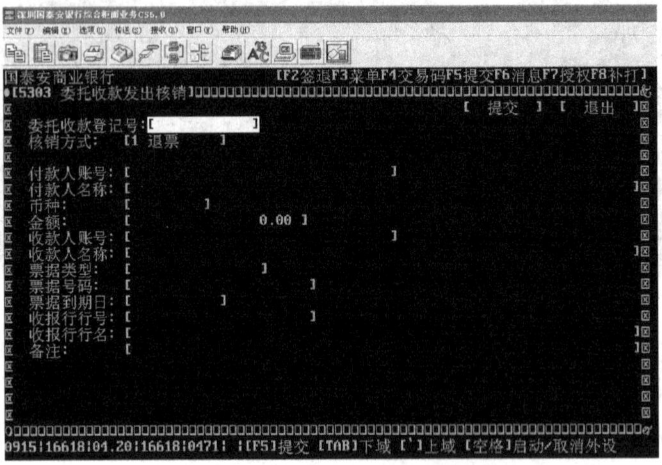

图 8.64 【委托收款发出核销】界面

在【委托收款登记号】栏输入"1000000017",按 Tab 键移动光标,系统自动显示【核销方式】栏以下的内容,在【核销方式】栏选择【1 退票】选项,移动光标到【提交】按钮处按 Enter 键提交(或者直接按 F5 键提交),如图 8.65 所示,系统显示处理成功。

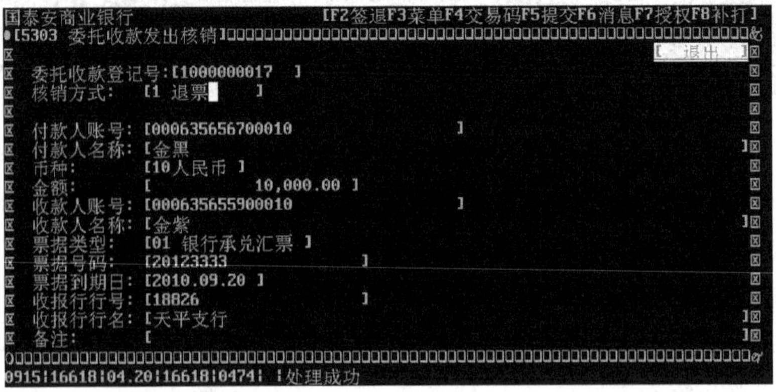

图 8.65 【委托收款发出核销】处理成功界面

4）委托收款接收登记

在交易代码处输入"5302",进入委托收款接收登记界面,如图 8.66 所示。

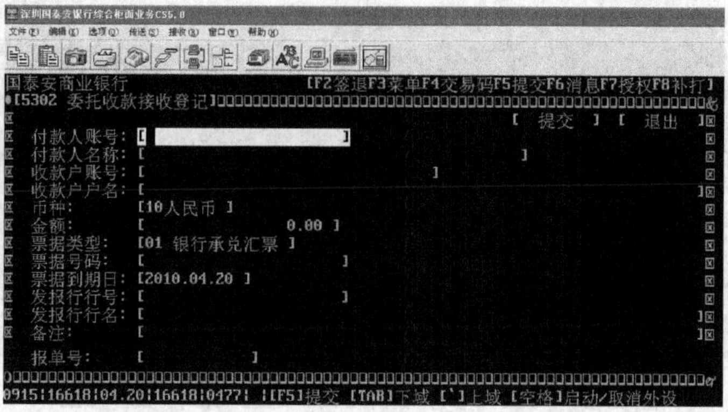

图 8.66 【委托收款接收登记】界面

在【付款人账号】栏输入"000635655900010",按 Tab 键移动光标,系统自动显示【付款人名称】栏的内容,在【收款户账号】栏输入"000635656700010",在【收款户户名】栏输入"金黑",在【金额】栏输入"50000",在【票据类型】栏选择【01 银行承兑汇票】选项,在【票据号码】栏输入"20123333",在【票据到期日】栏输入"2010.09.20",在【发报行行号】栏输入"16617",在【发报行行名】栏输入"城中支行营业部",按 Tab 键移动光标到【提交】按钮处按 Enter 键提交（或者直接按 F5 键进行提交）,如图 8.67 所示。系统显示处理成功,报单号为"1000000019"。

图 8.67 【委托收款接收登记】处理成功界面

5）委托收款接收查询

在交易代码处输入"5306",进入委托收款接收查询界面,如图 8.68 所示。

图 8.68 【委托收款接收查询】界面

直接按 F5 键，如图 8.69 所示，系统显示委托收款接收查询的历史全部信息。

图 8.69 【委托收款接收查询】的历史全部信息界面

6）委托收款接收核销

在交易代码处输入"5304"，进入委托收款接收核销界面，如图 8.70 所示。

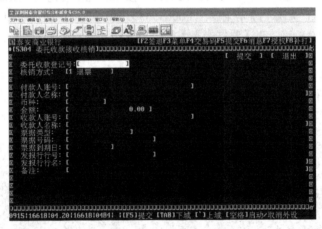

图 8.70 【委托收款接收核销】界面

在【委托收款登记号】栏输入"1000000019"，按 Tab 键移动光标，系统自动显示【核销方式】栏以下内容，在【核销方式】栏选择【2 已收款】选项，按 F5 键进行提交，如图 8.71 所示，系统显示处理成功。

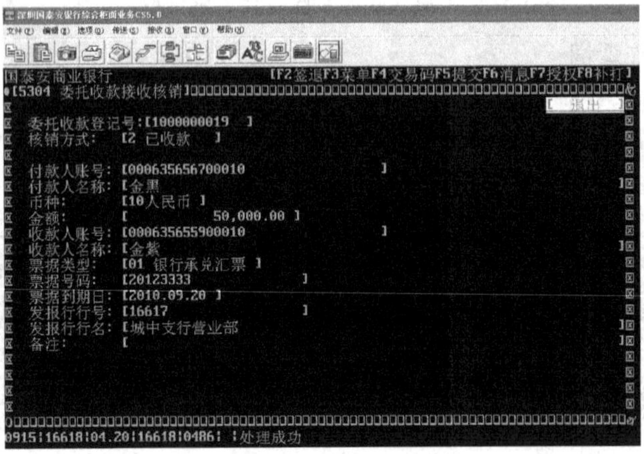

图 8.71 【委托收款接收核销】处理成功界面

4. 实验报告

（1）根据【委托收款发出登记】栏目的操作，填写表 8-7。

表 8-7　实验五【委托收款发出登记】栏目操作记录

付款人账号	
付款人名称	
收款人账号	
收款人户名	
币种	
金额	
票据类型	
票据号码	
票据到期日	
收报行行号	
收报行行名	
备注	
报单号	

（2）根据【委托收款接收登记】栏目的操作，填写表 8-8。

表 8-8　实验五【委托收款接收登记】栏目操作记录

付款人账号	
付款人名称	
收款户账号	
收款户户名	
币种	
金额	
票据类型	
票据号码	
票据到期日	
发报行行号	
发报行行名	
备注	
报单号	

（3）运用深圳国泰安银行综合柜面业务 CS5.0，模拟委托收款发出登记、委托收款接收登记、委托收款发出核销、委托收款接收核销、委托收款发出查询和委托收款接收查询等操作。

5. 思考练习

（1）委托收款有哪些种类，每种的适用范围是什么？
（2）通过实验，了解委托收款的办理流程。

模块九

日终业务

RIZHONG YEWU

【知识目标】

(1) 了解日终业务的内涵。
(2) 了解日终业务的种类。

【技能目标】

掌握日终业务操作。

9.1 柜员日终业务

柜员自盗资金买彩

2006 年 8 月 23 日至 10 月 10 日期间,时为建行平原支行短期合同工的刁某在 49 天内绕开银行内部各监管环节,共挪用、盗用银行资金 2180 万元。

刁某的手法有两种:一为空存现金,二为直接盗取现金。所谓"空存现金",即在没有资金进入银行的情况下,通过更改账户信息,虚增存款。由于存单本身是真实的,所以尽管事实上并没有资金入账,但还是可以将虚增的"存款"提取或者转账出来,成为自己可以支配的资金。

为了获取资金购买彩票,刁某向李某(刁某男友李某之兄)、周某(德州卫校体彩投注站业主)、冯某(德州保龙仓体彩投注站业主)3 人开立的 4 个账户虚存资金 52 笔,共计 2126 万元。

在实际操作中,刁某将其中的 1954 万元分 54 次转入体彩中心账户,提现的 172 万元也均用于购买彩票。

相对而言,直接盗取银行现金更为困难。因为银行每天下班前都要轧账。但由于管理漏洞重重,刁某得以轻易得手。调查表明,刁某在作案期间,多次直接拿出现金,或在中午闲暇时直接交给柜台外的男友李某,或下班后自行夹带现金离开,或将现金交其他柜员存入李某账户,如此这般,盗取现金总计 54 万元。

2006 年 9 月 17 日,在刁某购买彩票中得 500 万奖金时,她选择以"空取现金"(与空存现金相反)的方式归还了部分库款,但最终留给建行 1680 万元的现金空库;扣除公安部门追缴冻结的资金 74 万元之后,建行涉案风险资金为 1606 万元。

调查结果显示,由于建行德州分行、平原支行和营业室相关管理人员不认真履职甚至严重失职,使得刁某轻松越过授权、查库、事后监督检查、库存现金限额管理控制和安全管理等"五道关口"和至少 12 个业务环节的风险控制闸门,从容作案。

案例分析

从该案例可以看出,银行的管理对降低银行风险有着重要的作用,银行日常管理可以防微杜渐,减少银行柜员的违规行为,增加银行资金的安全性。

 【知识准备】

每日营业结束,柜员先各自轧打存取款现金、转账凭条,清点现金库存及将空白重要凭证输入机器,机器自动汇总核对当天办理业务,反馈平与不平,不平的,柜员要查找原因,确保账务平衡。现金不准的,当日没能查清的先挂在专门的一个长、短款账户上,隔日再查找,查到的,长款退回客户,短款跟客户联系追回,不能查到的,长款一年后划上级业务部处理,短款查找几天无果,一般都由柜员掏钱自赔。

作为一名临柜柜员,每天办理完日程业务后必须进行日终平账。柜员日终平账操作流程如图 9.1 所示。

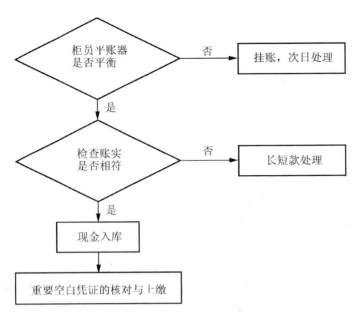

图 9.1 柜员日终轧账操作流程

9.2 网点日终业务

 【知识准备】

"网点轧账"业务比较多,包括通存通兑轧账、同城清算轧账、电子汇划轧账、资金划拨轧账、现金轧账、转账轧账、综合轧账、事中轧账等。完成这些轧账之后,支行就可以做签退下班,而不能再做业务。每个银行核心系统的轧差设计根据自己的业务需求略有不同。

 模块总结

本模块主要介绍银行日终业务,银行日终业务主要由柜员日终业务和网点日终业务组成,柜员日终业务主要是柜员轧平柜员账户资金情况,网点日终业务内容比较复杂,都在柜员轧账后进行网点轧账。

 课后练习

简答题

(1) 银行日终业务包括哪些内容?
(2) 阐述柜员日终业务流程。
(3) 阐述银行网点轧账流程。

情景题

分组进行活动,以 5 名同学作为柜员进行日终业务操作,老师指导,其他同学参观学习,指出柜员轧账的错误之处。

实验 日终业务实验

1．实验目的

（1）了解网点库钱箱轧账操作、柜员钱库箱轧账操作。

（2）了解柜员轧账操作。

（3）了解网点轧账操作。

（4）了解柜员轧账解除操作。

2．实验工具

深圳国泰安银行综合柜面业务 CS5.0。

3．实验过程

轧账是每个柜员结束工作时，查看自己现金柜中的真实的钱数与自己在银行系统办理业务后的钱数是否一致，如果一致，说明没有出错的业务。

深圳国泰安银行综合柜面业务 CS5.0 轧账界面如图 9.2 所示，界面提供了库钱箱轧账、柜员钱箱轧账、柜员轧账、网点轧账、柜员轧账解除等 5 项操作。

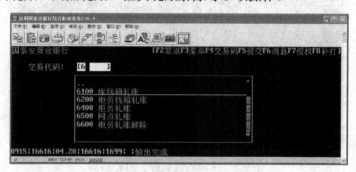

图 9.2　日终业务界面

1）库钱箱轧账

库钱箱是由网点中心机房设立的，库钱箱轧账是对库钱箱当日现金、凭证核对轧平的业务处理，若库钱箱当日未发生业务，可不进行轧账。输入交易代码 6100，如图 9.3 所示，选择【提交】按钮，系统自动进行库钱箱轧账，显示库钱箱轧账操作，如图 9.4 所示，库钱箱的凭证种类分城商行汇票、兰花一卡通、商行转账支票、普通存折、单位定期开户证实书等 5 种，并显示上日余额、收入金额、付出金额和余额等内容。也可以对库钱箱进行打印，如图 9.5 所示。

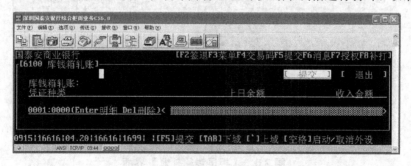

图 9.3　【库钱箱轧账】界面

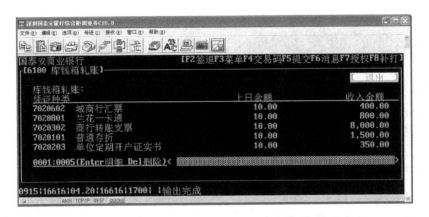

图 9.4 【库钱箱轧账】结果界面

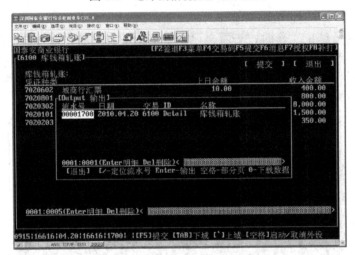

图 9.5 【库钱箱轧账】打印界面

2）柜员钱箱轧账

柜员钱箱轧账用于操作员对本钱箱当日现金、凭证核对轧平的业务处理。柜员轧账界面如图 9.6 所示，选择【提交】按钮，系统自动进行轧账，柜员轧账结果如图 9.7 所示，界面显示柜员库钱箱凭证信息，包括种类、上日余额、收入金额、付出金额、余额。柜员钱箱扎账每日可多次进行，方便操作员随时核对钱箱中现金重要空白凭证。输出结果可打印输出，如图 9.8 所示。

图 9.6 【柜员钱箱轧账】界面

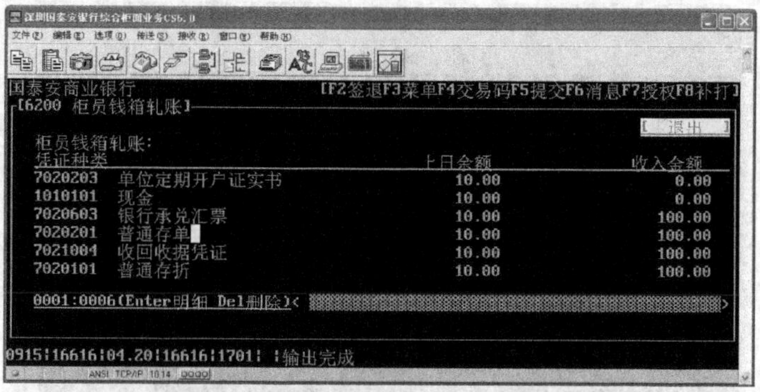

图 9.7 【柜员钱箱轧账】详细信息

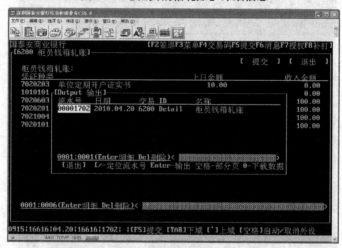

图 9.8 【柜员钱箱轧账】打印界面

3）柜员轧账

柜员轧账用于柜员每日日终对自己当天所做业务及其账务核对轧平的业务处理。柜员轧账界面如图 9.9 所示，【科目级别】有【普通科目】选项和【一级科目】选项，柜员可以选择不同的科目进行轧账操作。如选择【普通科目】选项，选择【提交】按钮，如果柜员还没有平账，如图 9.10 所示，系统提示需要审核后才能进行轧账。

往账复核需要具有授权级别的人才能进行[①]，经过授权人复核后，再次进行轧账，如图 9.11 所示，按 Enter 键，柜员进行普通科目所有资金情况如图 9.12 所示。

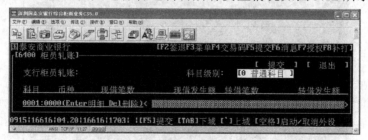

图 9.9 【柜员轧账】界面

---

① 【往账复核】栏目在国泰安银行综合柜面业务 CS5.0 里的【结算业务】栏目下的【联行业务】栏目下，也可以直接输入交易代码 5503。

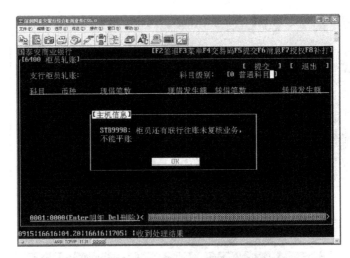

图 9.10 【柜员轧账】时有未平账户资金提示

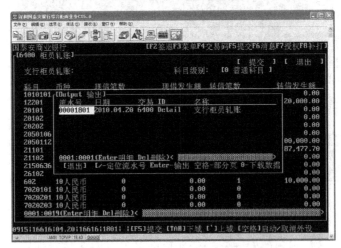

图 9.11 【柜员轧账】往账复核后界面

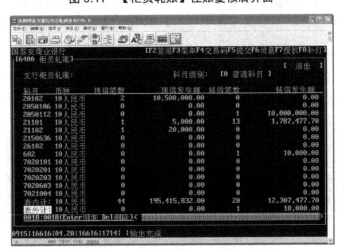

图 9.12 【柜员轧账】详细内容显示界面

柜员可打印输出（一般用于柜员交接班时使用）柜员轧账单，完成本柜员日终处理。柜员轧账可以看出柜员详细操作信息，如科目、币种、现借笔数、现借发生额、转借笔数、转借发生额、现贷笔数、现贷发生额、转贷笔数、转贷发生额等。柜员轧账每日可多次进行，但柜员轧账后需进行柜员轧账解除操作方可重新办理业务。

4）网点轧账

网点轧账用于每日日终所有柜员轧账后，对网点当天所做的业务及其账务核对轧平的业务处理。进入轧账界面后将光标移至【网点轧账】栏目或者直接输入交易代码 6500，按 Enter 键，系统输出该网点当天所有业务，按科目排序。如果本部门领用的凭证与上级部门下发的凭证不相符，则不允许进行网点业务轧账，柜员根据输出数据核打传票，相符后打印"网点轧账单"，完成本网点日终业务处理。网点轧账每日只可进行一次，之后不可以记账，若继续记账，须由中心机房解锁。

【支行业务轧账】栏有【临时轧账】和【日终轧账】两个选项、【科目级别】栏有【普通科目】和【一级科目】两个选项。当网点有其他账户没有完成轧账时，系统提示需要所有柜员完成轧账操作，如图 9.13 所示。

图 9.13 【网点轧账】系统提示界面

5）柜员轧账解除

柜员轧账解除用于柜员已轧账后发现错误需进行平账解除的业务处理。进入柜员轧账解除界面，或者输入交易代码 6600，如图 9.14 所示，输入被解除柜员号和对应密码后按 Enter 键或按 F5 键提交即可。柜员可对自己或他人进行平账解除，其中对自己进行解除后必须退出系统重新登录方可继续业务操作。

图 9.14 【柜员轧账解除】成功提示界面

4．实验报告

完成实验操作后，填写实验报告，实验报告主要包括实验目的、实验工具、实验过程等部分。完成表 9-1。

表 9-1 实验操作记录

日终处理				
1．库钱箱轧账种类				
种类	上日余额	收入金额	付出金额	余额
2．柜员钱箱轧账				
种类	上日余额	收入金额	付出金额	余额
3．柜员轧账				
科目	币种	现借发生额	转借发生额	现贷发生额	转贷发生额

4．网点轧账		
网点名称	柜员数	柜员轧账情况统计
柜员轧账解除		
柜员号	密码	解除结果

5．思考练习

（1）银行为什么要进行日终处理？日终处理给银行和柜员带来哪些好处？

（2）以柜员号、尾箱号为 16610、密码为 888888 的账号登录系统，完成日终处理操作。

参 考 文 献

[1] 杨则文. 商业银行综合柜台业务[M]. 北京：中国财政经济出版社，2009.
[2] 郭福春. 商业银行经营管理与案例分析[M]. 杭州：浙江大学出版社，2005.
[3] 广州日报：http://gzdaily.dayoo.com/html/2012-09/21/content_1905447.htm.
[4] 中国农业银行网站：http://www.abchina.com/cn/.
[5] 国泰安：国泰安商业银行综合业务系统实验教程.
[6] 腾讯财经：http://finance.qq.com/a/20130115/006185.htm.
[7] 中国建设银行网站：http://www.ccb.com/cn/home/index.html.
[8] 中国人民银行网站：http://www.pbc.gov.cn/.
[9] 腾讯财经：http://finance.qq.com/a/20130108/003611.htm.
[10] 腾讯财经：http://cq.qq.com/a/20120525/000465.htm.
[11] 温州商报：http://dsb.66wz.com/html/2012-07/01/content_1263252.htm.
[12] 中国银行网站：http://www.boc.cn/.
[13] 交通银行网站：http://www.bankcomm.com/BankCommSite/cn/index.html.
[14] 人民网：http://finance.people.com.cn/.
[15] 中国邮政储蓄银行网站：http://www.psbc.com/portal/zh_CN/index.html.
[16] 中国工商银行网站：http://www.icbc.com.cn/icbc/.
[17] 中国山东网：http://finance.sdchina.com/show/2592907.html.
[18] 证券日报：http://zqrb.ccstock.cn/html/2012-12/17/content_332569.htm.
[19] 警方侦破 20 亿非法跨境汇兑案：http://bank.cngold.org/c/2012-07-24/c1229488.html.

北京大学出版社第六事业部高职高专经管系列教材目录

书 名	书 号	主编	定价
财经法规与会计职业道德	978-7-301-26948-0	胡玲玲，等	35.00
财经英语阅读（第2版）	978-7-301-28943-3	朱 琳	42.00
公共关系实务（第2版）	978-7-301-25190-4	李 东，等	32.00
管理心理学	978-7-301-23314-6	蒋爱先，等	31.00
管理学实务教程（第2版）	978-7-301-28657-9	杨清华	35.00
管理学原理与应用（第2版）	978-7-301-27349-4	秦 虹	33.00
经济法原理与实务（第2版）	978-7-301-26098-2	柳国华	38.00
经济学基础	978-7-301-22536-3	王 平	32.00
经济学基础	978-7-301-21034-5	陈守强	34.00
人力资源管理实务（第2版）	978-7-301-25680-0	赵国忻，等	31.00
Excel在财务和管理中的应用（第2版）	978-7-301-28433-9	陈跃安，等	35.00
财务管理（第2版）	978-7-301-25725-8	翟其红	35.00
财务管理	978-7-301-17843-0	林 琳，等	35.00
财务管理实务教程	978-7-301-21945-4	包忠明，等	30.00
财务会计	978-7-301-20951-6	张严心，等	32.00
财务会计实务	978-7-301-22005-4	管玲芳	36.00
成本会计	978-7-301-21561-6	潘素琼	27.00
成本会计（第2版）	978-7-301-26207-8	平 音，等	30.00
成本会计实务	978-7-301-19308-2	王书果，等	36.00
初级会计实务	978-7-301-23586-7	史新浩，等	40.00
初级会计实务学习指南	978-7-301-23511-9	史新浩，等	30.00
管理会计	978-7-301-22822-7	王红珠，等	34.00
会计电算化技能实训	978-7-301-23966-7	李 焱	40.00
会计电算化项目教程（即将第2版）	978-7-301-22104-4	亓文会，等	34.00
会计基本技能	978-7-5655-0067-1	高东升，等	26.00
会计基础实务	978-7-301-21145-8	刘素菊，等	27.00
会计基础实训（第2版）	978-7-301-28318-9	刘春才	30.00
基础会计教程与实训（第3版）	978-7-301-27309-8	李 洁，等	34.00
基础会计实务	978-7-301-23843-1	郭武燕	30.00
基础会计实训教程	978-7-301-27730-0	张同法，边建文	33.00
企业会计基础	978-7-301-20460-3	徐炳炎	33.00
税务会计实用教程	978-7-301-26295-5	周常青，等	37.00
商务统计实务（即将第2版）	978-7-301-21293-6	陈晔武	29.00
审计实务	978-7-301-25971-9	涂申清	37.00
审计业务实训教程	978-7-301-18480-6	涂申清	35.00
实用统计基础与案例（第2版）	978-7-301-27286-2	黄彬红	38.00
统计基础理论与实务	978-7-301-22862-3	康燕燕，等	34.00
统计学原理	978-7-301-21924-9	吴思莹，等	36.00
预算会计	978-7-301-20440-5	冯 萍	39.00
中小企业财务管理教程	978-7-301-19936-7	周 兵	28.00

书名	ISBN	作者	定价
个人理财规划实务	978-7-301-26669-4	王建花，等	33.00
保险实务	978-7-301-20952-3	朱丽莎	30.00
货币银行学	978-7-301-21181-6	王 菲，等	37.00
纳税申报与筹划	978-7-301-20921-9	李英艳，等	38.00
企业纳税计算与申报	978-7-301-21327-8	傅凤阳	30.00
企业纳税与筹划实务	978-7-301-20193-0	郭武燕	38.00
商业银行会计实务	978-7-301-21132-8	王启姣	35.00
商业银行经营管理	978-7-301-21294-3	胡良琼，等	27.00
商业银行综合柜台业务	978-7-301-23146-3	曹俊勇，等	30.00
税务代理实务	978-7-301-22848-7	侯荣新，等	34.00
新编纳税筹划	978-7-301-22770-1	李 丹	30.00
报关实务（第2版）	978-7-301-28785-9	橐云婷，等	35.00
报关与报检实务（第2版）	978-7-301-28784-2	农晓丹	39.00
报检报关业务	978-7-301-28281-6	姜 维	38.00
国际海上货运代理实务	978-7-301-22629-2	肖 旭	27.00
国际金融	978-7-301-21097-0	张艳清	26.00
国际金融实务（即将第2版）	978-7-301-21813-6	付玉丹	36.00
国际贸易结算	978-7-301-20980-6	罗俊勤	31.00
国际贸易实务	978-7-301-22739-8	刘笑诵	33.00
国际贸易实务	978-7-301-20929-5	夏新燕	30.00
国际贸易实务（第2版）（即将第3版）	978-7-301-26328-0	刘 慧，等	30.00
国际贸易实务	978-7-301-19393-8	李湘滇，等	34.00
国际贸易实务	978-7-301-16838-7	尚 洁，等	26.00
国际贸易实务操作	978-7-301-19962-6	王言炉，等	37.00
国际贸易与国际金融教程（即将第2版）	978-7-301-22738-1	蒋 晶，等	31.00
国际商务单证	978-7-301-20974-5	刘 慧，等	29.00
国际商务谈判（第2版）	978-7-301-19705-9	刘金波，等	35.00
国际市场营销项目教程	978-7-301-21724-5	李湘滇	38.00
国际投资	978-7-301-21041-3	高田歌	33.00
互联网贸易实务	978-7-301-23297-2	符静波	37.00
商务谈判	978-7-301-23296-5	吴湘频	35.00
商务谈判（第2版）	978-7-301-28734-7	祝拥军	30.00
商务谈判实训	978-7-301-22628-5	夏美英，等	23.00
商务英语学习情境教程	978-7-301-18626-8	孙晓娟	27.00
外贸英语函电	978-7-301-21847-1	倪 华	28.00
外贸综合业务项目教程	978-7-301-24070-0	李浩妍	38.00
新编外贸单证实务	978-7-301-21048-2	柳国华	30.00
ERP沙盘模拟实训教程	978-7-301-22697-1	钮立新	25.00
连锁经营与管理（第2版）	978-7-301-26213-9	宋之苓	39.00
连锁门店管理实务	978-7-301-23347-4	姜义平，等	36.00
连锁门店开发与设计	978-7-301-23770-0	马凤棋	34.00
连锁门店主管岗位操作实务	978-7-301-26640-3	吴 哲	35.00
连锁企业促销技巧	978-7-301-27350-0	李 英，等	25.00

书名	ISBN	作者	定价
秘书与人力资源管理	978-7-301-21298-1	肖云林，等	25.00
企业管理实务	978-7-301-20657-7	关善勇	28.00
企业经营ERP沙盘实训教程	978-7-301-21723-8	葛颖波，等	29.00
企业经营管理模拟训练（含记录手册）	978-7-301-21033-8	叶萍，等	29.00
企业行政工作实训	978-7-301-23105-0	楼淑君	32.00
企业行政管理（第2版）	978-7-301-27962-5	张秋堃	31.00
商务沟通实务（第2版）	978-7-301-25684-8	郑兰先，等	36.00
商务礼仪	978-7-5655-0176-0	金丽娟	29.00
推销与洽谈	978-7-301-21278-3	岳贤平	25.00
现代企业管理（第2版）（即将第3版）	978-7-301-24054-0	刘磊	35.00
职场沟通实务（第2版）	978-7-301-27307-4	吕宏程，等	32.00
中小企业管理（第3版）	978-7-301-25016-7	吕宏程，等	38.00
采购管理实务（第2版）	978-7-301-17917-8	李方峻	30.00
采购实务（第2版）	978-7-301-27931-1	罗振华，等	36.00
采购与仓储管理实务（第2版）	978-7-301-28697-5	耿波	37.00
采购与供应管理实务（第2版）	978-7-301-29293-8	熊伟，等	37.00
采购作业与管理实务	978-7-301-22035-1	李陶然	30.00
仓储管理实务（第2版）	978-7-301-25328-1	李怀湘	37.00
仓储配送技术与实务	978-7-301-22673-5	张建奇	38.00
仓储与配送管理（第2版）	978-7-301-24598-9	吉亮	36.00
仓储与配送管理实务（第2版）	978-7-301-24597-2	李陶然	37.00
仓储与配送管理实训教程（第2版）	978-7-301-24283-4	杨叶勇，等	35.00
仓储与配送管理项目式教程	978-7-301-20656-0	王瑜	38.00
第三方物流综合运营（第2版）	978-7-301-27150-6	施学良，高晓英	33.00
电子商务物流基础与实训（第2版）	978-7-301-24034-2	邓之宏	33.00
供应链管理（第2版）	978-7-301-26290-0	李陶然	33.00
进出口商品通关	978-7-301-23079-4	王巾，等	25.00
企业物流管理（第2版）	978-7-301-28569-5	傅莉萍	39.00
物流案例与实训（第2版）（即将第3版）	978-7-301-24372-5	申纲领	35.00
物流成本管理	978-7-301-20880-9	傅莉萍，等	28.00
物流成本实务	978-7-301-27487-3	吉亮	34.00
物流经济地理（即将第2版）	978-7-301-21963-8	葛颖波，等	29.00
物流商品养护技术（第2版）	978-7-301-27961-8	李燕东	30.00
物流设施与设备	978-7-301-22823-4	傅莉萍，等	28.00
物流市场营销	978-7-301-21249-3	张勤	36.00
物流信息技术与应用（第2版）（即将第3版）	978-7-301-24080-9	谢金龙，等	34.00
物流信息系统	978-7-81117-827-2	傅莉萍	40.00
物流营销管理	978-7-81117-949-1	李小叶	36.00
物流运输管理（第2版）	978-7-301-24971-0	申纲领	35.00
物流运输实务（第2版）	978-7-301-26165-1	黄河	38.00
物流专业英语（第2版）	978-7-301-27881-9	仲颖，等	34.00
现代生产运作管理实务（即将第2版）	978-7-301-17980-2	李陶然	39.00

书名	ISBN	作者	定价
现代物流管理（第2版）	978-7-301-26482-9	申纲领	38.00
现代物流概论	978-7-301-20922-6	钮立新	39.00
现代物流基础	978-7-301-23501-0	张建奇	32.00
物流基础理论与技能	978-7-301-25697-8	周晓利	33.00
新编仓储与配送实务	978-7-301-23594-2	傅莉萍	32.00
药品物流基础	978-7-301-22863-0	钟秀英	30.00
运输管理项目式教程（第2版）	978-7-301-24241-4	钮立新	32.00
运输组织与管理项目式教程	978-7-301-21946-1	苏玲利	26.00
运输管理实务	978-7-301-22824-1	黄友文	32.00
国际货运代理实务（即将第2版）	978-7-301-21968-3	张建奇	38.00
生产型企业物流运营实务	978-7-301-24159-2	陈鸿雁	38.00
电子商务实用教程	978-7-301-18513-1	卢忠敏，等	33.00
电子商务项目式教程	978-7-301-20976-9	胡 雷	25.00
电子商务英语（第2版）（即将第3版）	978-7-301-24585-9	陈晓鸣，等	27.00
广告实务	978-7-301-21207-3	夏美英	29.00
市场调查与统计（第2版）	978-7-301-28116-1	陈惠源	30.00
市场调查与预测	978-7-301-23505-8	王水清	34.00
市场调查与预测	978-7-301-19904-6	熊衍红	31.00
市场营销策划（即将第2版）	978-7-301-22384-0	冯志强	36.00
市场营销项目驱动教程	978-7-301-20750-5	肖 飞	34.00
市场营销学	978-7-301-22046-7	饶国霞，等	33.00
网络营销理论与实务	978-7-301-26257-3	纪幼玲	35.00
现代推销技术	978-7-301-20088-9	尤凤翔，等	32.00
消费心理与行为分析（第2版）	978-7-301-27781-2	王水清，等	36.00
营销策划（第2版）	978-7-301-25682-4	许建民	36.00
营销渠道开发与管理（第2版）	978-7-301-26403-4	王水清	38.00
创业实务	978-7-301-27293-0	施让龙	30.00

如您需要浏览更多专业教材，请扫下面的二维码，关注北京大学出版社第六事业部官方微信（微信号：pup6book），随时查询专业教材、浏览教材目录、内容简介等信息，并可在线申请纸质样书用于教学。

感谢您使用我们的教材，欢迎您随时与我们联系，我们将及时做好全方位的服务。联系方式：010-62750667，sywat716@126.com，pup_6@163.com，lihu80@163.com，欢迎来电来信。客户服务QQ号：1292552107，欢迎随时咨询。